社会的養護における
里親問題への
実証的研究

養育里親全国アンケート調査をもとに

深谷昌志・深谷和子・青葉紘宇 編著

福村出版

[JCOPY] 〈(社)出版者著作権管理機構 委託出版物〉
本書の無断複写は著作権法上での例外を除き禁じられています。複写される場合は、そのつど事前に、(社)出版者著作権管理機構(電話 03-3513-6969、FAX 03-3513-6979、e-mail: info@jcopy.or.jp)の許諾を得てください。

まえがき

　この書は，厚生労働省科学研究研究費補助金の交付を受けて行われた「社会的養護における児童の特性別標準的ケアパッケージ：被虐待児を養育する里親家庭の民間の治療支援機関の研究」の研究成果を用いて書かれたものです[注]。

　編者（深谷昌志・深谷和子・青葉紘宇）らは，平成23～25年度に，他の10数名の研究者や実践家のメンバーと共に，幸運にもこの研究プロジェクトに参加する機会を得ました。その中でわれわれは，国内調査チームとして養育里親の全国調査と面接調査を担当し，アンケート調査は平成24年度分は終了しましたが，平成25年度も2回目を実施中，また，面接調査は25年度も続行中です。

　3名の編者のうち，深谷昌志は教育社会学，深谷和子は児童臨床心理学の研究者で，それぞれの立場から，長い間子ども問題の研究に携わってきましたが，今回の社会的養護の領域での仕事には，初めて足を踏み入れたようなものでした。また青葉紘宇は，長期にわたって何人もの里子を養育し，現在はNPO法人東京養育家庭の会理事長をしております。

　この書の資料は，養育里親についての全国調査から得られたものが中心になっていますが，その背後には，2年間にわたって全国8地点（東京，那覇，静岡，札幌，岩見沢，川崎，松山，明石）で行った53名の養育里親の方々への聞き取り調査による資料の蓄積があり，また，この書の中にも事例として処々に盛り込まれています。

　これらの調査が実施できたのは，ひとえに編者の1人，青葉紘宇の協力によるものです。研究者は，対象さえ得られれば，自分たちが持っているノウハウを調査研究に生かすことができますが，今回のような養育里親という特別の対象にアプローチすることは，到底できなかったことでしょう。事実，広い範囲に及ぶ里親の全国調査は難しいのではと危惧する声も，研究着手以前に行政の一部にあったと聞いています。しかし青葉紘宇の手によって，全国里親会を初め，全国66ヵ所の地方里親会の調査協力を得ることができました。いわば，誰ひとりが欠けても成り立たない弦楽3重奏のステージとなりました。

　この書の組み立ては，以下の通りです。

まず序章は日本の里親・里子の歴史研究で，自叙伝の中の逸話を集めたやや異色の論考，1章はアンケート調査の自由記述欄にあった里親たちの養育の日々からの「つぶやき」，2章には，全国調査の調査票の自由記述欄から，里親たちが里子の上に見た「虐待の影」とも言うべき姿を収録しました。これは里子たち自身が語った記録ではありませんが，いつくしみをもって日々里子養育に当たる里親たちが，過去に虐待を受けた里子たちの上に見た異様とも思える姿の記述であり，こうした里子たちの深刻な内的世界の状況を推察するのに十分な資料と言えましょう。

　そして3章は，これまでこの領域で，必ずしも大がかりには行われてこなかったアンケート調査の資料から，里親たちの養育の日々を，4章は面接調査で得られた53事例の中から，里親による養育の実際を伝えるのにふさわしいと思われる5事例を抜粋して加えました。そして各章末には，社会的養護問題に深くかかわる研究者と編者らによる4つの論考を収録してあります。ご多忙な中をご執筆下さいました山縣文治先生（関西大学教授），増沢高先生（子どもの虹情報研修センター研修部長）にも心から感謝を申し上げたいと思います。

　そして最後の5章には，今回の研究の中から導きだされた，里親問題に関するリコメンデーションをいくつか盛り込みました。

　この書をお手元に届けするにあたって，まず，それぞれの里親会の会長さんや事務担当者，そこに所属されている里親の方々に，厚く御礼を申し上げたいと思います。東京成徳大学の総務課の篠誠さんと元木章太さんにも，調査票の発送や回収に大変なお力をいただきました。あらためて御礼を申し上げます。むろん，このプロジェクトにわれわれを参加させて下さった開原久代先生（東京成徳大学特任教授）にも，大きな感謝を申し上げたいと思います。

　最後に，この度のアンケート調査と面接調査に協力して下さった1209名＋53名の里親の方々に，また，貴重な事例を本書のために提供して下さった，秋山恵美子さん（東京里親会），今麻子さん（川崎里親会）をはじめ5人の里親の方々に，また，最近の出版不況の中で本書の出版をご快諾くださった，福村出版常務取締役宮下基幸さんと編集部の小川史乃さんに，心からの感謝を申し上げるとともに，この書が社会的養護の関係者の方々や，今も里子養育の日々を

過ごしておいでの里親の方々の支援に少しでもつながることができればと念じております。

平成25年8月
深谷昌志・深谷和子・青葉紘宇

注：厚生労働省制作科学推進研究事業 H 23 － 政策－－般－ 007：研究代表者　開原久代

もくじ

　　まえがき　3

序章　里親・里子文化の底流を探る……………………深谷昌志　11
　　1）逆境にある子どもを親族や縁者が支える　12
　　2）孝行は人倫（人の道）の基本　14
　　3）「慈愛と報恩」を基本とした疑似家族集団　15
　　4）身内の支えを見出せないとき　17
　　5）身内社会の消失　19
　　6）「慈愛と報恩」なき後の養育　21
　　7）家庭的な生活基盤が崩れたとき　24
　　8）シェルター型の養育システムの整備　26

1章　里親のつぶやき
　　　——里親制度・里親問題について…………構成・解説　深谷昌志　29
　　はじめに　30
　　1　子どもの状況，子どもへの対応　31
　　　1）発達障害への対応　31
　　　2）早期委託を　33
　　2　親権の問題，面会や真実告知，制度，その他　33
　　　1）親権の壁　33
　　　2）面会・真実告知　36
　　3　里親手当など　36
　　　1）子どもの問題や年齢による段階づけ　37
　　　2）里親手当の増額を　37
　　4　児童相談所の専門性を高める　39
　　　1）児相の専門性の強化　39
　　　2）児相による脅かしや無神経さ　40
　　5　実親との関係　42

1）委託時に当該ケースの情報を　42
　　　2）実親への指導　42
　　　3）家庭復帰に向けて　43
　　6　地域や学校に関連して　44
　　7　里親委託率はアップできるか？　46
　　8　里親制度をめぐるさまざまな問題　47
　　　1）里親制度の運用　47
　　　2）里親制度への要望　49
　　おわりに——里親・里子について国際的な見聞から考えたこと　50

社会的養護改革と家庭養護への期待……………………………山縣文治　53

2章　虐待を受けた里子の住む心的世界
　　　　——里親の見た虐待の影………………構成・解説　深谷和子　65
　　はじめに　66
　　1　資料の収集まで　66
　　2　里親の感じた虐待の影——まるでムンクの「叫び」の世界にいるかのような子どもたち　67
　　　1）世界は脅威に満ちている　68
　　　2）親が怖い，男性が怖い　72
　　　3）この脅威から身を守るために——固まって，別の世界にトリップ　73
　　　4）自閉，感情を押し殺して石になる　78
　　　5）外に向ける攻撃　79
　　　6）自分に向ける攻撃（自傷・自虐）　80
　　　7）その他：愛着の不全・不具合を思わせる行動　81
　　3　この資料からみえてきたもの　82

虐待を受けた子どもの理解………………………………………増沢　高　85

3章　里親たちの里子「療育」の日々——養育家庭全国アンケート調査から
　　　　……………………………深谷昌志・深谷和子・青葉紘宇　95

はじめに 96
1 全国調査の実施まで 97
2 対象となった里親と里子の属性 98
　1）里親の基本的属性 98
　2）里子の基本的属性 102
　3）里子の身体的発達と傾向——抽出児をめぐって 102
　4）学校生活への適応 110
3 里親の育児困難の現状 111
　1）退行（赤ちゃん返り）をめぐって 111
　2）愛着形成 113
　3）里親と実親のはざまで 121
　4）里子の成長が実感される時期 124
4 里親が考える里子の将来 125
　1）里子への期待 125
　2）里子への期待と愛着形成 127
　3）また里子をあずかりたいか 128
5 養育返上の周辺 130
　1）行政による調査 130
　2）養育返上を考えたとき 131
　3）養育返上をめぐる事例 133
　4）ある里母の意見 134
　5）養育返上と里子の性格 135
6 里親を経験しての総括 137
　1）世間の理解 137
　2）里親生活を振り返って 138
　3）委託費は十分か 139
　4）里親と里親会 140
　5）里親をしてよかったか 141
　6）里親の考える里親委託率の将来予測 142
ここまでのまとめ 143

もくじ

資料1　調査票　145

「母親から引き離された子」の研究をめぐる考察
　――ホスピタリズム研究からアタッチメントそしてきずな形成へ
………………………………………………………………………深谷和子　157

4章　里母の語った5つの人生物語
　　　――里親の面接調査から………………構成・解説　深谷和子　167

　はじめに　168
　1　事例とは　168
　2　面接の方法　169
　3　それぞれの事例　170
　　事例A　里子にとっての「ホーム」と「アウェイ」――里親の家庭が自分の安全基地になるまで　　　　今 麻子（川崎里親会）の養育記録から　171
　　事例B　早く「本物の親」になろうとした里母の努力と迷いの日々――3人の里子の人格形成上に尾を引く虐待の影もさまざま
　　　　　　　　　　　秋山恵美子（東京里親会）の養育記録から　174
　　事例C　施設は家族のような「心のよりどころ」になり切れないと里親になった元施設指導員の里母――予期せぬ激しい兄弟葛藤に悩む
　　　　　　　　　　　　　　　　砂木弘子（仮名）の養育記録から　183
　　事例D　生後3週間で委託された子との「心の通い合い」は特別――早期委託を望む里親たちの声に応えるエビデンスの一例
　　　　　　　　　　　　　　　　北見あかり（仮名）の養育記録から　188
　　事例E　「アウェイ」（里家）になじもうとしなかった6歳児――里母が体調を崩して4カ月で養育返上　　沢宮美子（仮名）の養育記録から　191

18歳を起点に里親の将来を考える………………………青葉紘宇　197

5章　まとめと，いくつかの提言………深谷昌志・深谷和子　205
　まとめ　206

1）熱い心で里子を養育する里親たち　206
  2）里親・里子間の「きずなの形成」こそ　206
  3）生活の中での、自分と世界、そしてその「関係性」のとらえ直し　207
  4）しばしば「発達障がい児」を養育している里親たち　208
いくつかの提言　209
  1）里子の条件に応じた養育的対応の3タイプ
　　　──養育が「ひどく難しい子」「やや難しい子」「平均的な難しさの子」　209
  2）里親役割の3類型──「実親志向型」と「シェルター志向型」,「養育職志向型」　210
  3）乳幼児期（早期）の養育は原則として里親委託に　211
  4）里親と児童養護施設（乳児院を含む）との役割分担を明確に　212
  5）児相の充実と,「里親担当」を行政職と専門職とに分化させる　213
  6）措置期間の延長を　213
  7）親代理としての里親の権利擁護と親権の一時的制限を　214

資料2　全国里親調査集計表　216
資料3　事前アンケート用紙　223
資料4　事例原稿の報告書収録〈諾否用紙〉　229

序章

里親・里子文化の底流を探る

深谷 昌志

　アメリカを旅すると，肌の色の違う子を連れた家族に出会う。聞くと「フォスター・ペアレント」をしているという。日常的な光景である。しかし，筆者の知人の中に里親をしている人はいないし，住んでいる所でも里親の話を聞いたことがない。そして，気がついてみると，実親との縁の薄い子どもの養育は児童養護施設に託すという社会通念が定着している。その結果，家庭的な養育の機運が育ってこない。

　統計的な数値を拾ってみると，アメリカでは社会的な養護を必要とする子どもの77％が家庭的な養育環境の許で成長している。イギリス72％，フランス55％という数値もみられる。隣国の韓国でも家庭的な養育が急増し，44％に達している[1]。そうした中で，どうして日本では家庭的な養育が12％にとどまり，広がりを欠くのか。そうした思いから，里親・里子文化の日本的な底流を探ってみたいと思うようになった。

　社会的養護を必要とする子どもたちへの対応は，今でこそ緊急を要する社会問題だが，昔の子どもについては，家庭の経済的な貧しさはともかく，多くの子どもは親の愛の下で安定した家庭環境の中に育っていたかのようなイメージが抱かれている。しかし，大正末期の平均寿命を例にとると，男子42.1歳，女子43.2歳，合計特殊出生率は5.11である。それだけに，明治・大正の時代，むろんその前も，早くに親を失う子どもが数多く見られた。それに加え，貧困から子どもを外に出す，あるいは，家庭内の種々の事情も加わって，両親の庇護の下で成長できなかった子どもも少なくなかったように思われる。筆者は必要があって，さまざまな階層の人々が書いた「自伝」を収集してきた[2]。まずその中から，親との縁の薄い子どもの事例を拾い出して，昔の子どもの成長の姿の一端をたどることにしたい。

1）逆境にある子どもを親族や縁者が支える

　農村を中心に女性運動を展開した丸岡秀子（明治36年生まれ，長野県佐久育ち）は「私は母と呼んだ人を5人も持っている」と回想している。生母を10カ月で亡くし，乳母の許にあずけられるが，父が再婚し義母の手で育てられる。しかし，その義母が離縁になり，別の義母に。しかし，秀子が義母から邪険にされているのを見て，母方の祖母が秀子を引き取る。秀子は，祖母が自分を育てたと回想している[3]。

　この例に限らず，母親を亡くした子の場合は，義母が来て面倒を見る場合が多いが，義母の中には義理の子を虐待した例も見受けられる。しかし，むろん義理の子に愛情を注いだ義母も少なくなかった。

　法学者の山崎時彦（大正5年生まれ，大阪の西区育ち）は4歳のときに母を亡くし，義母が来る。その義母が厳しく時彦をしつけるので，時彦は反発する。しかし，子を産めない体の義母は，雑貨輸出を営む家業の跡取りとして時彦を育てるために，ことさら厳しい態度をとる。義母の気持ちを知った時彦は勉学に励むようになる。その後，小学校6年生のときに父が亡くなるが，伯父が時彦の学費を負担し，義母の支えもあって，時彦は大倉商業（学校）に進むことができた[4]。

　『地獄の思想』で知られる**哲学者・梅原猛**（大正15年，愛知県知多育ち）は，下宿していた東北大の学生と母親が恋仲になって生まれた子だが，父方の親族の反対から婚外子として生まれた。その母も猛を産んですぐに亡くなり，猛は母親の姉夫婦に引き取られる。実親でないことから，猛は養母に反抗的な態度をとる。しかし，毎朝4時に起きて弁当を作る養母を見ているうちに，養母を安心させるために，勉学に励むようになる[5]。そうした意味では，碩学・梅原猛を生んだのは養父母の愛情であったといえよう。

　このように，子どもが幼くして母親と死別した場合は，養育者としての義母や祖母，伯母などが登場する例が多い。しかし，父親が死亡する場合は，生計を営むことが困難になり，一家が路頭に迷うことも多くなる。

　昭和を代表する名女優の田中絹代（明治42年生まれ，山口県下関育ち）は下関の大きな商家の4男4女の末子として生まれたが，絹代が1歳のときに父が亡くなる。しかし女手では商家の切り盛りができず，一家は伯父の家に身を寄せ

る[6]。その後，伯父が父親代わりとなり，絹代を励ます。絹代の女優志願を強硬に反対する実母を説得したのは，伯父であった。

このように子どもが親を失ったときには，義母に加え，祖父母，伯父・叔母などの血縁関係にある「縁者」が手を差し伸べて，逆境の子を養育していった事例が多い。

昭和を代表する落語界の大看板・六代目三遊亭円生は，父親が女中（手伝い）に産ませた子どもだった。と言っても世間体もあるので，女中を下男に嫁がせ，その子を父親が引き取る形をとる。しかし，円生が4歳のときに父親は事業に失敗して出奔する。残された母（養母）は円生と女中夫婦を伴い，父の消息を求めて上京する。義太夫が得意だった養母は，寄席に出て収入を得る。同時に，寄席の楽屋で円生に義太夫を教えるだけでなく，「買い食いはいけない」などと，円生をきちんとしつけていく。円生は後年「はる（実母の名）は終生あたくしと一緒におりまして，あたくしが葬いを出しました。しかし，さだ（養母の名）を実母と思っております。あたくしは母を深く愛し，母もあたくしを非常にかわいがってくれました」[7]と語っている。

円生の養母にとって，円生は夫の浮気相手の子であり，おまけに夫は家を出てしまう。それだけに，養母として円生や女中（円生の実母）にわだかまりがあって当然で，少なくとも傍目では，親子3人の生活の面倒を見る必要はなさそうである。にもかかわらず，重荷になりそうな女中夫婦と生さぬ仲の子の3人を連れて養母は上京する。自分には芸があり，ある程度の収入を見込めるから縁者を守るのが人の道であるという感覚であろうか。

この4人の関係を血縁として括るのは無理のある集団だったが，自分を頼りにしている「縁のある者」を守ろうという気持ちから，養母は重い負担を覚悟の上で上京したのかもしれない。

縁のある子が逆境にいるなら，手を差し伸べる。貧しい時代にあっては，子どもを引き取る行為は相当な負担を伴うはずなのに，実子と同じ感覚で養育を引き受ける。こうした養育態度の底流となっているものは何だろうか。

2）孝行は人倫（人の道）の基本

　同じ落語家つながりで，三代目三遊亭金馬の事例を紹介しよう。**海老名香葉子**（昭和8年生まれ，東京の本所育ち）は竿屋の名店・竿忠の4人きょうだいの末子として生まれた。夫婦仲もよく幸せな家庭であったが，東京大空襲で両親や兄たちが亡くなり，12歳の香葉子と兄の2人だけが，戦災孤児として残る。親類をたらい回しされているときに，竿忠の顧客だった金馬が竿忠の身寄りを探しているのを知って，香葉子は楽屋に金馬を訪ねる。事情を話すと，金馬は「家の子におなり」と言い，同席していたおかみさんも「ハイ，よござんす」と即答して，その日から香葉子は金馬の家で暮らすことになる[8]。金馬の世話で楽屋の下働きをしてから，やがて，香葉子は金馬の計らいで初代林家三平と結婚することになる。

　金馬の場合も香葉子との間に血縁関係はない。香葉子は，趣味の釣りを通して知己となった店の娘に過ぎない。しかも，食べ物にも事欠く戦後の混乱期で，落語家も貧しかったから，子どもをあずかるのは容易ではない。それでも縁のある者が困っているのなら，手を差し伸べる。現在の尺度では測りにくい損得を超えた行為であり，今は死語になった「人倫」（人の道）という言葉が浮かんでくる。

　金馬の十八番に『孝行糖』があった。奉行から孝行を表彰された与太郎が，長屋の人たちの助言で「飴売り」に出る話だが，近世以降さまざまな形で，孝行は人倫の基として庶民の間に説かれていた。

　江戸初期の陽明学者・中江藤樹の『翁問答』では「子の孝行というのは，人間百行の源，人倫第一の急務」と説く。その理由として，親は「母はかいよう（懐孕）の苦しみを受け，十病九死の身となり」「身垢ずき汚れても湯浴び髪洗う暇なく」子育てをするのであるから「父母の恩徳は天より高く，海よりも深し」[9]と述べる。また，8代将軍吉宗期の朱子学者・室鳩巣は「父母は，これ，仁愛の初，孝は百行の先駆けなり」[10]なので，「親の仁愛」と「子の孝」とが人としての礎と指摘している。同じ時期の儒学者・貝原益軒も「父母の恩は，高く厚きこと天地に同じ。父母なければ我が身なし。其恩報じ難し」[11]とする。

　孝行を人倫の基本とする指摘は，儒学者間の立場の違いを超えて共通に説かれている。というより，藩学での学習は四書五経，中でも『論語』から始まる

から、『論語』の「子遊、孝を問ふ。子日はく、今の孝は是だ能く養ふを謂う。犬馬に至るまで能く養ふこと有り。敬せずんば何を以て別たん」（今は親を養育するのを孝行と考えているようだが、犬や馬でも養うことがあるから、親を敬うことが大事だ）[12]とする文言は、士族層なら幼児でも素読の形で諳んじていたであろう。もちろん庶民の通う寺子屋でも、『論語』や『女大学』などを学ぶことができた。つまり、庶民対象の心学を含めて、論語で説かれる価値観は、人々の心に広く浸透し、行動の原点となっていたと考えられる。

明治以降になると、『教学大旨』（明治12年）は、学制発布を契機とした学校では西欧化を急ぎ過ぎて、「仁義忠孝ヲ後ニ」しがちだったと指摘している。また宮内省から下賜された徳目集『幼学綱要』（明治15年）では、人として求められる20の徳目の第1位に「孝行」があげられている。そして、『孝経』の「身体髪膚 受之父母 不敢毀傷 孝之始也」を引用し、さらに、酒好きの父のために酒の味のする瀧を見つけたという「養老の滝」などの挿話が紹介されている。その後、『幼学綱要』を基に編集された『小学修身書』（明治23年）では、「父母に孝をつくすことをもって、第一の初めとすべし」と孝行が修身の第1位にあげられている。

こうした短い論考の中で、教育政策史を展開するつもりはないが、これまでの経緯を踏まえて下賜された「教育勅語」（明治23年）に、「父母ニ孝ニ兄弟ニ友ニ夫婦相和シ」と説かれていたのは、よく知られる通りである。

3）「慈愛と報恩」を基本とした擬似家族集団

これまでふれてきたように、親族による養育の土台となっていたのは、親が無限の愛を持って子どもを慈しみ、そして、子どもも親の恩に報いるために孝行に励むという生き方で、これは、人倫の基本である儒教に根ざした人生観であった。しかし、そうした「慈愛と報恩」の関係も、見方を変えると、親は子どもを慈しみ育て、子が成人したら、老いた親は子どもから世話を受ける。そして、その子もまた子どもを育てるが、子に頼って老後を過ごす。いわば、家族の構成員は、家系としての輪廻転生の中で人生を全うできる。つまり、儒教的な家族のあり方は、家族の中で幼い者を育てると同時に、老いた者も看護するという社会福祉のシステムとしての側面を備えていた。

こうした「孝行」という価値体系が，血縁で結ばれた家族の中での倫理であったのは確かだが，「慈愛と報恩」に集約される人間関係のあり方は，血縁を超えた社会の領域でも認められる。
　童謡『赤とんぼ』に「十五で姐（ねえ）やは嫁に行き」の１節がある。貧しい家庭の娘が都会の良家で「ねえや」として働くのがよくある姿であった。そのねえやが嫁に行くときには，その家の娘が嫁ぐときと同じような支度を整え，ねえやを送りだすのが良家のしきたりであった。ねえやと主家との間に血縁関係はないが，ねえやも家族の構成員なので，家族の一員として他家に嫁がせる。そして，嫁いだねえやは，その後も実家のように主家との交流を続けるのが常であった。
　男子の例になるが，かつて「奉公10年」という言い方があった。小学校を卒業し，小僧として主家（雇い主の家）に勤める。数年の年季奉公の後に，番頭見習い（中僧という言い方もあった），そして兵役を経て，１年間のお礼奉公の後に独立する。そうした形で，小僧の年季が明けるとき，資金を提供し顧客リストを渡し，店の象徴としての「暖簾」を与えて，若者の自立を支えるのが主家としての務めであった。なお，分家の主人は，自立後も，分家と本家の形で主家と生涯の交流が続いていく。そして，そうした慣行が，近年まで，蕎麦屋や天麩羅屋などの飲食の世界や大工などの職人の世界に残っていたのはよく知られた事実であろう。
　このように家や店で働いた者は「身内」であり，身内を生涯見守るのが主家の責務であった。その一方，ねえやや小僧もずっと主家との関係を保っていくので，主家を中心とした「擬似家族集団」が誕生する。そして，集団の結束が固いほど主家の社会的評価は高まり，系列の店が繁盛することにもなる。
　そうした擬似家族集団の外縁に規模の大きな職縁集団（たとえば，蕎麦屋の集まり）や地縁集団（たとえば，村落共同体）があって，「世間（様）」を構成している。それだけに，ねえやや小僧の処遇についても，主家は世間の目を意識し，「世間様に恥ずかしくないように」という気持ちで対応していく。いわば，世間の目が主家の慈愛を促す土台として機能している。
　なお，小僧は商店や職人の世界の話であるが，日本の近代的な企業の中でも，擬似家族的な経営の風土が見られた。企業の内部に「国鉄一家」や「八幡（製

鉄)一家」などの言い方が定着し，一家の一員であることに誇りを持ち，滅私奉公する従業員の姿があった。そして企業サイドも，終身雇用制を導入し，年功序列型の賃金体系を整備して，安定した生涯を保証する体制を整える。さらに，経営者と従業員との収入格差を少なくし，経営者も一家の構成員という態度を示すなども一般的だった。

　こうした家族的な風土の底流にあるのは，場に身を置く者の間で，身内としての強い帰属意識を持ち，相互に助け合う精神であった。その際，身内の頂点にいる者には，慈愛に富み，集団を守る力量の持ち主であることが求められた。そして，メンバーたちはリーダーの慈愛に敬意を払うのが常であった。見方を変えると，擬似家族集団は「世間」の荒波にまけないように，集団の力で身を守る一種の防衛装置だったといえよう。

4）身内の支えを見出せないとき

　実業家の藍澤弥八（明治13年，新潟県柏崎育ち）は地域で庄屋を営む豪農の旧家に長男として生まれた。その頃，「藍澤家には孤児や棄て児を引取って養い育ててやるという習慣があった」。弥八は，その頃は，「不幸な子どもたちを保護する社会施設などなかった」から，「村の有志がその代わりをした」と回想している。そして，藍澤家で育った人は，成人してからも，藍澤家を訪ね，交流を重ねている[13]。

　新潟は豪農の多かった地域だが，地域共同体の束ねとして，庄屋が社会福祉的な役割を担っていた例証であろう。もう1例，伊藤家の状況を紹介しよう。

　新潟の豪農の長男として生まれた**伊藤文吉**（昭和2年，新潟県蒲原育ち）の生家は，1300町歩の田畑を持ち，10人の番頭が仕え，1000坪の土地に部屋は80室という豪農だった。その頃，内風呂がないので，村の大半の人が順番にもらい風呂に来て，「お風呂のついでに囲炉裏の火を囲んでお茶を飲み，ある者はお酒を傾けながらよもやま話に花を咲かせる」のが毎晩の光景だったという[14]。

　もちろん，すべての豪農が使用人を含めて，村人に慈愛を持って接したとは思われない。しかし，大正時代に入ると，小作農の争議が激化しているので，文吉の父親は7代目当主として子どもに質素な生活を求め，自身も倹約を心がける反面，地域の人には可能な限り温情を施そうとしている。

こうした社会的な風土があれば，血縁で結ばれていなくても，どこかの「身内」の集団に属していれば弱者も保護を受けられる。そして，保護を受けた者は，成人後に，養育親に尽くし恩を返せばよいのである。

　しかし，弱者を抱え込めない状況に生まれると，社会的養護の体制が整備されていないだけに，幼くして世間に放り出され，多難な人生を送ることになる。

　母親役で定評のあった**女優の浪花千恵子**（明治40年生まれ，大阪の南河内育ち）は「私の半生は，人に，かえり見もされないほどどぶ川の泥水でございました」と回想している。父親は鶏を育てて売る極貧の生活の中にいた。4歳のときに弟が生まれるが，母親はその直後に亡くなり，幼い千栄子は，弟の面倒から鶏の世話，食事や洗濯などの家事を追われて，小学校にも通えない。その後に継母が来るが，家庭的な女性ではなかった。千栄子は8歳のときに，大阪道頓堀の仕出し弁当屋に子守り兼下女として働きに出される。しかし，学校には3カ月しか通っていなかったので，文字や数がわからず，劇場の看板を見ながら文字を覚えていく[15]。

　『芸者』の著書で知られる**増田小夜**（大正14年生まれ，長野県塩尻育ち）は，もの心がついたときに，「地主の家で子守をしていました」と回顧する。小夜は父親のわからない婚外子として生まれ，叔父が小夜を引きとるが，独身の叔父は幼い小夜の世話をすることができず，小夜が5歳のときに地主の家に子守りに出される。なお，母親は別の男性と結婚して4人の子どもが産まれたので，会いに行った小夜は邪険にされる。やがて，数え年12歳のときに，小夜は上諏訪の芸者の置屋に身売りされ，芸者としての半生を送ることになる[16]。

　芹沢光次良（明治30年生まれ，静岡県沼津育ち）によれば，「私のむらでは，女の子は口べらしのために，小学校を出ると，子守か，女工かになって，むらを出たし，東京に売られても行った」。男の子は漁師として村に残るが，それでも人数が足りず，「男の子が公然と売買された」。年に2回，よそから20人くらいの子が連れてこられ売りに出される。年齢や体格によって値段が違い，村では，「15円で買われた太郎は，15円の太郎ちゃん」と呼ばれたと回想している[17]。

　芹沢の記録は明治末期の沼津のできごとであり，浪花千恵子は大正，増田小夜は昭和の話であって明治初期の事例ではない。なお，先に紹介したねえやや

小僧の場合，子どもが主家に入るのは小学校卒業後（明治39年までは4年制なので10歳）が原則だった。したがって，経済的に恵まれ，中等教育に進学できた一部の社会階層を除き，子どもが親の許で過ごせるのは12歳（明治40年以降）までであった。もちろん，もっと幼い年齢で奉公に出される子どもも少なくない。

　こうした成長の一端は，『女工哀史』（細井和喜蔵，1925年）や『職工事情』（農商務省，明治36年）などで知ることができる。しかし，辛苦をなめた者が，成人後に児童期の思い出を記録として残すことは少ない。それだけに，親を失い，あるいは，親の庇護を受けられずに，苦難な人生を歩んだ子どもは想像する以上に多かったのではなかろうか。

5）　身内社会の消失
　かつて北京の大学を尋ねたときに，60代だった筆者は教授たちから「老師」と呼ばれ，階段の上り下りに手をとられたので当惑した。残念ながら，日本の大学では敬意をこめた高齢者扱いを受けたことはなかった。そして，北京では，食事のときも「老師」は何かと配慮され，講義を聞く学生も礼儀正しかった。改めて，儒学的な長幼の序が現在の中国社会に生きているのを感じた。そして，北京では，高齢であることも悪くないと思った。
　ソウルの大学でも，若い教員たちと食事をするときには敬老の慣習があり，彼らは飲酒の際には顔を横に向けて盃を干す。年輩者の前で決して喫煙をしない。もちろん，高齢者が箸をつけるまで皿に手を伸ばそうとしないし，会議の席などでも高齢者の判断に敬意が払われることが多い。
　個人的な大学での体験からでも，ソウルや北京では，いまだに日常生活の中に儒教文化が定着しているのを感じる。近年，韓国人の間から儒教色の薄れを懸念する声が聞こえる。しかし，秋夕（日本に置き換えれば，お盆に近い）の時期に祖先の霊を祀るために万難を排して本家や実家に向かう人々の流れを見ていると，日本人の目には，韓国社会における儒教文化の根強さを感じる。
　それに引きかえ，かつては儒教の影響下にあったはずの日本では，韓国や中国の社会に見られるような儒教の気配はまったく感じられない。どうして日本では儒教文化が跡形もないほどに払拭されたのか。

若干の史的な考察を加えるなら，明治24年，穂積八束はセンセーショナルな標題の論文『民法出テ，忠孝亡フ』の中で「我国ハ祖先教ノ国ナリ家制ノ郷ナリ」[18]と述べている。欧米に対する危機意識から，穂積は祖先から受け継いだ家制度の保持が日本の独自性だと説く。また，井上哲次郎は『国民道徳概論』の中で，欧米では個に基盤を置く「個別家族制度」が定着しているが，日本は祖先から受け継いだ家系を家長が率いる「総合家族制度」の社会である。そして，「個別家族」の土台を支える孝に「総合家族」の忠が加わる。さらに，両者の関係を「小なる孝を捨てて大なる孝を取る。忠は詰り孝の大なるもの」[19]と理論づける。こうした穂積と井上の著作は，共に帝国大学教授として政府の要職を歴任した学者のものだけに，現在では考えられないほどの社会的な重みを持っていたといわれる。

　穂積や井上が提示した「忠孝一本」の社会観は，いくつかの曲折を経て，昭和に入ると，『国体の本義』（文部省，昭和12年）や『臣民の道』（文部省，昭和16年）として結実する。「我が国に於いては忠あっての孝であり，忠が大本である」[20]という関連づけである。家族の中での孝と国の忠とを一体化し，忠を孝の上位に位置づけ，個々の孝を忠に収斂させる国家観である。

　第2次大戦後，日本のウルトラ・ナショナリズムを支える精神構造の解明が始まった。政治学者の石田雄は，「家族に対する私的敬虔心であるところの孝と公的な忠誠心であるところの忠」[21]を一体としてとらえ，孝の上位に忠を位置づける家族国家観が形成されたと指摘する。また，丸山真男が，ウルトラ・ナショナリズムを解く鍵を「私的な世界の公的な世界への延長」に見出したのは周知の通りである[22]。

　父親（父権）が家族を代表するように，国家は天皇が統率する。そして，父が家族に慈愛を注ぐように，天皇は国民を慈しむ。だから，親に対する孝行と同じように，国民は天皇に対して忠節を尽くすべきだ。そして，社会全体としては，忠は孝に優先するという国家観である。

　敗戦後の社会改革のスローガンは，個を尊重するデモクラシー社会の実現であった。その流れの中で，「忠」は，日本を敗戦に導いた悪の象徴であるかのように排除された。それは当然の評価とは思うが，忠の否定とともに，家族国家観の土台となった家制度は解体の対象となる。そして，「忠孝一本」的な締め

付けの反発として，忠とともに孝も否定されるべき価値観とみなされた。さらに，家庭の民主化が説かれる中で，家庭内での夫婦の対等が尊重され，その結果として，父権が失墜する状況が生まれる。その余波として，主家を中心とした擬似家族集団が衰退し，「世間」という感覚も希薄になった。それと同時に，「慈愛と報恩」も封建的な主従関係を連想させることから，遺物として廃棄され，現在の日本で，孝行は死語になった感が強い。

　意外に思うかもしれないが，本来の儒教では孝は人倫の基礎であったが，忠はそれほどの重みを持っていない[23]。親が愚行を犯したとき，子どもは親をいさめるのはよいが，親には逆らってはいけない。「曲従」の姿勢が必要だとする。しかし，愚かな主君に逆らうのは理のある行為だとされる。そうした意味では，孝行は社会のあり方とは無関係な，あくまで家庭内の私的な倫理であった。であるから，社会主義化された中国で孔子批判は盛んだったが，孝の精神が生き残ったのであろう。同じように，韓国でも，社会の発展とは別に，韓国人を律する倫理として孝が生き続けたのはすでに指摘した通りである。

6）「慈愛と報恩」なき後の養育

　これまでふれてきたように，近代の日本では，儒教的な「慈愛と報恩」が行動の底流に認められる。その恩恵というべきなのか，親を失った子どもも身内（時には擬似家族集団）の中で養育してもらうことができた。しかし，現在では，家系（擬似家族集団）は解体されただけでなく，孝の喪失とともに，「慈愛と報恩」の感覚も喪失されつつあり，その結果として，親の庇護を失った子は安寧を保てる拠り所を見出しにくい状況が生まれている。

　こうした指摘が誇張でないことを，子ども対象の調査結果から取り出してみよう。表1は2012年に実施した国際比較調査のデータ[24]で，この調査では子ども調査と同時に，母親調査も行っているので，母と子のデータを紹介したい。

　表1は，結婚するとき，親と同居するかを尋ねた結果である。上海の場合，子どもも母親もほぼ7割が親との同居を考えている。親に育ててもらい，その親と同居するという家系の輪廻が作用しているのを感じる。それに対し，ソウルの場合，子どもは親との同居を望んでいるが，母親は子どもとの別居を志向している。

表1　結婚するとき，親との同居（％）

	東京		ソウル		上海	
	子ども	母親	子ども	母	子ども	母親
同居する	16.8	2.6	18.4	2.0	31.7	11.0
親の家の近く	21.9	40.7	32.8	32.2	36.3	60.2
（小計）	38.7	43.3	51.2	34.2	68.0	71.3
車で30分	44.1	20.1	40.8	29.8	28.1	14.7
離れて暮らす	17.2	36.6	8.0	36.0	4.0	12.1
（小計）	61.3	56.7	48.8	65.8	32.1	26.3

表2　老いた親への対応（％）

	東京		ソウル		上海	
	1991	2012	1991	2012	1991	2012
老人ホームへ	24.1	25.1	0.4	9.1	0.9	3.3
親の家の近く	21.8	27.4	23.4	34.8	15.1	32.5
親と同居	54.1	47.5	76.2	56.1	84.0	64.2

　韓国では，本貫を土台とした男子家系が尊重されるので，夫婦別姓の下で，妻の籍——族譜（ジョクボ）の面で——は実家に残り，それが妻の精神的な不満を招く一因といわれる。そのため，若い世代の女性を中心に家制度に批判的な風潮が強まっている。子どもに家の重みを背負わせたくない親心なのであろうか。

　そして，東京は母も子も別居が6割前後に達する。東京の場合，親夫婦と子ども夫婦との別居が当然で，そうなると，家系という意識は完全に失われる状況になる。

　表1に関連させて，「親が老いたらどうするか」の問いに対する子どもの回答を表2にまとめてみた。この調査では，1991年度調査との比較も試みている。表に示したように，2012年の調査で上海の子の64.2％は，老いた親との同居を考えている。そして，ソウルの子どもも，1991年の76.2％ほどではないが，

56.1％が老いた親と同居するという。親は子を慈しみ、育った子は親の老後を看取る。その子も親となり、子どもに老後を託す。慈愛と孝の精神が基調となって、すでにふれた家族の輪廻が、子どもの心に生きているのを感じる。それに対して、1991年ですでに東京の子どもの24.1％が親を将来老人ホームに入れると答え、2012年では親との同居は5割を下回っている。育ててくれたことは感謝するが、自分には自分の暮らしがあるという生き方で、家系の輪廻が閉ざされているのはたしかであろう。

　もっとも、家系の中での「慈愛と報恩」が薄れても、地域に社会的養護のネットワークが整備されていれば問題はないと考えられよう。儒教を土台にした家系的な保護から、地域に基礎を置く欧米風の社会的な援助へ、養護の形態が移行すればよいのである。

　サンフランシスコに筆者の大学の姉妹校があり、何度か訪ねているうちに教授たちと親しくなった。そして、教員としての評価の中で、地域でのボランティア活動が大きな重みを持っているのを痛感した。ある教授は、毎週大型トラックを運転し、不用品を回収して知的障害者施設の運用資金を集めている。また別の教授は年に4回、視覚障害の子たちを自分のヨットに招待し、自分で操縦してサンフランシスコ湾を一周している。また、教員スタッフの半数以上が、フォスター・ペアレント――日本流にいえば里親。他にadopted（養子）の子もいる――をしているとも聞いた。ある教授は、「これまでアフリカと南アメリカの子をあずかったから、来年はインドの子を受け入れるための準備をしている」と話していた。

　教授である前に、地域の社会活動に参加する市民でありたい。そして、周りの目も地域活動に地道に取り組む姿勢を高く評価する。アメリカ人は、どうして損得を超えた奉仕活動にあれほど打ち込むのか。掘り下げていくと、活動の底流にピューリタンの精神と開拓者魂とが感じられる。改めて、アメリカ社会の懐の深さに接した思いがした。

　残念ながら、同じようなレベルの活動を、現在の日本社会には期待できない。少なくとも、アメリカ社会の社会的養育制度をモデルにしようとしても、日本の現状では、制度を生かせる土壌に欠ける。社会的養護を支える地盤が違い過ぎていることを感じる。

7）家庭的な生活基盤が崩れたとき

　いかりや浩一（昭和44年生まれ，東京の新宿育ち）はいかりや長介の長男で，浩一が生まれた年に「8時だよ！　全員集合」がヒットし，父親は超売れっ子タレントとなり，下積み時代を支えた妻と不仲になる。浩一が5歳のときに母は家を出て，その代わり家政婦が家事をしてくれるが，夜は6歳年上の姉と2人きりの寂しい時間を過ごす。父は子どもを気づかうが，超多忙で，毎晩帰宅は深夜になる。小学2年生の頃に「お姉さん」が来て，家事だけでなく，浩一の勉強を見たり，しつけを始める。その後，父親は母と離婚し，「お姉さん」と結婚する。ジーンズにTシャツという若々しい格好で世話をしてくれる「お姉さん」の姿に，父と子は安堵する。そして，それまで1と2ばかりだった浩一の学業成績が3以上になり，5年生から塾へ通い，私立中入学を目指す。その後「お姉さん」（いつか母親と呼ぶようになった）は膠原病を患い，病状が悪化して自殺する。浩一は，養母の白木の箱の前で「血はつながっていない。だが，小学生から大学生になるまで，心血を注いで愛情を持って接してくれた」と号泣する。2年後に，父親は三度目の結婚をする。そのとき，浩一は父の再婚に賛成するが，「悪いけれど，お袋とは呼べない」，自分にとって，二度目の母だけが母親だという気持ちを父親に伝える[25]。

　ピンク・レディのケイ（増田恵子，昭和32年生まれ，静岡の焼津育ち）は6歳上の兄と3歳上の姉との5人家族であった。しかし，恵子が3歳のときに父親が交通事故で亡くなり，母親は働きに出るが，3人の子の世話はできず，6歳のときに恵子だけが伯母の養子になる。伯母は暖かい人で，恵子は伯母になつくが，実母には見捨てられた感情が残り，実母とのぎすぎすした関係は後まで続いていく[26]。

　イエロー・モンキーの吉井和哉（昭和41年生まれ，静岡育ち）の父親は，幼児の時に仕事中に屋根から落ちて亡くなる。母親は水商売に出るので，和哉は祖母と2人で夜を過ごす。和哉は母親の水商売に対する反発から，荒れた生活を送り，成績は「中3までオール1」で，「九九，半分しか知らない」学力だった。幸いにも作曲の才能に恵まれ，バンドマンとしてデビューしていく[27]。

　こうした事例が示すように，両親の一方でも別離すると，子どもの生活は急速に不安定になる。離婚率の低い日本では，回りの子どもの大方が両親や祖父

母に囲まれて育っているだけに、自分だけが不幸な環境にいるように思えて、精神的な不安定感が強まる。

お笑いコンビ「麒麟」の田村裕（昭和54年生まれ、大阪の吹田育ち、『ホームレス中学生』の著者）は大手製薬会社の課長の父と優しい母、兄と姉との5人家族で、4LDKの高級住宅で幸せな生活を送っていた。裕が5年生のとき、母親が直腸癌に倒れて亡くなる。その後に父方の祖母も逝き、父親自身も直腸癌に罹り、会社を解雇される。家を手放すことになり、近くの小さな家に移るが、裕が2年生のとき、家具が表に出される。家には「差し押さえ」の張り紙が張られていた。父は「家には入れないから、解散！」と言ってどこかに行ってしまう。そこから、裕のホームレス生活が始まる[28]。

裕の事例はどこの家庭でも起こりうる話で、この事例は、一見幸せに見える家庭も砂上の楼閣であることを示している。裕の場合、学友のおばさんが見かねて援助の手を差し伸べてくれ、食事や入浴だけでなく、家に泊めてもくれる。その後、近所の人たちが祐たちの過ごせる家探しに奔走してくれ、やがて裕は生きる気力を取り戻していく。

落語家の桂雀々（昭和35年生まれ、大阪の住吉育ち）の父親はうどん屋を商いとしていたが、無類のギャンブル好きで、母親と不仲となり、母親は家を出て行く。父はギャンブルの借金を重ね、借金取りの督促を逃れるために家を出てしまい、小6の雀々だけが家に残る。世話好きの近所のおばさんが雀々の面倒を見てくれたのに加え、民生委員も動いて、生活保護をもらえることになり、中学生の雀々は1人で家に暮らし始める[29]。

雀々と先の裕の事例に共通しているのは、種々の事情はあるとは思うが、大正や昭和の時期の事例のように、叔父や伯母などの親族が登場していない事実であろう。親族もそれぞれの生活に追われ、援助の手を差し伸べられなかったのであろうか。そうなると、核家族は外部の親族に支えを求められない状況になる。その一方で、先の事例では、大阪の下町らしく、善意でややお節介な近所のおばさんが親身となって、逆境の子どもを支えている。しかし、残念ながら、そうした善意の人を見つけにくいのが、大都市での生活環境だけに、2つの事例によき隣人に恵まれた幸運を感じる。それと同時に、こうした隣人たちが増え、その動きをネットでつなぐことができれば、これから先の社会的養護

に1つの可能性を見出すことができる。

8) シェルター型の養育システムの整備

　本書に収録されている山縣の論考は，母親が入院して子どもを里親にあずけた挿話から始まっている。家族に病人が出ることは日常的にありうることだが，片親の入院だけでも，家族の機能は大きく低下し，外からの支援が必要なことを示す事例である。近所に親族が住み，近隣との付き合いの深い地方での暮らしと違って，大都市では，高層住宅に住む核家族は，近隣の付き合いも程ほどに，外の世界と接点を持たない暮らしを送っている。こうした家族で親の1人でもが病気になれば，その瞬間から，家庭の安定が崩れ，子どもの保護が必要になる。そうした意味では，これから先，大都市を中心に社会的養護を求める家族が急増する可能性が強い。

　そうした状況の中で，近代の日本を支えてきた血縁的な養護の風土は薄れるだけでなく，地域も解体され，地域集団は機能を喪失している。その結果，家系に土台を置く土着の社会的な養護のシステムは解体されたが，かといって，欧米社会に見られるようなボランティア・ベースのネットワークを自治体が支える仕組みが張り巡らされているわけでもない。さらにいえば，日本では施設での養育体制だけが整い，施設が親との縁の薄い子の主要な養育の場として機能している。しかし，子どもは密度の濃い個人的な人間関係の中で育つことが不可欠であり，施設養育が子どもの人格形成上問題を生みやすいのは，本書の調査報告の部分で繰り返し指摘する通りである。

　それだけに，生活環境が悪化した子どもが緊急避難できるようなシェルター網を地域ごとに張り巡らすことが緊急の対応策となる。

　具体的には，各地域に里親人材バンクを整備し，困った親は状況が深刻になる前に気軽に里親バンクを利用できる状況を作る。そして，里親家庭は，短中期的にそうした子どもをあずかり養育する。最低限の費用を保証しながら，里親が社会的に意味のある「仕事」として「養育」に取り組む体制を作る。

　こうした形で，地域の中で家庭的に恵まれない子どもを養育するシステムを構築することは十分に可能であろう。

　病院へ行くと，看護師のやさしさに感銘を受けることがある。生身の看護師

はやさしさばかりでないと思うが，職業人として患者の心を慰めてくれる。それと同じように，傷ついた子どもを受け止め，心を癒す役割，そうした「職業的な子育てのサポーター」が，今後の里親のとるべき道ではなかろうか。

その際，児童相談所は，問題を抱える子どもや親の情報収集や適切なアセスメントによる処遇，そして里親への支援，養育の難しい子どもへの対応などの機能を果たす。そうした形で養育里親と児童相談所とが両輪となって，地域の社会的養護に機能していけば，儒教的な風土が失われ，キリスト教的なボランティア精神の土壌も乏しい日本でも，これからの社会的養護にある程度の明るい見通しを抱くことができるのではなかろうか。

【参考・引用文献】
1 厚労科研報告書（研究代表者・開原久代）（2012）『社会的養護における児童の特性別標準的ケアパッケージ』p.20
2 深谷昌志『日本の父親―100の生き方』（2009）中公新書，『日本の母親再考』（2011）ハーベスト社 ――自伝を活用して子どもの生活を史的に辿る研究を行ってきた。
3 丸岡秀子（1987）『声は無けれど』岩波書店
4 山崎時彦（1988）『遠い日のうた』未來社
5 梅原猛（2007）『私の自叙伝』日経ビジネス文庫
6 田中絹代（2006）『私の自叙伝』日経ビジネス文庫
7 三遊亭円生（1965）『寄席育ち』青蛙房
8 海老名香葉子（1983）『ことしの牡丹はよい牡丹』主婦と生活社
9 中江藤樹（1989）『翁問答』岩波文庫，山住正巳（1976）『子育ての書 I』平凡社
10 室鳩巣（1973）「不亡鈔」『世界教育宝典　貝原益軒・室鳩巣編』玉川大学出版
11 貝原益軒（1912）「和俗童子訓」三浦理編『益軒十訓』三省堂
12 金谷治（1990）『孔子』講談社学術文庫
13 藍澤弥八（1960）『私の履歴書10』日経新聞社
14 伊藤文吉（2008）『わが思い出は錆びず』新潟日報社
15 浪花千栄子（1965）『水のように』六芸書房
16 増田小夜（1959）「芸者」「日本の女性」『現代教養全集・11』　筑摩書房
17 芹沢光次良（1983）『私の履歴書・文化人3』　日本経済新聞社
18 穂積八束（1943）『穂積八束博士論文集』有斐閣

19　井上哲次郎（1912）『国民道徳概論』三省堂
20　文部省（1941）『臣民の道』
21　石田雄（1954）『明治政治思想史研究』未來社
22　丸山真男（1957）『現代政治の思想と行動　上巻』未來社
23　詳しくは，深谷昌志（1995）『親孝行の終焉』黎明書房　を参照されたい。
24　『家庭の居心地に関する国際比較調査』（2013）近刊予定
25　いかりや浩一（2006）『親父の遺言』幻冬社
26　増田恵子（2004）『あこがれ』幻冬社
27　吉井和哉（2007）『失われた愛を求めて』ロッキング・オン
28　田村裕（2007）『ホームレス中学生』ワニブックス
29　桂雀々（2008）『必死のパッチ』幻冬社

1章
里親のつぶやき
──里親制度・里親問題について

構成・解説　深谷昌志

はじめに

　平成24年6月にわれわれは，全国里親会の協力を得て養育里親を対象に全国調査を実施することができた。本書の冒頭で，調査票（3章資料1参照）の最終ページの自由記述欄に書きこまれた里親たちの声を紹介することから始めたい。ここで読者は，いま全国の里親と言われる人々が，日々何を思い，何を考え，そして何に悩みや不満を持っているか，その姿に出会うであろう。またこの章に続く2章では，里親が記述した「虐待を受けた里子」の住む心の世界の様相が展開される。そこで読者は，里親と名づけられた人々が，まるで異界の住人のような里子（被虐待児）を育てる日々の困難さを実感されるのではなかろうか。

　この章に収録した「里親のつぶやき」は，「里親問題に関して，制度，費用，行政の対応その他について，何かご意見やご希望，ご感想がおありでしたら，どうぞご遠慮なく，お書き下さい」とした，A4版用紙の約半分に設けられたスペースへの書き込みである。

　面接調査後に，事例原稿の作成のため郵送による原稿チェックを依頼したときにも，「日頃の思いを聞いてもらえて，ありがたかった」と書き添えられた場合が少なくなかった。里親たちは日頃の自分たちの思いを，里親仲間だけでなく，多くの人に伝えたいと思っているのではなかろうか。このアンケート用紙の最終ページの書き込みからも，そうした雰囲気が伝わってきている。

　里親たちの気持ちをできるだけそのまま伝えたいと，誤字脱字を除いて，書き込まれた文章は，ほとんど修正を加えず「つぶやき」のまま収録した。紙面の制約もあり，全部は収録できなかったが，違った内容のつぶやきはすべて拾い上げることにして，その内容をいくつかのジャンルに分けて収録したのが本章である。1つのつぶやきの後ろには，しばしばたくさんの人々の同じような声があることを感じ取っていただければと思う。

　なお冒頭の数字は，回収した1209名に振ったサンプル番号である。

1　子どもの状況，子どもへの対応

　里子を受け入れるにあたって，子どもと面会できるのはたしかだが，その子の生育についてのくわしい情報は知らされない場合が多い。そのため，いわば白紙の状況で子どもを受け入れることになる。

1）発達障害への対応
　「障がいのある子ども」といっても，肢体不自由や盲や聾の子なら状況を理解した上で受け入れることができる。しかし，発達障害の場合，受け入れ後に症状があらわれることがある。しかも症状が重いと，里親は対応に苦慮し，疲労困憊の状況におちいる。

0795　これからの課題は，発達障害の子どもへの対応ではないでしょうか。私もそうした里子を育てています。18歳以降を考えても，知的障害手帳をもらうには至らず，1人で暮らせそうにありません。仕事も続けられそうになく，児相に相談しても聞いてくださるだけ。
　発達障害でも手帳のとれない子や，ボーダーラインの子どもたちの措置解除後の生きて行くすべを，国をあげて取り組んで行かないことには，日本は大変なことになると憂慮しています。昔15歳で施設を出された子は，職親さんや工場の寮で，何とか生きて行くことができました。今はそういう社会ではありません。

0709　あずかってしばらくしてから障害が分かることが多く，事前に詳しく伝えてくれたらいい。最近の子どもは大変な子どもが多く，精神的な病名がつく子どもは国の方で育てていく施設を用意すべきだと思います。

0941　発達障害，不登校などで苦労している里親が沢山いる。里親のスキルアップは必要だが，それを児相の方で支援するシステム（フォロー）がほしい。このままでは里親の対応しきれない子どもの委託が増加するのではと思います。

1152　障害児の受託が増えている感じがする。里親会の行事に参加しても，障害児が多く，意味もなく叩かれたりけられたりする健常の子どもに，フォローがない。里親は障害児の受け皿なのか？

0045　ＡＤＨＤの里子を育てています。名ばかり研修会ではなくて，障害の子どもを育てられるような実のある研修を用意してほしいです。

0020　私は発達障害の子どもを支える仕事をしているので，今の里子の状況をよく理解できるのですが，そうした知識のない里親は大変だろうと思います。支える仕組みが必要だし，認定のための講習の講師も，もっと発達障害の現場に詳しい方を選ばないと意味がないと思います。

1079　「発達の問題はなく，愛着障害だけなので，1対1で十分な愛情を」と言われて受託した。3カ月して，疑いをもって児童精神科を受診したら「自閉症スペクトラム障害で，かなり育て難いお子さん」といわれ，専門里親の研修をしたが，資格が下りたのは1年8カ月後だった。こだわりなど育て難さに悩み，不登校の時期もあった。児童養護施設で過ごした4年間の2次障害のほうが厄介で，そのケアが大変だった。
　もう1人の子も，施設で5年過ごして，子ども同士のいじめや，担当保育士がコロコロ変わってネグレクト状態だったので，その育て直しが大変だった。被虐待児加算は1年のみで，施設で支給されていたので，ファミリーホームでは支給されない。施設での2次障害の方が深刻で，立て直しに人手がかかる。この加算の見直し，延長が必要だと痛感している。

0046　マッチングがうまくいかない。大変な子ばかりで，希望していたような子が来ない。子どもへのケアや配慮も必要だが，里親の思いも大事にしてもらいたい。24時間子どもと向き合うのは里親だ。むずかしい子をあずかっても，大変な思いをするだけで，里親としての志も里親を続けていく自信もなくなって，行き詰まる。もっと積極的に乳幼児をあずかるようにすべきである。「縁」だと児相は言うが，それはうまくいった場合で，これではなかなか里親

も増えないし，続けて行くのも大変だろう。

2）早期委託を

　S市で乳児院が改築されることになった。そして，養育を必要とする乳幼児は，その日のうちに里親の許に預けられた。すべて順調に機能していたが，2年後，乳児院が新設され，乳幼児は里子の許に来なくなった。乳児院は何のため？と思わせる事例だが，これは関東のS市で多くの里親から聞いた実話である。

0866　ファミリーホームをしています。これまで8人の里子をあずかりました。年齢が高くなるほど，親子の絆が結びにくくなります。3歳までの委託を望みます。また，ファミリーホームにいる子は保育園に入れません。子どもの実情にあわない措置だと思います。

0871　里子の委託を乳児からにしてほしい。うちの子は1歳10カ月からの（乳児院からの）委託でしたが，すでに大きな精神的歪みを感じます。

0138　3歳以後の里親委託では，里親との絆が作れなくなります。ぜひ乳児期に委託してください。

2　親権の問題，面会や真実告知，制度，その他

　里子には実親がいる。しかし，実親との別離の過程は千差万別である。音信不通の親から子どもと良い関係の親まで，実親との距離に大きなちらばりがある。そして，里親は実親の存在をつねに意識して行動している。

1）親権の壁

　養育放棄をした実親も，状況がおちつくと，子どもをとりもどしたくなる。しかし，里親の目には実親の許へ戻ることが望ましいと思えない。そうした際，

実親は親権をふりまわす。そうなると，里親は便利な子ども一時預かり所になってしまう。

0916　欧米諸国に比べ，虐待親の親権の扱いが甘すぎる。実親が義務を果たさないのに，権利ばかり行使でき，しかも児相が実親のいいなりになって，里親の現場の話をまったく受けつけない。あたかも実親＞児相＞里親のような位相構造になっている。実親に甘く，現場の声は軽んじる結果，現に，所属児相でやっと保護された子どもを即返してしまったため，死亡に至ったケースがある。犠牲になるのは子どもだけ。

1020　親権者からの連絡が一定期間（1年？）無かったら，里親と同等の権利を持つ者になることを心から求めます。子どものためを思ってです。むろん事情によってですが。

1300　養育のできない・養育してはいけない実親が，親権をもちだして，里親の養育の妨げになっている。行政も実親にもっと強く指導すべきだ。

0046　子どもが小さい間は実親との面会を十分理解できないので，里親の下で落ち着いている子を，大泣きさせながら面会させるのは，里親としてとても気が重いです。児相は，里親家庭に委託する承諾もやっとで，里親委託を渋る親が多く，面会もできないと，里親にとられると思う実親も多いとのことです。いちばん子どもが安定して暮らせる環境を優先させ，親もとに返すことが決まってからの面会でもいいのではと思います。もう少し児相の権限を強くしてもいいかと考えます。また0歳児の場合は，実親の承諾がなくても優先に里親に委託してほしい。

1069　里子の実親が，子どもを里親や施設に置いて行方不明になることはよくある。そうした場合，2年とか実親と連絡が取れなければ，家裁に申し立て，実親の親権を排除して，特別養子縁組ができるように法的措置を求めたい。そうすれば子どもたちは，早くに特養が決まり，養父母に愛されて育ててもらえ

ると思われます。

0696　育てる意思を示さない（月に１度も会いに来ない）実親には，親としての権利を認めないで下さい。乳児院を廃止して，１歳以前に里親に委託してください。うちの里子は６歳から15歳まで育てていますが，愛着が形成されず, 10年育てた里親に今も敵意を示し，里親を受け入れません。人を信頼する心が育っていないで，自分を守ることに精一杯です。
　　相手を思ったり，豊かな人間関係を築けないので，周囲も傷つきます。

0855　ママが引き取りたいと言ってきて委託解除。これまで１度も面会に来たことがなかった。仕方がないと思って，そのまま見送ったが，１週間でママにもてあまされ，親戚をたらい回し。ママに引き取られれば，児相はそれでよしとするのか。親を育てることが必要。

0278　（７時間放置して仮死状態にした）実親が，会いたいから連れて来いという。（反対すると）児相は「あなたはただの里親」「なんの権利もない」「方針に従わなければ措置解除する」と脅かす。虐待をした実親を正当化して，里親に児相が圧力をかけてくる。

0683　子どものためにと思って活動しているが，里親は身勝手な親に利用されているように感じることがある。一番里子のそばにいて過ごしている里親に，発言権がないのは矛盾を感じます。県や市が里子の生活面での負担をしてくれていますが，里子としてあずかってもらっている間，親にはせめて生活費や教育費を支払う責任をもたせる必要があると思います。
　　親にとって，子どもはあずけ得！　というようなことにだけは，ならないでいただきたい。

0183　民法を改正して，実親の親権を抑制しないと，風通しのよい里親と里子の関係は難しいと思います。人の話を聞くと，里親と里子の関係よりも，実親と里親，児相の不見識によるトラブルが多いように思います。

0265　厚労省が本気で委託率を上げたいと思っているなら，児相の担当者に「実親があずけるのを嫌がる」などの言いわけを許さないことだと思います。育てもしない親に「親」はおかしいです。

0710　パスポートを取るときと，ケータイの購入のとき，実親でないので，ひどく苦労しました。ケータイの購入は，結局私名義の分を2台購入して使わせています。児相の証明書でも可能だと思うのですが，通帳も前例がないからと，子どもの通帳は作れませんでした。里親も責任をもって里子を育てているのですから，ある程度そうした権利を行政は認めてほしいです。

2）面会・真実告知

里子によっては実親のことをまったく知らない場合がある。また，里子に知らせたくない状況の実親もいる。そうした子に実親のことを告知すべきなのか，里親の心は揺れる。

0973　真実告知について。一人ひとりが違うので，健全な育成を考えると，むやみに告知しない方がいい場合もあると思います。

実親との面会について。育てる気持ちのある実親との面会はいいのですが，育てる気持ちのない親への面会は子どもの日常生活を乱してしまうことがあります。疑問に思います。

子どもに一番かかわっている里親の権限をもっと認めてほしいです。

3　里親手当など

養育里親には7万2000円（2人目からは3万6000円）の里親手当と1人あたり4万7680円の生活費が支給される。なお，専門里親の手当は12万3000円である。このほかに給食費などの補助が加わる。

1）子どもの問題や年齢による段階づけ

　里子が小学生，中学生，高校生になるにつれて，生活費がかさむようになる。しかし，支給される生活費は変わらないので里親の不満がつのる。

0987　非常に困難で育て難い子どもでも，手当は一般の里親と同じ。せめて専門里親と同じ基準にしてほしい。

0675　学校での友人関係でのトラブル，精神的不安定，学力不振など，里子にさまざまな問題がありましたが，でも児相があまり支援してくれなかった8年間でした。また，生活費が幼児から高校生まで同じとはおかしいです。高校では，部活や塾，入学準備金など，金銭的に大変です。

0991　里子の年齢が上がると出費も多くなります。遠距離の高校通学の交通費や運転免許取得の経費の負担が切実です。

2）里親手当の増額を

　厚労省は「虐待など深く傷ついている子ども，障害のある子どもや非行傾向のある子ども」は専門里親に託すという原則を設定している。しかし，重い障がいのある子どもが養育里親に預けられる事例がみられる。

0331　公立小学校でも制服を定めている学校が増えてきました。中学生は3年間それで通せますが，小学校は成長が早いので，次々新調しなければなりません。制服も生活費の中からとなっていますが，教材などでも請求できる物とそうでないものの区別がよくわかりません。

1150　被虐待児は専門里親に養育されることになっていますが，実際は養育家庭に多くの被虐待児が養育されています。しかしほとんどサポートがなく，治療機関に種々通ったり，1人奮闘している人など里親は悪戦苦闘しています。施設やファミリーホームには加算がついているし専門里親も手当てが高いですが，一般の里親にも加算を付けてほしい。現実に即した対応をしてほしいです。

0924　障害のある子の治療機関は，地方では限られており，交通費，食費，時間など，かなり大変で，その手当てをしてほしい。障害を行政に相談しても，「大丈夫」「もう少し様子をみて」「ふつうですよ」「里親の育て方がわるいんじゃないの？」と，育てる大変さがわかってもらえない。障害があることは乳児院のときからわかっていたはず。

乳児院の人に聞いても「みんなそんなものだから」という答え。もう少しよく観察して対応してもらえたら，もう少し子どもに合った生活やしつけができていたはず。

乳児院はいい施設と悪い施設の落差が大きい。子どもにとっては家庭が一番だが，無理なら施設でなく，里親委託に。

0752　1人あたりの費用について，施設もファミリーホームも，里親も同額にすべきだと思います。もっとも養育に適している里親の費用が少ないのは，おかしいです。一番働いているのも（24時間働いているのも）里親です。

0869　18歳で措置解除でなく，できれば大学まで支援を続けてほしい。うちの里子は，四年制大学に通っているので，学費，生活費を援助している。

0898　家に来る里子のほとんどが，ものの扱いが荒く，物にあたったりで，すぐ建具や家具が壊れたり，使いものにならなくなったりします。その行動は里親のストレスになり，養育意欲が低下してしまいます。普通の子どもなら，今の養育費で十分だが，心に傷を抱えた子や特殊な環境で育った子の養育費としては不十分だと思います。

0721　うちの里子は特殊です。パニックを起こすと家具など破壊しますが，それは故意とみなされて，保険がききません。体も大きくなってきて，窓ガラス，車のボディ，主人のあばら骨，壁，ふすま，玄関のドア。今のところ児相に現状を見てもらうことにしました。現状をもっと知ってほしいです。

0876　数年前に委託率が引き上げられてから，報酬のために里親をやる人が増

え，登録数は増えたけれど，里親の質が低下してきた感じがします。手当てを引き上げることより，里親支援をしてほしいです。

4　児童相談所の専門性を高める

　児相はどの子どもをどの里親に託すか，そして，時には，里親に養育返上を求める権限を持つ。そうした意味では，児相は里親に大きな権限を握っている。そのあたりを錯覚すると，本来は養育をお願いする立場の児相が，預からせてやるという感覚を持ちやすい。

1）児相の専門性の強化

　里親は児相の里親担当を頼りに，里子を預かる。そして，里親担当に相談すれば，きちんとした回答が得られると里親は思う。しかし，実際には里親担当は児相で働く者の1人で，必ずしも里親のニーズに答えられる専門的な見識を持ってるとは言えない。

0099　児相の「里親担当」の質的向上を。

0674　里親の社会的立場は予想以上に低く，時には異色の目で見られ，里親里子とも肩身が狭いです。加えて児相も，一定の期間（2年間）過ぎると，担当者が変更になっても知らされないままという始末。フォローも交流もなく，これでは長期にわたって親をしようとする気持ちが起きず，里親登録をやめようとする人も多い。私もその1人となりそうです。

0845　担当が変わりすぎる。里親家庭のことを何も知らずやってきて「本当のお母さんでないことを知ってますよね」と子どもの前で聞いたのには驚いた。デリケートな配慮が足りない人がしばしばだ。

0099　児相職員を増やし，負担を減らし，養護を必要とする子どものために，

「特殊業務」としてほしい。

1062　児相の職員の専門性を高めてほしいです。まったく子どもと関係のない部署から移動して来られたので，苦労しました。

0953　行政の対応がひどすぎる。誠意，熱意，意欲が感じられない人が，里親里子対応の部署に回されてきているのではないか。

0594　児相がまったく里親・里子を理解していないと感じています。児相にずっと振り回されてきました。児童精神科を受診して，児相との間に立っていただくことで，やっと私たちも落ち着くことができました。

0326　子どもの行動が理解できないとき，ネグレクトなどの影響なのか，それとも私の育て方が悪いのかと悩むことが多い。慰め的な助言でなく，きちんと理論的に教えてほしい。育て方の問題ならば，的確に注意，問題提起をしてほしい。

1129　はじめの2，3年は緊急委託を年に4から5回やって，児相から重宝がられていました。2年前に5歳の男児を長期委託されましたが，大変難しい子で，心身ともにくたくたでした。
　予約してあったカウンセリングに行くと，子どもが「施設に帰りたい」と言ったため，急に委託解除になりました。児相は「なんでも相談して下さい」と言いながら，困難なことを相談すると，一緒に助言しながら歩んでくれるより，急に悪いことでもしたかのように一方的に委託を解除され，その後委託の話もありません。あれ以来，はっきり言って児相を信頼できなくなりました。

2）児相による脅かしや無神経さ
　里親担当は多くの里親をかかえているので，それぞれの里親はその中の1人にすぎない。しかし，里親にとって，里親担当は児相を代表する立場にいるので，担当の言葉の1つひとつに敏感になる。

1036　行政は里親を一緒に子育てする仲間と思っていないようだ。わが家の里子同士が問題を起こしたとき，まるで私たちが犯罪を犯したかのような対応をした。また，里子を施設の数合わせのため，取り上げることばかりを考えているようで，何かと言えば「措置変更」と脅す。気に入った里親ばかりに委託をし，そのため里親をやめていく人もいる。

0021　児相は，何かと言うと「委託解除します」と脅します。そのため，困ったことがあっても相談ができません。

0276　ＤＮＡの同じでない子には，戸惑うことも多いですが，行政に相談すると措置が他所に移ってしまうのではと思って，悩みながらも，相談できません。とりわけ，盗癖のある子は難しいです。

0807　「難しい子です」と児相にいわれ，断ると次の委託はないというジンクス？があり，電話で「はい」と答えましたが，実際は想像以上にとても大変でした。
　子どもはうつ状態のようで，何をするにも不機嫌で，ほめても叱っても表情は変わらずシャワーをかけると叫び，50分間泣き続けるなど。イライラの毎日でした。1年間過ぎてもコミュニケーションを取ろうとせず，なかなか日常生活を覚えようとせず，コトバも単語で，発達に心配のある子です。でも，3年半たった今，メキメキと成長が著しいです。

0861　短期里親の場合，里子が実親のもとに戻るときに，里親の感じる「喪失感」へのフォローを行政でもう少ししていただけないかと思います。委託期間が切れてしまえば，見事なまでに関係が切れてしまうので。短期間でも愛情をかけて養育してきた里親の立場にしては，別れがあっさりしすぎているように感じます。

0625　県内でのできごと。里子が里父に体を触られたと訴え，里子たちが全員他へ引き取られたケースがある。里子の訴えを聞く機関はあるが，里親の訴

えを聞く体制がない。問題が発生したときに，両方の訴えを聞くことが必要だ。里子は弱い立場にあるとして，重きを置くとしても，里親の方にも大変さや言い分がある。里子だけの言い分を聞いて決定してしまうのは，片手落ちというものだ。

5 実親との関係

ある実父は，里親への遠慮からか，子どもの運動会を遠くから見守っていた。それを見て，里親は実父を保護者席に招きいれたという。実親と里親とが相互に敬意を払えば，両者の関係はスムースに進む。しかし，現実は相互にいがみ合う事例が少なくない。

1）委託時に当該ケースの情報を

里子の生育歴をどの程度伝えるかは里親担当に委ねられている。その結果，里親によっては里子の背景をほとんど知らない事例も見られる。

0248 あずかる子どもの情報が少なく，命をあずかるので，きちんとしたことを知りたい。実子を育てた（育てている）経験と，カンだけでは怖いです。

0742 委託の際，委託打診の際に，本人あるいは家族，家庭状況，成育歴を，文書で里親に知らせてほしい。情報不足では，里子の養育に不安が大きく，養育の方法，里子への接し方が不適切になってしまう。

2）実親への指導

児相には里子担当のケースワーカーも働いている。そして，里子の状況に気を配るが，実親や里親との関係はしばしば後手に回りがちになる。

1062 家庭復帰に向けてのプログラム，とくに実親に対してのプログラムを整えて，万全な対応をお願いします。実親宅に戻ったものの，うまくいかず，わ

が家に再委託になった経験をもつ者として。

0105　子どもが小さいときから里子に出せるように，実親を説得すべき。里子死亡事件が大きく報道されていますが，18歳まで養護施設で生活させてしまうほうが，もっと大きな問題だと思います！

0670　里子をあずかって１年半。「○○ちゃん，なんでここにおるん？」「ママのところにいつ帰るん？」と時々聞きます。「ママが早く元気になって，迎えに来るまで，いい子で待っててね」「うん」こんな会話が時々繰り返されます。でも，時々会いに来るママは，なかなか約束を守れず，子どもをがっかりさせます。時間に遅れてきたり，ドタキャンしたり，禁止されているのにいろんな男友達を連れてきて，子どもと遊んでもらって，自分は煙草を吸いながら，ニコニコ笑ってみてます。子どもはママを喜ばそうと，その男友達に上手に甘えます。その様子は気持ち悪いくらいです。ママが帰るとパッと態度を変えます。子どもを実親に返す前に，これは教育し直さなければあかん!! と思います。

3）家庭復帰に向けて

　もともと多くの問題があって実子を手放した。残念ながらそうした状況が抜本的に改善されることは少ない。それだけに里子の家庭復帰を手放しに喜べないものを感じることが多い。

1301　養育家庭から実親の家庭に返すとき，子どもの気持ちはほとんど考慮されずに，いやいや帰ることに，心が痛みました。

1170　虐待と障害を併せ持つ子どもさんを，短期でおあずかりすることが多くありました。やっとこの家庭に慣れて生活も安定してきた頃，状況のまったく変わらない家に帰らなければならないことが，しばしばでした。
　親にもう少しきちんと指導をして下さい。子どもを理解し，虐待をしてはいけないわけを教えて下さい。子どもが帰った後のフォローアップのシステムとして作って下さい。家から送りだした子どもたちのことを考えると辛くてなり

ません。

6 地域や学校に関連して

　欧米では里子を育てている家族の姿はめずらしくない。しかし，日本では里親が少ないので，どうしても周囲から好奇の目で見られがちになる。

0957　地域にこの制度が理解されておらず，とりわけ学校（先生）があまりにも無知なように感じます。もっと国が，子どもとかかわる職種の人々に，研修の機会を設けてほしい。里子も普通の子どもと同じだという目で見てほしい。

0876　市役所，幼稚園，学校などから，ほとんど里親里子の理解をされていない。NHKの特集番組でも，作り手側の偏見が感じられます。とりわけ幼稚園・学校関係者は，親に捨てられた子，施設の子というイメージで里子を見ている感じがします。親もとに帰れない子どもの居場所を，成人しても普通の家庭に帰れるように，委託をしっかり進めてほしい。とりわけ乳児は絶対施設措置であってはいけない。このアンケートが役立ちますように。

0097　日々の中で起こる問題について，いちばん見近であるはずの児相に協力を求めても，思うように対応してくれない。仕事として，知識があっても里親経験をしていないので，相談してもピンとくる答えが返ってこない。居住している自治体でも，里親家庭の対応に慣れている人が少なく，配慮に欠ける。社会的養護にあまりにもかけ離れていると思うことばかり。もっと地域や社会からのサポートがあればと思う。

1176　実子以外の子どもを育てることは，特別なこととは思っていない。日本中の家庭が，実子であるなしにかかわらず，里子を養育すべきだと思う。血がつながらなくても，一緒に生活するのだから，「ウチの子」は無条件に可愛い。「おかあさん」に，「本当」も「ウソ」もない。育ててくれた人が「おかあ

さん」でいいではないか。なんで「里親問題」なのか。

　実子にてこずる親もふつうにいるのに。かえって里子のほうが，本人を期限付きで自立を具体的に考えてやれるので，親としてやりがいがあります。

0843　里親に対する世間の偏見を感じます。「大変ですね」「立派ですね」という人もいるが，根には，里親里子に「地域に困った問題をもちこんできた者」という偏見が根強いと思います。発達の未成熟な部分から，里子がトラブルや反社会的な行動を引き起こすと，真っ先に里親批判が吹き荒れ，里親は大きいストレスを抱えることになります。もっと里子をみんなの子として育てるように啓発活動をしてほしい。

　小1のときから，担任にも「こんな障害児は困る」「学級経営を妨げる」と決めつけられてきました。本児だけではないトラブルも，里子というだけで，周囲の目は厳しいです。担任も個人差はありますが，そうした目で見る人もいます。これまでの経験から，里子の多くはもっと伸ばしてもらえるはずの能力を，里子というだけで放棄させられているのではないかと思います。

0282　恥ずべきことではないのに，里親がまだ何となく影の存在になっているのはなぜか。

0687　欧米人が人種の違う里子を養育していたのに憧れて里親になったが，日本での里親はマイノリティーで，1ランク低いもののように見られ，当初の幻想は消えた。血のつながりが一番であることも，わかってきた。制度や金銭面よりも，不幸がられたり，憐れまれたりするような社会風土が，里親をやってみて一番嫌なことです。

0965　民間団体が行っている国を通さない養子縁組は，人身売買の可能性があるため，国が行うべきである。縁組後も子どもの人権を守るため，状況を把握する必要があると思います。

7　里親委託率はアップできるか？

　厚労省は里親委託率をアップさせようとしている。それでも，欧米よりはるかに低い目標設定だが，里親の間から委託率のアップは望ましくないとの声が上がっている。

0159　委託率を３割にという数値目標は危険だ。無理をすれば，結局子どもの上に，不調，不適切な養育，虐待を生みかねない。虐待まで行かなくても，不適切な養育が起こりかねない。昨年のＮＨＫの里親特集番組で，「寂しく辛かったのは，家族旅行に一度も同行させてもらえず，親族の集まりにも，同席させてもらえず，１人別室で食事させられた」というメールが読まれたが，不思議なのは，出席していたスタジオの４人（専門家も含め）が，なにも話さず流してしまったことだ。さらに，一時保護所では学齢期の子どもが半年も学校に行けないという実例があって，保護所では，教育を受ける権利が保障されていない。

0630　親権者に里親委託の良さ（子どものためには，施設より里親委託のほうが望ましい）を行政がもっと強くＰＲしなければ，里親委託率は上がらないと思う。

0293　委託率を上げることは今の状況では難しいと思う。「実子がいないから，里親しているんだ。たいへんだねぇ。苦労をしょい込むんだ。実子だけでも大変なのに」等々の周囲の声。
　この状況が変わらない限り，里親は里子を育てていく大変さより，周囲に理解してもらうよう努めることのほうが，ストレスになります。制度や行政には言いだしたら止まらないほど，いろいろ出てきますが，行政の職員に適切な助言や情報提供のできない人が多いのが，とても気になります。

0099　委託率３割の目標は地域によって，もっと幅をもたせたほうがいい。また，平凡な里親家庭に難しい子どもの委託は，里親を疲弊させるだけ。

0316　里子には知的障害があり，家の中でも外出時でも，ヘルパーさんを利用しています。その費用は里親の年収で決まります。国に改善を求めていますが，それは区市町村対応事項だと言われます。児相もそれを知りながら，見て見ぬふりです。施設のように，障害児加算もありません。里親が共働きの場合，保育園は無料ですが，学童保育は里親の年収で利用料金が決まります。こうした現状を放置したまま委託率を上げようとするなんて，もってのほかだと思います。

8　里親制度をめぐるさまざまな問題

1）里親制度の運用

　里親は実親との縁の薄い子どもの役に立ちたいと里親を志す。しかし，里親制度を動かしているのは各地の児童相談所である。それだけに里子の対応がお役所的になりがちで，それが里親の心にいらだちや怒りの感情をひきおこす。

743　里親制度の形式は整っているが，最大の課題はその運用であり，制度はあっても機能していない。
　① 18歳以降の自立への仕組みがあいまいである。
　②里親・里子への支援等が，それぞれの年齢，境遇等で，セグメンテーションされておらず，ドンブリである。
　③里親の義務と権利があいまいで，バランスも悪い。
　④行政の里親制度関係者（児相を含む）に専門家（プロ）が少ない。

1025　たった半年の養育期間でしかありませんが，その間児相はまったく当てにならない，信用に値しないという不信感しかありません。養育を開始してから現在まで，とにかく混乱と困惑の連続で，今までの人生で，こんなに悩み苦しみ悲しんだことはありませんでした。
　①里親のサポートを児相が担務することに，問題があると思います。児相職員が地方行政の一職員であり，短期間（3年程度）でローテーションするた

め，里親に対する専門知識をもっていないし，継続的な関係が作れない。
②児相は本来子どもに対する専門機関であり，親側とは利害関係が対立する立場にもかかわらず，同時に親側のサポートを担ってしまっている。適切な親（実親にも里親に対しても）へのサポートや中立的な助言・判断は不可能である。
③里親の役割は24時間，365日であるのに，児相職員は平日の限られた時間帯だけでしか対応できない。大抵のトラブルは，夜間か休日に発生しやすい。
④里親支援事業の専門機関としてNPOの参入が始まったが，児相内の一機関の位置づけで，里親が安心して本音を話せるような機関ではないので，あまり意味がないように思う。

いつも助けていただいたのは，里親会の先輩たちでした。この研究で，里親負担軽減や世間の理解促進の一助となることを願います。

0919　小中高校生を一時保護所へ半年，1年と長期に入所させておくのは，虐待ではないのでしょうか。川崎では，乳児院や施設を増やしていて，今後の里親委託が少なくなるのではと案じています。幼児や小学校低学年は，一時保護所や施設へ措置する前に，まず里親委託をしてほしい。委託費も，1人目2人目と差別するのはおかしい。

1163　30年以上里親登録をしてきたのに，行政の対応は施設だけに向いていて，子どもを里親に委託してくれず，去って行った人が多数います。委託できる子がいても，里親より施設のほうが楽だからとも言われました。私はしかたなく，ベトナムのボートピープルの子どもを難民事業団を通じて受け入れました。

0619　このような調査研究を，もっと早く行うべきでした。

0940　保育士のように，里親士ができたらなぁと思います。

1024　今あずかっている里子は生活保護の母子家庭で育ち，親族里親に引き取られ，トラブルの後，うちにきました。小さいときから誰かの世話になって生きることが当たり前のような感じで，誰かが「良きにはからってくれそう」的な感じをもっています。自ら道を切り開いていくための支援が必要だと，痛切に感じています。1年半後の就職に向けて，現実感をもって取り組んでもらいたいと切に願っています。

1168　児相から里親大会に出てくれと言われ，原稿を書いて提出したところ，行政に対する不満とかを少し書いてあった部分は消され，子どもが書いた文章も消されておりました。憤りを感じました。

2) 里親制度への要望

　里親の制度は厚労省が主導しているだけに，全体としてバランスがとれ，整備されているとは思う。しかし，官主導型にありがちなことだが，柔軟な対応に欠けるうらみがある。

0812　「専門里親」の機能不全。滋賀県では専門里親は多数いるが，あずかっているのは1組。しかし実際に被虐待児は多数いる。発達障害も多いが適用されない。基準を明確にすべき。

0160　レスパイトの制度があっても，里子に問題があるので，あずけられません。施設職員は月給○○万をもらっていると聞きますが，8時間で交代。里親は24時間勤務で，手当はわずか，ボーナスもありません。「難しい子は里親の下で手厚く育てたほうがいい」というのは，違う気がします。難しい子は「プロ集団」（施設）にまかせたほうがいいと，学校の先生から言われました。

0178　里親推進員を里親から選ぶべきだ。そうすれば予防的な支援，使いやすい制度につなげられるのではないか。多機能な里親が求められている（泊まれる，通える，コモンセンスを受けられる，相談できる）。

0897　ファミリーホームは保育園を利用できない。1, 2歳の子を育てるのは大変なエネルギーを必要とする。保育料は支払うとして，保育園の利用ができるようになることを望む。

0723　里親登録をして10年経っても未委託の里親が多いです。登録を解除する親も出てきています。児相から里親への情報がほとんどない。ある程度オープンにしてほしい。

おわりに──里親・里子について国際的な見聞から考えたこと

　今回の里親調査を行っているときに，10年以上前にニューヨークで知り合った白人の教授夫妻を思い出した。調査の打ち合わせの帰り，娘の学校が近くにあるから寄っていこうと言われ，小学校の教室を訪ねた。「マミー」と声をあげたのは黒人の女の子だった。教授夫妻は白人なのにという怪訝の表情がよぎったのか，教授が事情を説明してくれた。3人の子が成人したので，5年前にインドの子をあずかった。その子を媒介として，インドの文化を覚えた。そして，2年前に黒人の女の子をあずかってから，黒人の問題を身近に感じるようになったという。

　その翌年，ロスで出会った日系人の通訳は二度の離婚で慰謝料の払いに苦労していたが，三度目の奥さんの希望で，自分たちの子どもの代わりにブラジル生まれの女の子を養育していた。来年の夏は，会社から2週間の休みをもらって，3人でアマゾンへ行きたい，その準備に，娘を教師としてポルトガル語を学びはじめていた。

　「フォスター・ペアレント」というと，自分を犠牲にして社会的な奉仕する悲壮感を伴う姿を連想する。しかし，2つの事例に共通するのは「楽しい」雰囲気だった。里子を通して，自分も新しい世界に踏み込める。2人の態度から，そうした「前向きの明るい姿勢」を感じた。

　それよりなお20年程前に戻るが，まだ，未開拓のホームスティ・プログラムの開発にかかわっていた。アメリカのホームスティ・プログラムの場合，現在

でも，日本の親は子どもをホームスティさせるために高額な費用を支払う。あまり知られていない裏話だが，その費用は渡航費や現地の業者の手配料で，ホストファミリーは原則として無料で日本の子どもを長期間あずかる。

　まったくの無償の行為なのに，ホストファミリーはわが子のように日本の子に接してくれる。英語の話せない子どもの状態が気になると，毎日，窓の外から授業を見学するファミリーの姿が出てくる。そうかと思えば，次の日曜日に，子どもを連れて行くリゾート地の下調べをするグループもある。それなりの費用もかかるのに，どうしてアメリカの親はこんなに熱心なのか。親しくなると，ホストファミリーの暮らしが決して豊かでないのに気がつく。それなのに，子どもを受け入れる1カ月も前から，日本の文化を調べる，あるいは，ベッドや室内を日本風にアレンジするファミリーもある。そして，子どもが帰国するときには，実子との別れのような大粒の涙を流す。

　アメリカの西海岸をロスからシアトルへ北上しながら，いくつかのホームスティ地を訪ねた。その度に，アメリカ人の底抜けの善意に心が打たれた。あずかった子どもを通して，日本を知った。今度は自分の目で日本を確かめたい。数年後になるかもしれないが，「フジサンを見たい」という。経済的な価値では計れない文化的な刺激を受けた。この経験は今年の夏の大きな収穫だと話しているファミリーが多かった。

　舞台を変える。数年前，子どもの国際比較調査でマルメ（スウェーデン）に滞在した。調査を担当してくれた福祉系の教授の自宅に招待された。大学院生の娘夫婦が同席していたが，明朝からの活動があるので失礼するという。事情を聞いてみると，身体に障害を持つ里子を養育する里親から，2週間に一度，子どもをあずかる活動をしていた。土曜の朝迎えに行き，日曜の夜にその子を里親に戻す。明日は対岸のコペンハーゲンにその子を連れ出し，チボリ公園で1日を過ごす計画らしい。

　自分たちは大学院生の夫婦で，できることは限られている。パートタイムのボランティアだが，養育里親は子どもから目を離せるので，ちょっとした休息を取れると喜んでくれる。自分たちも，障がいのある子どもの状況に詳しくなれるし，福祉を専攻する自分にもプラスする面が多い。自分たちの子どもが生まれるまでこの活動を続けるつもりだが，大学の中に院生を中心とした30人

ほどのサークルができて，相互に日程を調整しながら，週末に子どもをあずかる活動を展開していると聞いた。

　気軽に，自分のできる範囲で，パートタイムのボランティア活動をする。そうした人々が30人集まれば，1人の献身的な努力よりも多くのことができる。だから，娘の活動に期待していると，母親である教授が話していた。

　本書を通して，われわれは日本の里子が健やかに過ごせる可能性を模索しようとしている。しかし，欧米の状況に羨ましさを感じて，その制度を日本に導入しても，それが日本にそのまま根を下ろす可能性は少ないと思われる。

　欧米の場合，子どもは離婚や再婚の渦の中に巻き込まれ，家系を異にする「混在家族」（blended family）が一般化している。加えて，同性愛のカップルの姿もある。その間に親権をめぐる争いに巻き込まれる子，あるいは，ホストファミリーの間を転々とする子の姿もあって，日本の子どもの方がアメリカの子どもより安定した環境の中で成長している印象を受ける。

　日本の場合，全体としては，子どもを取り巻く環境に恵まれているだけに，その影の部分にいる里子の状況が気がかりになる。どの家庭も自分の子どもの養育に目を奪われ，実親との縁の薄い子の状況に配慮するゆとりがない。しかも，今後実親との縁の薄い子の増加が見込まれるだけに，現在の日本社会に適した社会的な養護の形をどう築くかが，今後の大きな課題になると思われる。

社会的養護改革と家庭養護への期待

山縣 文治

1　私的経験から

　里親さんの背中の向こうから，われわれ夫婦をいぶかしげに見つめる娘の目。これが，家庭養護のよさということなのか。

　筆者は，高校時代，児童養護施設の子どもたちの退所後の生活に興味を持ち，社会福祉の世界に飛び込んだ。大学を卒業後，児童養護施設での児童指導員を5年ほど経験し，現在は大学で研究教育の仕事をさせていただいている。

　私の妻は，身体があまり丈夫でない。数度の流産や死産を経て，待望の娘が生まれた。今から，30年近く前のことである。出生時の体重が約1キログラムという極小未熟児であったが，それなりに育ってくれた。その後，第2子が妻のお腹に宿ることになった。

　娘は保育所にお世話になっていたが，妻の入院中はどうしても保育所だけではうまく生活が回らず，乳児院に短期入所をお願いした。10日ほど経って乳児院に娘を迎えに行くと，私の顔を見るや，泣きながら身体にもたれかかってきた。

　しばらくして，再び妻が入院することになった。「今回は里親さんにお願いできませんか」。児童相談所は，私たちの意向をくんでくれた。妻の入院という事態が迫っていたため，里親さんと事前に丁寧に話した記憶はほとんどない。わずかに覚えているのは，里親さんは養育のみを希望されている方で，娘が初めての養育経験であること，実子が1人いらっしゃること，くらいである。少し不安を抱きながらのお願いであった。娘をあずけて里親さんの家の玄関の戸を閉めたとき，中から聞こえた泣き声を，今でも覚えている。

　そしてほぼ10日。ようやく妻が退院し，夫婦で娘を迎えに行くことになっ

た。そのときの光景が，冒頭の状況である。里親さんを信頼して，私たちの方に近寄ってこない娘。名前を呼んでもしばらく近づいてこない。乳児院のお迎え時とは，まったく違う娘の反応である。乳児院がよくなかったと思っているわけではない。しかしながら，少なくとも里親制度の一対一関係の良さを強く認識した記憶が鮮明に残っている。里親さんにとっても，初めての里子であり，印象深かったようで，その後，多くの里子を育てられた経験を書籍としてまとめられているが，その中にも娘のエピソードが記載されている（伊東，2009）。

2　社会的養護と里親制度

1）児童福祉法制定時の状況

　児童福祉法が制定されたのは，1947年のことである。従前は私的制度にすぎなかった里親養護が，国の制度となったのは，児童福祉法制定による。

　厚生省児童局企画課で里親養護を担当していた網野智は，里親養護の法制化について，「既に過去において旺んに行われていたこうした『事実としての里親養護』を児童福祉の一方法としてその体系の中に採り入れ，これに法的な規制を与えることによって児童の福祉を効果的に保障しようとしたのである。……（中略）……かくして，里親制度は児童福祉施設と並んで児童福祉の二大支柱として法的に大きい位置を与えられることになったのである」と振り返っている（網野，1950）。すなわち，民間制度として行われていた里親養護を，一定の指針などを与えることによって，質の担保を図り，公的制度にしたということである。これにしたがって作られた指針が，「里親等家庭養育の運営に関して」[注1]である。

　法律上は，少なくとも施設入所と対等な関係に位置づけられた里親養護であるが，法案を作成した関係者の思いは，必ずしも対等ではなかったようである。たとえば，当時，児童福祉法の制定にかかわった辻村泰男は「孤児や浮浪児は，これを纏めて施設で育てるものだという考え方は，既に述べた種々の事実から，当然根本的に反省し直さなければならない。理想的な状態としては，里親への委託が本来で，特殊な保護を要する児童だけが施設に送られるということが出

来るようになるのが望ましい」と記している（辻村，1948）。すなわち，施設養護よりも里親養護の方を，子どもたちにとって，より望ましいものと位置づけている。

2）施設養護と里親制度

　両者の関係は，児童福祉法制定直後から，大きな論争となった。1950年代のはじめから活発となった，いわゆるホスピタリズム論争である。周知のように，この論争は，ロレッタ・ベンダーやジョン・ボウルビィの，家庭養育優位論や母性的養育喪失論などに影響を受けたもので，結果として集団生活を前提としており，個別的ケアが保障されにくい状況にあった児童養護施設や乳児院のあり方が問われることになった。

　社会的養護の現場でもこの論争は大きな影響を与えることとなり，雑誌『社会事業』（現在の『月刊福祉』）誌上を中心に，研究者，施設現場の関係者などからさまざまな論考が提示された。この論争は，その後，対立する2つの社会的養護論に展開していくこととなった。

　第一は，問題点を指摘された集団的ケアの修正を，施設そのものあるいは生活単位の小規模化や里親制度などの充実を図る方向で解決策を見出そうとした「家庭的養護論」である。具体的実践としては，家庭養護寮，小舎制・グループホーム，里親・養子縁組など家庭養育制度などへの取り組みが行われている。

　第二は，マカレンコの集団主義教育論を児童養護施設の生活に修正的に適用し，集団の有効性を積極的に活用した養護論の確立を目指す「集団主義養護論」である。この考え方は，当時指導的立場にあった積惟勝を中心に論理的，実践的に高められ，全国的な運動へと展開する兆しを見せた。

　この論争は，社会的養護関係者の関心を呼び，関係雑誌や現場関係者の会議など，さまざまな場面で多くの議論が展開された。しかしながら，政策次元の関心にまでは至らず，小規模化や里親養護の拡充という方向にも，逆に，集団をより有効に機能させるための職員体制の充実の方向にも誘導されることはなく，制度環境として，実践現場の実態はそれほど大きく変わることはなかった。また，論争自体も平行線をたどったままで特定の決着をみるには至らなかった。

　その後，国際社会では，アメリカにおけるパーマネンシー・プランニング，

イギリスにおいては地方政府を含む政府設置委員会の地方主権と脱施設化の提案に基づく，施設養護の縮小や脱却という方向の明確化，さらにオーストリアのヘルマン・グマイナーが提唱した，家庭的養護の実践であるＳＯＳ子どもの村（SOS Children's Villages）の世界的浸透などがあった[注2]。これらは，わが国にも詳細に紹介されているが，政策や実践を劇的に変えるほどの力にはならなかった。その結果，実践現場は，これら2つの社会的養護論を視野に入れつつも，それぞれの養護理念に基づいて取り組みを継続していたというのが現実であろう。加えていえば，家庭的養護論も多くは施設の小規模化や地域の取り組みであったため，児童福祉法制定時に掲げられていた里親養護や養子縁組の方向づけはほとんどなされることなく，60年が経過することとなった。

　国際的には，里親（家庭養護）養護中心の国が多いことは湯沢らの研究によって明らかにされている（湯沢，2004。開原 他）。しかしながら，日本における児童福祉法制定後の施設養護と里親養育の割合は，図1に示すように，10年ほど前までは一貫して減少している。この10年は少し増加傾向にあるとはいうものの，1割をようやく超えたばかりである。

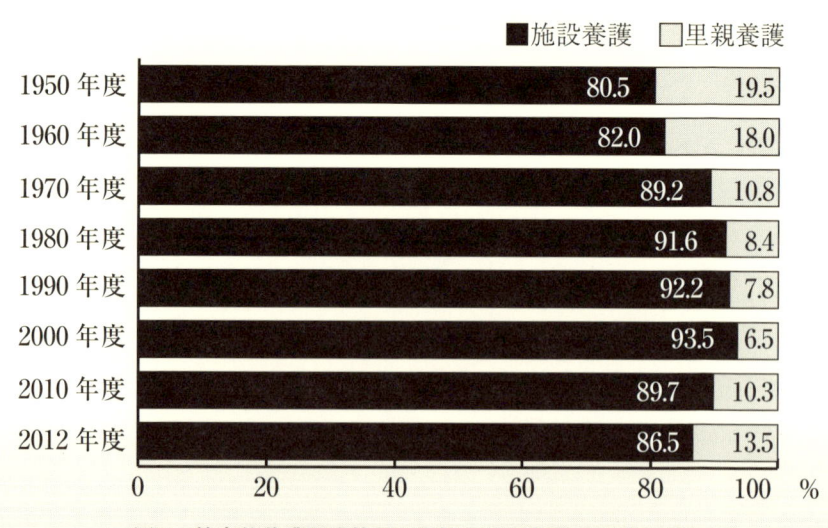

年度	施設養護	里親養護
1950年度	80.5	19.5
1960年度	82.0	18.0
1970年度	89.2	10.8
1980年度	91.6	8.4
1990年度	92.2	7.8
2000年度	93.5	6.5
2010年度	89.7	10.3
2012年度	86.5	13.5

図1　社会的養護関連施設入所児と里親養護利用児の割合
出典：厚生労働省『社会福祉施設等調査』『福祉行政報告例』各年版

3　社会的養護改革

　社会的養護は，保育施策や障がい児福祉施策に比べて，国民の積極的関心は必ずしも高くない。しかしながら，子ども虐待の増加，子ども・子育て新システムの検討，社会的養護をめぐる国際動向などの影響により，近年，変化の兆しがみられる。ことの是非はさておき，いわゆる「タイガーマスク現象」は，一般の人にも社会的養護関係施設の存在とその状況を意識させた[注3]。

　社会的養護改革は，以下のような背景と経過で取り組まれている。

1）国際動向

　国際動向において大きな意味をもったのは，児童の権利に関する条約と，それに基づく子どもの権利委員会からの指摘，さらには代替的養育に関する国連ガイドラインの採択である。児童の権利に関する条約第20条は，施設の利用の優先性を低く設定している。これに基づき，子どもの権利委員会は，日本に対して，2回にわたって，施設中心のあり方の見直しを求めていた。

　2009年には「国連子どもの代替的養育に関するガイドライン」を採択し，その中で「施設の進歩的な廃止を視野に入れた，明確な目標及び目的を持つ全体的な脱施設化方針に照らした上で，代替策は発展すべきである」との見解を示した。さらに別項では，3歳未満の子どもについては，施設の利用を避けるべきことを示している。これに基づき，日本は表1に示すような3回目の勧告を受け，社会的養護改革を強く迫られることになる（山縣，2011）。

2）国内動向

　国内では，子ども虐待の増加に合わせ，子ども家庭福祉相談体制の拡充，早期発見・早期対応のための制度改革，発生予防のための子育て支援事業の拡充など，いわば入り口次元での制度改正，事業拡充が行われていた。

　これに対して，国連の指摘は，それのみならず，その後の体制の変革を求めるものであった。国ではこれを受け，児童養護施設等の社会的養護の課題に関する検討委員会を中心に『社会的養護の課題と将来像』(2011)をとりまとめた。

表1　子どもの権利委員会による社会的養護に関する勧告（2011）

7. 委員会は，締約国の第2回報告書（CRC/C/104/Add.2）の検討を受けて2004年2月に行なわれた懸念表明および勧告（CRC/C/15/Add.231）の一部に対応するため締約国が行なった努力を歓迎するが，その多くが十分に実施されておらず，またはまったく対応されていないことを遺憾に思う。委員会は，この総括所見において，これらの懸念および勧告をあらためて繰り返す。

53. 委員会は，第18条に照らし，締約国が以下の措置をとるよう勧告する。
(a) 子どもの養護を，里親家庭，または居住型養護における小集団編成のような家庭的環境のもとで提供すること。
(b) 里親養護を含む代替的養護現場の質を定期的に監視し，かつ，あらゆる養護現場による適切な最低基準の遵守を確保するための措置をとること。
(c) 代替的養護現場における児童虐待を調査し，かつその責任者を追訴するとともに，虐待の被害者が苦情申し立て手続，カウンセリング，医療的ケアその他の適切な回復援助にアクセスできることを確保すること。
(d) 金銭的支援がすべての里親に提供されるようにすること。
(e)「子どもの代替的養護に関する国連指針」（2009年11月20日に採択された国連総会決議 A/RES/64/142）を考慮すること。

出典：平野裕二訳　子どもの権利委員会：総括所見：日本（第3回）〔後編〕
http://www26.atwiki.jp/childrights/pages/14.html

　ここでは，社会的養護の基本的方向として，①家庭的養護の推進，②専門的ケアの充実，③自立支援，④家族支援・地域支援の充実を示し，今後10数年をかけて，おおむね3分の1を里親およびファミリーホーム，おおむね3分の1をグループホーム，おおむね3分の1を本体施設（児童養護施設はすべて小規模ケア）にするという目標を設定している。さらに，里親委託ガイドライン（2011）では，里親委託優先の原則を明記するとともに，その意義を表2のように示している。
　これらの改革の結果，現在の社会的養護の体系は図2のようになっている[注4]。

表2　里親委託ガイドライン（2011）

　家族を基本とした家庭は，子どもの成長，福祉及び保護にとって自然な環境である。里親家庭に委託することにより，
　①特定の大人との愛着関係の下で養育されることにより，安心感，自己肯定感，基本的信頼感を育むことができる
　②家庭生活を体験し，将来，家庭生活を築く上でのモデルとすることができる
　③家庭生活での人間関係を学び，地域社会での社会性を養い，生活技術を獲得できる
などが期待でき，社会的養護では，里親委託を優先して検討するべきである。

児童福祉法
- 家庭養育
- 社会的養護
  - 予防的事業
    - 相談
    - ホームヘルプ
    - ショートステイ
    - デイケア　など
  - 家庭養護
    - 里親
      - 養育里親
      - 専門里親
      - 親族里親
      - 養子縁組を希望する里親
    - 小規模住居型児童養育事業（ファミリーホーム）
  - 施設養護
    - 乳児院
    - 児童養護施設
    - 母子生活支援施設
      - 地域小規模児童養護施設
      - 小規模グループケア
    - 情緒障害児短期治療施設
    - 児童自立支援施設

民法
- 養子縁組
  - 普通養子縁組
  - 特別養子縁組

図2　社会的養護の体系

4 里親制度に期待するもの

　里親制度は，法律的には養育を介在させた擬似的な親子関係を形成するにすぎないが，子どもの中には心理的な親子関係を感じるものも少なからずある。このような事実が，伝統的に里親制度充実の根拠の1つとなってきたと考えられる。本稿では，これに加えて国際動向の中で里親をはじめとする家庭養護中心の体制に移行することを強く求められていることを紹介するとともに，国においても政策転換が図られつつあることを紹介した。

　周知のように，里親制度は児童福祉法に基づき，18歳未満（18歳以前に入所していた場合，20歳まで延長されることがある）の児童4人以下の養育を行うことを原則とする社会的養護施策の1つである。2010年には，家庭養護をさらに推進するものとして，小規模住居型児童養育事業（通称ファミリーホーム）が新たに法定化され，社会福祉法の第2種社会福祉事業にも位置づけられた。これは，子ども5～6人の養育を行うもので，里親事業の拡大ととらえられることも多い。図2に示したように，これも，家庭養護の一類型として位置づけられている。

　このほか，社会的養護の機能の一部を事実上担うものとして，民法に基づく養子縁組制度がある。養子縁組には，内部類型として，子どもの養育のパーマネンシーを保障することを意図し，実親との関係を法律上解除する特別養子縁組という制度も設けられている。

　最後に，多様な社会的養護の制度の中で，里親制度の何に期待しているのかを示すために，代表的な社会的養護の特性を各種文献に基づき改めて比較すると，表3のようになる。これまで示してきたように，個々の制度にも実践レベルでは多様性がある。とりわけ，施設養護については，地域小規模児童養護施設や小規模グループケアなどの取り組みが進んでいる。したがって，制度に関する比較はまだしも，生活面での比較は単純ではない。ここでは，児童福祉施設については生活形態として最も一般的な児童養護施設の大舎制，里親等制度については社会的養護の制度としても典型的と考えられる養育里親（専門里親をのぞく），養子縁組については社会的養護制度に特性がより近いと考えられ

表3 里親等制度のもとでの生活の特性

比較側面	児童福祉施設	里親等制度	養子縁組
生活環境	集団を原則	家庭環境を原則	家庭環境
制度上の位置づけ	児童福祉法に基づく養育契約	児童福祉法に基づく養育契約	民法に基づく親子関係の法的認知
養育者との関係	集団としての職員との関係が強い	里親との安定的関係を原則	養親との安定的関係
養育者の年齢	若い職員が多い	年齢の高い人が多い	実親と同様に加齢
生活の開放性	開放性が高い・制度的な関与もしやすい	密室性が高くなる可能性がある	密室性が極めて高くなる可能性がある
ケアの専門性	専門職員の配置	意欲のある人に対する研修を基礎	特に要件はない
費用負担	措置費制度	里親手当等	在宅児童に同じ
18歳以降の継続支援	社会的支援が少しある	社会的支援が少ない	養親の責任

る特別養子縁組を中心的なイメージとして比較したものである。

表に示すさまざまな社会的養護制度の中でも，里親制度が国際的にも推進されるゆえんは，とりわけ，家庭を基盤とした養育者との関係の安定性にあると考えられる。里親を「家庭的養護」から「家庭養護」という枠組みに変更した意図は，まさにこの点にある。

一方で，実親と里親との関係が思春期になって混乱するのではないか，そのことを里親や養親はどのような段階や方法で伝えることが適切なのか，などについての批判や疑問も一部にはある。この点に関しては50年近くにわたって里親委託や養子縁組の締結の実践に取り組んできた家庭養護促進協会では，子どもの状況を考えながら，しっかりとそれに向き合うことの重要性を指摘している（家庭養護促進協会，2003，2007）。長期的視点での子どもの福祉を保障する取り組み，リスクとレジリエンスの視点から，レジリエンスの可能性を高める資源として，地域社会との関係を含め，里親家庭での生活全体を位置づけることが重要である。

〔注〕

注1　厚生省発児童第50号通知（1948），里親等家庭養育の運営に関して，児童福祉法研究会編『児童福祉法成立資料集成下巻』ドメス出版，1979，pp.466〜487所収。

　　児童福祉法に関する参議院での審議過程（厚生委員会，1947年8月20日）で，政府委員として出席した米澤常道厚生事務次官は「里親制度というものをこの法律におきまして今後できるだけ合理的に科学的なものに開拓していきたいと考えておるのであります」（同書，p.146）と述べ，科学的根拠をもった里親制度の推進の姿勢を明確にしている。

注2　SOS子どもの村の活動は，2012年現在，日本を含め，世界133の国および地域で展開されている。国および地域内で，複数の子どもの村運営をしているところが多数あり，施設数はかなりの数にのぼると考えられる。詳細は，SOS子どもの村ホームページ。
http://www.sos-childrensvillages.org/About-us/Pages/default.aspx

注3　2010年12月25日，「伊達直人」（一世を風靡した漫画『タイガーマスク』の主人公で，児童養護施設出身者との設定がされている）を名乗る30代の男性から，群馬県の児童相談所にランドセル10個が送られたことをきっかけに，全国各地の児童養護施設などへ複数存在すると思われる「伊達直人」からの寄付行為が相次いだ現象。2012年8月には，NPO法人タイガーマスク基金（代表安藤哲也）という組織も結成されている。

注4　「家庭養護」（family-based care）と「家庭的養護」（family-like care）という概念については，国際動向を含め見直された。新しい用語法は，図3の通り。

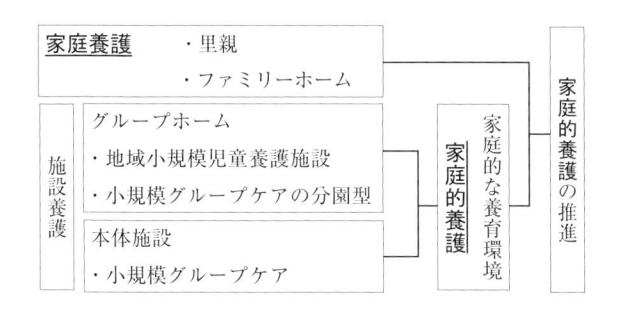

図3 指針における用語の整理

【引用・参考文献】

網野智（1950）里親制度　川嶋三郎厚生省児童局監修『児童福祉』　港出版合作社

フレイザー，M.W.著　門永朋子・岩間伸之・山縣文治訳（2009）『子どものリスクとレジリエンス──子どもの力を活かす援助』ミネルヴァ書房

伊東波津美（2009）『70人の子どもの母になって』法藏館

家庭養護促進協会（2003）『大人になった養子たちからのメッセージ』

家庭養護促進協会（2007）『真実告知ハンドブック──里親・養親が子どもに話すために　エピック』

厚生労働省『社会福祉施設等調査』厚生労働統計協会

厚生労働省『福祉行政報告例』厚生労働統計協会

辻村泰男（1948）「戦災孤児と浮浪児」厚生省児童局監修『児童福祉』東洋書館

山縣文治（2011）「社会的養護の現状と国連ガイドラインの影響および課題」特定非営利活動法人福岡子どもの村編『国連子どもの代替養育に関するガイドライン』　福村出版

山縣文治（2012）「社会的養護と自立支援」武藤素明編『施設・里親から巣立った子どもたちの自立』福村出版

山本真知子（2012）「里親家庭における里親の実子の意識」『社会福祉学』第53巻第4号　日本社会福祉学会

湯沢雍彦（2004）『里親制度の国際比較』ミネルヴァ書房

2章
虐待を受けた里子の住む心的世界
―里親の見た虐待の影

構成・解説　深谷和子

はじめに

　1章に収録した里親たちの日々の「つぶやき」の後で，この章では「里子たち」（被虐待児）の姿をみていくことにする。しかし，ここで読み取ってほしいのは，虐待を受けた子どもたちの「姿」ではなく「心の世界」の模様である。人生で，誰よりも愛と庇護を与えてくれるはずの親から虐待され，または養育を放棄されるという過酷な体験をしてきた里子（被虐待児）が，里親の家庭という安全な場所に移されても，依然として住み続けている心的世界に，読者は思いを巡らしてほしい。ここに記されているのは，里親が目にした（常ならざる）子どもの姿であるが，心深い人々にはその心の世界が，まるで自分がそうした体験をしてきた里子であるかのように，ありありと感じとれるのではなかろうか。それと同時に，そうした里子たちを自分の腕に抱きとって，「養育」と「療育」の日々を過ごす里親たちについても，思いを馳せてほしい[注]。

1　資料の収集まで

　この章は，里親に「（里子Aが虐待を受けた子だった場合）Aちゃんに虐待された影を感じられることがありますか。もし，ある場合は，それはどんな時や場面ですか」（3章資料1「調査票」Ⅱ—3）と尋ね，そこに記された記述をまとめたものである。

　里子Aが被虐待児だったかどうかは，「Aちゃんが，乳児院や施設，里親にあずけられることになった理由について，あてはまるものにいくつでも○をつけてください」（調査票Ⅱ-3）という質問に対して「1.親から虐待（養育放棄も含む）を受けて」（37.4％）と答えられた数字による（3章表10参照）。だが，「2.片方（両方の）親が亡くなったり，病気になって（13.4％）」も子どもにとっては時に熾烈な状況であり，また「3.その他（45.1％）」には，児相が委託前までの資料を提供しなかった場合もあるので，かなりの被虐待児が含まれている可能性がある（1章「里親のつぶやき—里親制度・里親問題について」の中にも，「委託時

に当該ケースの情報を」とする声がいくつもあった)。

　調査票のこの項目には，自由記述欄として，4×15センチの小さい欄が設定されたが，このスペースをいっぱいに使って，または欄外に至るまで詳細な書き込みがあった。それを起こしたのが以下の資料である。ただし，同様な内容の記述は（量的な分析ではないので）省略した。これらの何倍もの分量の書き込みがあったことを付け加えたい。恐らく里親たちは，里子を引き取った後で，予期せぬ里子たちの行動に驚愕して，その記憶をるる書き記したのであろう。

2　里親の感じた虐待の影
――まるでムンクの「叫び」の世界にいるかのような子どもたち

　ムンク（Edvard Munch　1863～1944）は，ノルウェイ出身の表現主義の画家で，「生命のフリーズ」と題した不安系列の絵はよく知られている。血のように赤く染まったフィヨルドの夕景と不気味な形，前方の耳を抑えた人物は「自然を貫く果てしない叫び」に怖れおののいて，耳を塞いでいる。その姿は，主人公の住む世界の不気味さを伝えてくる。

　親からの直接的「虐待」に限らず，親からの分離や，次々と知らない環境（施設）への適応を余儀なくさせられるなど，非常に過酷な体験をしてきた里子たちの心的世界を，里母の記述した文章から推測してみると，そこには底知れぬ不安の中

「叫び」エドヴァルド・ムンク

Photo:The Bridgeman Art Library / DNPartcom

で，自分を守るべく，多様な反応をみせる里子たちの姿がある。

　虐待を受けた里子も，われわれと同じ暖かい陽の射す世界に住んでいるはずなのに，彼らを取り巻く世界は，ひどく恐ろしい姿で彼らに迫っている。ムンクの「叫び」は，虐待を受けた里子の心的世界そのものではなかろうか。

　なお，各記述の頭に付けた番号はサンプル番号で，文章の最後には，表9に記した里家に委託されるまでの環境（①〜⑥）を掲げた。

　①　乳児院から
　②　（乳児院→児童養護施設）児童養護施設から
　③　（乳児院を経験せずに）児童養護施設から
　④　実親の家庭から（一時保護所経由も含む）
　⑤　他の里親や親せきから
　⑥　その他・わからない

1）世界は脅威に満ちている

　里子たちもわれわれと同じ世界の住人なのに，彼らは，あたかも異界に置かれた孤児のような姿を見せる。里子たちにとって，世界は恐ろしく，不安に満ちており，ムンクの「叫び」の絵の中で，耳を抑えている人物と同じような「心的世界」が周囲に広がっているかのようである。

0065　聞き取れない声でしか，話さない。
　　　強い言葉に反応し，おびえた表情を見せる。
　　　おとなが振り向いたりすると，身を引く。①

0052　死に対する恐怖感が強く，現在の家族の死を否定する。
　　　実親に育児放棄されたことで，自信がない。①

0098　不安感が強い。来てから毎日夜泣きが2年間続いた。①

0009　ごく最近（11歳）まで，1人で寝ることができなかった（「寝ているとき

に見捨てて行く存在がおとな」との気持ちがあるようだった)。目覚めたとき，里母が起きていて，同室にいないと，激しい怒りをぶつけたり，激しく泣くことがよくあった。他にも日中の行動の中に見捨てられる不安の強さを感じた。②

0070　就寝時に消灯することができませんでした。今は大分落ち着いてきましたが。②

0044　実母は出産後すぐ行方不明。本児の曽祖父母より，入所の手続きがとられたとか。里母に「僕のお母さんなの？」と聞いたり，おとなの姿が見えないと，1人で留守番ができずに不安がる。②

0063　体に無数のやけどや傷があった。人を見ると怖がって，だっこすることができなかった。②

0012　怪我の跡がある。
　暗いところを怖がった。
　小さいとき，寝言でよく叫んだ。②

0041　生後すぐに保護されたので，施設のトラウマかもしれないが，寝言で泣き声や暴言をよく発した。「テメー，ふざけやがって！　タダじゃ置かねーぞ！」など。②

0103　大きな音や声に異常に敏感で，耳にふたをする。②

0095　叱られることを怖がる。悪いことを隠そうとする。③

0058　部屋を暗くすると怖がる。
　閉じ込められたくない。トイレのドアなど閉めると用の途中でもあわててあけてしまう。③（里親の虐待）

0051　夕方忙しいときに，里母がイライラバタバタしていると，パニックになる。泣き叫ぶこともある。「(実の) ママが，いつも包丁持ってこちらに向けて怒っていた」。どの家でも見られる通常の夕食前の喧騒が，フラッシュバックの原因になる。③

0102　異常な怖がり。1人でいられない。里母と一緒でないと，夜寝ない。周りの人の顔を絶えずうかがっている。③

0029　自分の身体に触れられることを拒む。
　風でテーブルの上の紙が自分の方に飛んで来ても，びっくりして「誰が投げた」と聞く。④

0014　暗闇を怖がる。
　幼稚園で1人教室に残されたときの夜，うなされて足をばたつかせ，やだ，やだ，いや，いや，していた。
　4年生，注意されたり怒られたとき，手で耳を塞いでいました。
　5年生，耳を塞ぐ行動はなくなりましたが，注意したときなど聞いていません。夜1人でトイレ，お風呂などに行けず，付き添いが必要です。夜寝るときも肌で触れ合ってあげれば，安心して寝ます。④

0005　最初，人見知りが激しかった。(今でも) 暗いところで眠れない。
　1人でいるのを嫌がる。
　理由はわからないが，水を怖がり，当初お風呂に入れるのが大変だった。今では入るようになったが，自分から進んでは入りません。④

0003　1週間くらい (来てすぐに) 泣き声も含め，声を出さなかった。その後も泣くことはなかった。
　大きな音や特別な音を怖がる。
　誰彼に構わず愛想が良い。人見知りの出るのが遅かった。④

0040　目の前から突然おとなの姿が見えなくなったとき，パニック状態となり，周囲が見えなくなる。雪の降りつもった屋外へはだしでかけだし，隣に助けを求める。④

0049　1人にされると怖がって，昼寝していて目が覚めると泣き叫んで，外に飛び出したり，夜中でも，里父，里母のどちらかがいないと探し回る。④

0050　この1年，夜泣きがひどく，360日泣いてます。何かに取りつかれたような表情になり，泣くというか，叫び声が毎晩毎晩です。昼寝はすんなりですが決まって夜です。④

0038　お風呂に入れるとき，異常に怖がる。
　　　人の顔をじっと見つめる。④

0075　「外に出すよ！」といったときに異常に泣く。
　　　食べ物への異常な執着心。
　　　おむつが3歳になってもはずれない。濡れていても全然平気でいる。④

0091　（表現が難しいが）全般的におとなの様子をうかがい，オドオドしている。④

0085　トイレに入ることを極度に怖がった。
　　　少し注意すると，「助けて！」「ごめんなさい」と叫び，また着ている服を全部脱いでしまったり，壁に頭をぶつけて，ゴンゴンとした。④

0047　頭の上に人の手が来ると，頭を抱えて，防御する。お風呂で頭を洗うとき，下を向けない。嫌なことばを平気で言う。④（祖母の虐待）

0077　注意や叱責をして，叩くつもりはないのに，叩かれそうな態度で自分を守ろうとする。④（母親が精神的病気）

0086　洋服のえりを直してやろうと，手を体の方にもっていくと，とっさに頭を抱え，防ぐ体制をとる。
　　　狭いところを非常に怖がる。
　　　その場逃れの傾向が強く，日常的に嘘をつく。④

0068　とっさに身構える。こちらがびっくりするほど，身構える。⑤

0064　電話の音やチャイムの音にすごく敏感で，寝ていても，音に飛び上るのには私たちも驚きました。⑤

0061　家に来た当初，すこしでも（1メートルでも）離れると泣かれた。
　　　不安が強く，うずくまって寝ていた。⑤

0071　暗いところを怖がる，少しの音にもびくつくなどで，常に抱っこしていなければなりませんでした。
　　　慣れない場所，人などに警戒する。
　　　いじわるされたと感じやすい。
　　　こだわりが強く，融通がきかない。⑥

2）親が怖い，男性が怖い

　里子たちは「得体の知れない不安」におののいているばかりでなく，時には具体的に「親が怖い・男性が怖い」と恐怖の対象を自覚しているかのようである。現在，里子の周囲にいる人々の半分は男性であり，里親も実親と連続する人々である。われわれは，彼らの住む不気味な世界を，日頃どのくらい理解し感じ取っているだろうか。

0008　わが家に来てしばらくして，実母が面会に来たとき，実母を見て突然泣き出し，その場から立ち去った。その後，実母は面会に来ていない。①（育児放棄）

0072　受託当時，男性を怖がった。
　とくに，男性の成人が私に挨拶したときなど，大声で泣いて，自転車から下ろそうとしたが，嫌がった。
　夜を怖がった。①

0056　実母との面会を拒否する。
　夜中の電話を，実母からだと思っておびえる。①（こどもホスピタルから）

0018　少しでも思い通りにならないときなど，固まってしまい，何をしても固まったままで，そのまま寝てしまうこともありました。父親がいるだけで固まったり，握手しようとしても嫌がり，時には大泣きのこともありました。②

0076　父親に絶対に会いたくないという。④

0082　暗いところが怖い，夜1人でトイレに行けない，男の人が苦手で，里父になかなか懐かない。④

0101　実父の実母へのDVで，実母が家出。当初男の人を見ると泣いていた。里父にもなかなか懐かず，抱っこできるようになったのは1カ月くらいしてから。④

0060　時々びくびくすることがあり，自分でも「お父さんから叩かれる」と言っているので，実親に会わせようとすると，「会いたくない」という。⑥

3）この脅威から身を守るために──固まって，別の世界にトリップ
　こうした心理的世界に住む里子たちは，自分を守るために，しばしば別世界へ逃避を図る。里親たちが使う「固まる」「フリーズする」，つまり現実からの「かい離」反応である。「かい離」反応とは精神医学の用語で，以下の記述は里母の観察によるものだが，虐待を受けた子どもが「かい離」を起こした自分

を回顧している記述には，文献中に次のようなものがある。「目の焦点を何にも合わせないようにして，ぼーっとものをみているとそうなるのです。これを『非現実』と呼んでいました。まず奥行き知覚が消え去ります。何もかもが平べったく見え，何もかもが冷たく感じられます。自分はちっちゃな赤児みたいな感じでした。それから私の身体は空中に浮かび上がるのでした。気球のように」（ジュディス・L・ハーマン　中井久夫訳「心的外傷と回復」みすず書房，1999 p 158）。

0010　注意したときに，何も答えず，ただ黙っているだけ。「うん」とも「すん」とも言わず，フリーズ状態。
　最初の3年間はよく固まっていた。怒りとか反抗とかがあると思うが，その子の好きな甘いお菓子をそっと差し出すと，「ニコッ」とフリーズ状態が溶け，状態がよくなった。①（乳児院，里親宅で虐待，他の里親，戻され，そしてわが家に）

0102　（6歳女児）子どもを強く注意したり，叱ったりしたときに，子どもがまったく反応しなくなり，体も動かさず，表情もどこかを見ているようで，そのままその場面が通り過ぎるのをじっと待っているような感じのことがありました。③

0103　（2歳男児）怒られたときに，少しでも問い詰めると，説明ができなくて，心ここにあらずになって，動かなくなったことがありました。②

0104　（1歳男児）「そんなことしちゃダメ」程度に軽く叱ったときに，魂が抜けたようになって，身動き1つせず，その場で横になっていた。その後は叱らないように気をつけた。⑥

0105　（幼児）いつも親しくしている人以外の人との，軽いコミュニケーションのときにも，緊張して声も出ず，背を向けたまま動かなくなる。⑥

0106　何かを聞いたり注意すると，2時間位部屋の隅で頭を抱えて「ウーン，

ウーン」とうなり，その後でやっと話をしてくれました。⑥

0107　失敗したとき，嘘をついたときなど，明らかに悪いことをしたときに，突き詰めて話をしていくと，途中で何も言わなくなって固まります。怒らないから「どうしてそうしたの」「どういう気持ちでそうしたの」と繰り返し聞いても，話をしなくなります。それでも根気よくさとすと，最後にごめんなさいとあやまります。理解力の低さもあるかと思います。⑥

0108　大きな音（物の落ちる音）や叫び声のような声に反応して，立ち止まり，動かなくなる。
　　初めての場面で動かなくなる。⑥

0109　問題行動を起こしたときなど，「自分がしたことをどう思うか」と問いかけても，まったく答えることをせず，1時間も2時間も黙ったままでいる。初めての場所や人に対して不安を感じると，まったくしゃべらなくなる。⑥

0110　自分の思い通りに行かなくなったときに，棒のようになって，周囲を遮断してしまう。⑥

0111　いけない行為をしたとき，さとそうとすると，体を硬直させ，目をまったく合わせない。ふだん動きまわることが多い子なのに，身動きしない状態が長時間つづく。
　　男性が苦手で，若い男の人が近づいて，本人に向かって話しかけると，硬直する。⑥

0112　おもらし，おかずの入ったお皿をひっくり返したときなど，失敗すると顔面蒼白，視点が合わない。話しかけても反応がない。直立したまま。抜け殻のような，蝋人形のような感じ。無表情。⑥

0113　食事を食べない，日常の日課が進められなくなり，動かなくなってしま

う。何が原因か不明なことが多い。⑥

0114　一緒に暮らすようになってからはなくなりましたが，その前の交流段階中で，何か言い分があるときに，口に出さず固まってしまうことがありました。⑥

0115　本気で怒ったときに固まることがあり，大きな声を出すと解けました。⑥

0116　頑張っているのに失敗がわかったとき，叱られているとき，大声を出したときに，目が点になり，「起立」の状態で，心ここにあらずの様子になりました。⑥

0117　叱ると1時間近く微動だにしない。ただひたすら時間が過ぎるのを待つ。⑥

0118　両親はとても仲が悪くて子どもの前で修羅場を演じていたようです。
　両親の話を出すと，顔が能面のように蒼白になり，その後は両親の話をしないようにしました。⑥

0119　自分が答えられないような質問をされたり，意に反することを強要されたりなどのときに固まっていました。たとえば，友だちとの間で「なぜ暴れるの？」「Aちゃんから引っ掻かれたお友だちだって辛かったんじゃない？」と聞くと，耳を押さえて固まるなど。⑥

0031　注意や叱ることがあると，固まってしまう。それ以上になると，視点を遠くにしていない状態となり，眠りに入る。
　里親が見えなくなると，家の中，外まで捜しまわる。①

0010　あずかったときから二面性，三面性があり，意識がかい離していること

が度々あって，人の話も注意もまったく耳に入っていないように感じた。①
（乳児院，里親宅で虐待，他の里親，戻され，そしてわが家に）

0096　不安な場面になると，寝てしまう。
　　夜寝るとき，手をつないでいないと寝つけない。①

0002　委託後しばらくは誰も寄せつけず，攻撃的でした。応じることはなく常に試し行動で表情は硬く笑顔はまったくありませんでした。添い寝を拒み１人で丸まって指しゃぶりして寝ましたが，すぐに目が覚めて夜泣きが続きました。①

0055　自分の心を閉ざしてしまう。
　　自分の思いやしてほしいことを表現するのが難しい。
　　言葉にあらわせないことを，泣いたり，体で訴える。
　　甘えることが，とても苦手。①

0084　２歳のときから，１人遊びで何時間も過ごせる子でした。甘えたり，泣いたりすることのない子で，ある意味で手のかからない子でした。周囲で誰かが泣いていたりしても，自分はまったく見えない，聞こえないかのように，黙々と１人遊びをするので，感情が乏しいところがあると感じていました。①

0009　テレビなど，自分に関係のない暴力は好んで見ているが，関係するような場面では，大声で呼んでも固まってしまう。②

0039　受け入れて約１年間位は，叱ると学習机の下に隠れたりした。
　　今でもそうですが，学習が進まないと，爪かみ，指かみがひどいときがあります（学習机に向かっていますが，一生懸命指かみ，爪かみをしているときがあります）。③

0001　返事をせず，部屋の隅っこに佇んで，じっとしている。

おとなが近づくと身体がこわばり，抱こうとすると更に堅くなるので，無理はしない。
　食事や風呂など日常生活形態を拒否する。
　人が訪ねて来ると，別の部屋へ逃げて隠れる。④（親の離婚）

0067　1人になることへの不安。熟睡できない。朝早く目が覚めてしまう。自律神経失調のような微熱，不安感，体調不良。ボーッとして，自分がふっといなくなってしまうような感じ。④

0066　会話がなり立たない。一方的なコミュニケーション。
　テンションの高さ。
　強い口調に，固まってしまう。⑥（委託直後からずっと）

4）自閉，感情を押し殺して石になる
　同様に，感情表出ができなくなってしまった子どもたちの姿がある。

0089　緊急避難措置で連れてこられてから，3カ月間ほどは，泣かず，笑わず，動かなかった。②

0092　痛み（ころんだり，ぶつけたり）に対して，泣くことがなく，我慢する。血に関して，関心が強い。③

0087　1歳になったのに，笑わない，泣かない，感情がありませんでした。③

0083　おとなに心を開かない。いつもピリピリした感じ。警戒心が強い。人との自然なかかわりができない。会話も必要最小限度だけ。③（自立支援施設から）

0034　嘘が多い。叱られると心が何処かに行ってしまう。感情の交流が薄い。

他の子どもが叱られている場面に，ビクッと身体が反応して，その後はまったく関係がない，かかわりがないという様子。④

0032　いつもおどおどして相手に怯えたように，様子をうかがう。うつむいて自分の言いたいことを伝えられない。「言ってもいいよ」と言っても，なかなか言葉が出てこない。時が経ち，「だれだれに殴られた，こういう風にされた，煙草の火を付けられた，食事を食べさせてもらえなかった」など話ができるようになったが，いまだにときどき，1人でボーッとしたりしている。④

0019　こだわりが強く，同じ動きを繰り返し行い，ちょっとした物事に反応が強く出ることが多々ある。④

0043　ゲームをしていることが多く，言われたことしかしない。
　　自分の考えを言いたがらない。⑥

5）外に向ける攻撃

　また，外に向かって攻撃を仕掛ける子もいれば，自分に攻撃を向ける子もいる。

0045　愛着がない。人を怒らせることが上手。やる気，頑張ろうとする気持ちがあまりない。①

0088　注意をしたり，子どもの思いと異なる指示をしたりすると，癇癪を起こす。
　　何をするにも文句がある。素直になれない。
　　起床時でも，自分から起きない。「起きなさい」と言うと，「起こされないから起きないのだ」など文句を言って起きる。②

0059　人前で，里親に対して，恥をかかせるような行動，言動をする。④

0026　ちょっとした悪戯，嘘をついたりしたとき，注意をしようとすると過剰に反応し，とんでもない嘘を並べ立て自分を守ろうとする。④

0093　制限されることを極端に嫌がり，泣き叫ぶ。
　3歳9カ月でオムツがとれない。
　手づかみで食べる。
　自分の思い通りにならないと，いつまでも泣き叫んでいる。
　風邪をひきやすく，体温が低い（ジャンクフードばかり食べていたせいか）。④

0057　注意されたときに，攻撃的になる。
　涙を流すことがない。⑤（あずけられた親戚の経済的理由から）

6）自分に向ける攻撃（自傷・自虐）

0073　どんな些細なことでも，自分の気に入らないことがあると，自虐行為をする。爪で，顔や腕をひっかく。③

0037　自分に関心を向けてほしいときなど「僕なんか死んでしまえばいいんだ」「生まれんかったらよかった」「階段から落ちて死ねばよかった」などと口走りました。最初はとくに頻繁でした。④

0042　「自分は親から愛されていないからだ」と自分で言う。「死にたい」とも言う。感情のコントロールがむずかしく，すぐにキレる。④

0065　リストカットを衝動的にしてしまう。不眠。⑥（実家を家出して友人の家にいた）

7）その他：愛着の不全・不具合を思わせる行動

　里親が虐待の影を感じた行為の中で，上記以外の行動をまとめた。アタッチメント障害と名づけられている各種の行動が見受けられる。これらには「無秩序・無方向的アタッチメント」「安全基地行動のゆがみ」「無差別アタッチメント」などがあるとされる（庄司順一・奥山眞紀子・久保田まり（2008）『「アタッチメント」―子ども虐待・トラウマ・対象喪失・社会的養護をめぐって』明石書店）。

0006　生後6日で乳児院から。誰にでもなつき，知らない人にもついて行ってしまう。今は6歳で改善されましたが，警戒心が足りない。①

0036　来た当初，外出時に1人でスタスタ行ってしまう。手をつなぐのが嫌で，親など当てにしていないようでした。その後，早々に解消しました。①

0027　自分の目に指を突っ込もうとする。最近やっとやらなくなったが，気になった。
　どんな人のところにも行き，迷子になるとかの不安がない。①

0025　おんぶに抱っこはもちろん，何の行動もわれ先にと，とても主張が強かった。委託当初は愛情に飢えていました。自分だけ向いてほしい様子が，実子とのやり取りでよくみかけました。①

0015　とても怖がり，少しの音でもビクリとしている。
　おねしょをしても，便をつけていても平気。
　その場その場で嘘をつき放題，誰構わず知らない人にもついていく。②

0094　スキンシップを好まない。おとなを信頼していないように感じる。②

0063　体に無数のやけどや傷があった。人を見ると怖がって，抱っこすることができなかった。②

0081　5,6歳の頃，異常に私のおっぱいを触り，吸いついたりした。③

0035　当初1カ月は異常な過食で，その後は偏食小食で，小学校1年7月までは，自力で食事ができなくて，里親が食べさせていました。けれど，保育園，小学校，外食時は自分で食べることができました。
　入浴時すごく怖がるので，少しづつ足からお湯をかけて慣らしました。シャワーもしかりです。保育園では集団行動ができず，先生を特別につけていただきました。女性が嫌いで里母を信用してもらうのに3年かかりました。④（継母に育てられていた）

0017　当初，家族関係がまったく理解できていなかった。
　抱っこしたとき，フィットしなかった。⑤

0032　共感をもたせない。声をかけても，しらっとして「誰に言っているの？」という。言われたことには逆らって「むり」「やだ」「だめ」という。学校のこと，毎日のこと，自分の考えなど，何も教えない。おとなを挑発し，人と親密な関係になることに抵抗があり，すべてに不信感をもつ。養護学校を卒業後も，不安定で，自尊意識が低く，死にたいという。「みてみて」と言いながら，飛び降りたり，包丁を持ち出したり，首つりなどを里親にみせながらやろうとする。「死んではだめ」ということをわからせようと，言葉のシャワーを浴びせつづけている。⑥

3　この資料からみえてきたもの

　まるで異界の住人であるかのような里子たち。里親たちが綴った里子の姿を次々と入力しながら，委託されるまでに，里子たちを包んでいた世界の色の暗さと空気の冷たさに触れる思いがした。われわれの住む世界は，いつも温かく陽の色で包まれている。里子たちの幸せを願って自分たちの家庭に里子を迎え

入れた家族の作る世界は，ふつう以上の温かさをもって彼らを包んでいるはずなのに，これらの里子たちは，まるで別の世界の中にいるかのようである。

多くの人々は愛情深い両親の下に生まれ，つつがない成長を遂げ，おとなになっていく。

人生で一番保護を必要とする時期に，虐待と名づけられるような過酷な体験をしたことはなく，また虐待に近いミゼラブルな体験（両親の不和や，病気，死亡，他人の家や大規模施設への保護など）をしたこともない。したがって，社会的養護の下に置かれた子どもたちが，これまでどのような（心的）世界の中で暮らしてきたか，今もどのようなトラウマを抱え，内的世界を形成しているかについて，今一つ思いが及ばないのではなかろうか。

その期間が短期間にせよ長期間にせよ，里親とは，志をもってそうした里子を育てている人々である。そうした里子たちとのかかわりの過程は，「養育」というよりも，「療育」に近い，または「療育」そのもの過程ではなかろうか。困難の連続である里親の「療育」の日々。それに思いを巡らすことが，まずわれわれにできる里親支援の第一歩ではなかろうか。

しかし，里親の善意と努力によって，里親家庭での暮らしが少しずつ里子たちの心の世界に光と温かさを注ぎ入れ，里親家庭は彼らにとっての「安全基地」（ウィニコット，D.W. による）となっていくに違いない。18歳以後の里子たちの人生も視野に入れながら，その世界の色が完全に陽の色を取り戻す日が1日も早く来ることを願わずにはいられない。

〔注〕

「療育」については、後に続く3章の「ここまでのまとめ」に記したが、「発達障がい」を持つ子どもなどに、「医学的治療と教育」を併せて行う発達支援の過程で使われる語である。里親が行う「療育」の中心にあるのは、この章で見たような被虐待児が住む荒涼とした世界から、彼らを燦々と陽の当たる世界に連れ戻す作業であろう。具体的には、サンプル0010「その子が好きな甘いお菓子をそっと差し出すと、ニコッとフリーズ状態が溶

け」にあるように、また山喜高秀（「生活臨床のできる心理職とは」 増沢高・青木紀久代編著『社会的養護における生活臨床と心理臨床』福村出版 所収）が解説する「生活のもつ治癒力（安心して眠れるような、共に食べて味わいたくなるような、排泄した自分の中から出たものを気にかけてもらえるような）関係性」の中に子どもを置くことによって、生みだされるであろう。子どもが、里親が用意してくれた大好きな食べ物を食べ、自分の好きなおもちゃや衣服を与えられ、暖かいベッドで眠り、少しずつ暖かい世界の中にいる自分を感覚レベルで理解するようになる。それに手を貸すのが里親の「療育」の本体ではなかろうか。

虐待を受けた子どもの理解

増沢 高

はじめに

　児童相談所で対応する児童虐待相談件数は，その統計を取り始めた1990年度の1101件から一度も前年を下回ることなく増え続け，2012年度は5万9919件に上った。この22年間で約60倍近い増加である。

　虐待の程度によって子どもへの影響はさまざまであるが，これらの中には虐待によって，生命の危機や心身に重いダメージをもたらすケースがある。深刻なケースの場合，子どもを家族の元から分離し，別の場で生活を保障する必要が生じる。こうした子どもたちは，児童福祉施設や里親などのいわゆる社会的養護（社会的養護とは，親に育てられない子を社会が責任を持って養育・保護する制度）の場に移ることとなる。社会的養護児童数は現在全国で約4万数千人おり，その内6割以上を被虐待児が占め，都市部では8割以上とみられている。年間で社会的養護に至る被虐待児の数は，児相が対応する約6万件の中の約1割に過ぎない。1割というのは社会的養護の器の小ささを反映しており，1割に選ばざるを得ないという日本の児童福祉のぜい弱な体制を認識する必要がある。同時に1割に選ばれたケースがいかに深刻なケースであるかに目を向ける必要があろう。多くの子どもたちは，すさまじい虐待状況を生き延びて社会の養護の場にたどりついている。深刻な虐待状況を体験したゆえに子どもたちは心身に多くの課題を抱えている。ここではそれらについて述べる。

1　虐待を受けた子どもが示す症状や問題

1）症状の分類

　虐待を受けて入所する子どもたちの問題や症状は多岐に及ぶ。イギリスの精神科医であるグレイサー（Glaser,D. 2002）は「心理的虐待を受けた子どもたちに認められた問題のリストを作ると，それはまるで児童精神医学の教科書の目次のようである」と述べている。このことは，一口に被虐待児と言っても，子どもによって異なる診断基準を満たす症状を示すと同時に，1人の子どもの示す症状も多様で複数の診断基準を満たすことの両面を語っている。実際に子どもたちにつけられた診断を並べてみると，多動性障害，行為障害，分離不安障害を含む情緒障害，愛着障害を含む社会的機能の障害，広汎性発達障害などさまざまである。そして1人の子どもの示す問題が多様なため，複数の診断基準を満たしてしまうこともあって，医師によって診断名が異なることさえ珍しいことではない。

2）具体的な問題や症状

　診断名から離れて，具体的な問題や症状を，以下領域別に例示する。
　ア）対人関係面の問題　対人関係領域では，関係の構築が困難な子どもが圧倒的に多い。他者との関係は両極に動きやすく，べたべたと甘えていたかと思うとささいなことで拒否感を強める子どもも少なくない。根本的に，おとなに対して不信感や恐怖感を強く抱いている。同年齢集団には入れず，ルールの共有ができないためトラブルは頻発しやすい。平等な関係のあり様がわからず，支配か服従かの関係に陥りやすい。そのため，いじめの問題が発生しやすい。
　イ）情緒行動上の問題　情緒行動上の問題としては，衝動コントロールがつかない子どもが多く，待つことができずに要求をすぐに満たそうとしがちである。刺激に弱く，自分の状態を一定に保つことが難しい。ささいなことで怒りやすく，それを収めるのに時間がかかる。職員が介入して怒りを鎮めるよう促すと，子どもから暴言や暴力を受けて職員が傷つく場合もある。感情は未分化で，細やかな情動体験を感じ取れない子どもが多い。不快感が優勢で，快適に過ごすことができず，熱い寒いなどの感覚が麻ひしているような子どももいる。

ウ）社会的スキルの問題　社会的スキルの問題は食事，入浴，排便，着替えなど，ごく基本的な生活習慣にも及んでいる。小学校高学年児でも，着替えの習慣が身についていなかったり，排便の後，お尻をふけない子どもも珍しくない。給食の時間に座っていられない子どもや，食べ方がわからない子どももいる。盗み，人や物への破壊的行動，はいかい，性的行動などが小学校低学年からみられる場合もある。「エッチごっこ」や「変態ごっこ」などと言って，ごっこ遊びに性が持ち込まれる子どももいる。こうした性的行動が進行して性的加害に至ったり，性的行動が引き金になっての性被害を心配しなければならない子どももいる。

エ）自己イメージの問題　自己イメージは非常に悪く，被害的で劣等感が強い。小学校2年生で「どうせおれバカだから」などと頑なになる子どももいる。知的な遅れもみられ，境界域の知能の子どもや，知能検査（WISC-Ⅳ）で下位項目のばらつきがあるなどバランスの悪い子どももいる。学力も低く，学校の授業についていくことが難しい子どもは少なくない。

2　虐待が子どもに与える影響

　虐待による子どもたちの示す症状や問題の背景は，以下の4つの側面から理解することが有益と考える。

1）早期の心的発達への阻害

　まず幼少期から虐待環境に置かれることで心的発達に悪影響を及ぼすという点である。心的発達の問題は前段階の発達課題が獲得されて次の発達課題が積み上げられるという，漸成的過程である。ゆえに，初期の発達課題であるほどに，基盤となる重要な課題ということになる。滝川（1990）は，情短施設に入所するような子どもたちは，外来ケースと違って「エディプス期」の問題でなく「二者関係」の問題が主要な問題であると指摘してきた。人生早期の心的発達の未確立は，人格の基盤形成がぜい弱であることを意味する。

　エリクソン（Erikson,E.H　1963）は，0歳から1,2歳頃までの人生初めの心の

課題を,「基本的信頼感」の獲得とした。これは心の中に不信感を凌駕する信頼の感覚を宿すことである。乳児は,不快な刺激を感じたとき,全身を震わし泣くことでそれを訴え,養育者の注意を引きつけ,たとえば授乳行為など,それを解決する行動をおとなから引き出す。こうした応答的環境の中での乳児の体験は,不快な状態から快適な状態に導かれる,いわば「救われる体験」の連続であり,これを通して乳児の心に「生まれ出たこの世は安心だ,求めれば必ず救われる」といった世界に対する安心と信頼の感覚が宿される。ここには「泣く」という行為の主体である自分の力への信頼,待てば必ず満たされるという時間や未来に対する信頼の感覚も含まれ,こうしたすべての信頼の総体が基本的信頼感の本質である。

　出生後7カ月頃までには,自分に安心と安全を与える対象がわかるようになり,不安なときや,おびえているときなど,その対象に近づくようになる。ボウルビィ(Bowlby,J. 1982)は,こうした対象を愛着の対象と呼んだ。愛着の対象が近くにいることで,子どもは安心してのびのびと活動することができる。不安になれば近づき,安心を得た子どもは再び外界に働きかけるといった行きつ戻りつの行動を,ボウルビィは愛着行動と呼んだ。子どもが生きるためには信頼できる人に助け(安心)を求めて近づくという行為は不可欠である。それは子どもへの応答的な環境における,いわば「救われる体験」の積み上げによって,それがはじめて獲得されるのである。安心できる養育者がそこにいることで,主体的に活動,探索し,さまざまな物事を吸収していく。やがて,心の中に愛着の対象が内在化されるにつれ,養育者がそこにいなくとも,さらに世界を広げていく。また,養育者が子どもの体験する感覚に共感し,言葉を添えるなどして体験を共有することで,通じ合える感覚とともに自分の中に生じた感覚が明確化され,情緒の発達が促され,かつ言葉によるコミュニケーションの力が育っていく。安心の裏づけがあるから心の発達が促され,必要な知識や知恵が身についていくのである。

　被虐待児は,こうした応答的な環境や「救われる体験」が乏しく,確固とした愛着の対象がいない,あるいはそうなるべき対象が著しく不安定で,乳児に安心をもたらす存在でない場合がほとんどである。その結果,人や世界に対する安心や信頼の感覚は育まれず,逆に生きることの困難さや世界への不信と恐

怖の感覚が根ざされることとなる。基本的信頼という初期の発達のつまずきは，その後の発達課題の獲得を妨げ，生きにくい状況が拡大していく。おとなへの不信感ゆえに助けを求められない子どもは，つらい状況が生じてもひとりぼっちで耐え続けることになる。

　通常であれば，2歳くらいになるといわゆる「しつけ」の時期に入る。食事の食べ方やトイレの仕方など，この社会が共有する至極基本的な習慣を身に付けることが求められるようになる。エリクソン（1963）は，幼児期前期（1, 2歳～3, 4歳）の発達課題を「自律性の獲得」とした。しつけを身につけることは，社会や文化に望まれるように自分の衝動や欲求を制御することを併せ持つ作業である。一般の多くの子どもたちは，信頼する親の言うことをきいて褒められたい気持ちと，親のようになりたいという意思がこの過程の根底を支えている。しかし虐待環境に置かれた子どもは，放っておかれ，親子の信頼関係はぜい弱で，しつけもなされず，生活の様子も，食事がない，入浴をしない，掃除をしないなど，一般家庭の基本的な営みとはかなりかけ離れた状況であることが珍しくない。このため十分な社会的常識や基本的な生活スキルが身につかずに年齢を重ねてしまうと同時に，自らを律する力を育てる機会も失いやすい。中にはこの時期に至って，厳しいしつけを急に始める養育者もいる。関係の構築がない中での一方的で高圧的なしつけは恐怖でしかなく，自らそうしたいと望んで受け入れるわけではないため結局は身につかない。しかしこの身につかなさが，さらに養育者の虐待行為を誘発することになる。

　心的発達を考える上でもう1つの重要な点は，未統合から統合という流れである。乳幼児期は，体験を統合するには未熟な段階で，刺激に対して場当たり的に対応している状態である。それが保護的で一貫した応答的養育環境によって，体験の統合とともに人格が統合されていく。被虐待児の多くに認められる特徴として，解離が頻繁に用いられることがある。解離とは原始的な防衛機制といわれ，体験に伴う感情，感覚，文脈などが解体化される状態のことである。たとえば，暴力を受けても「怖い」とか「痛い」などといった感情や感覚の麻ひが生じたり，体験そのものが想起できない場合などである。乳幼児は，体験が未統合である上，周囲の多くの刺激に対処困難な状態である。このため，こうした心の防衛機制が働きやすいのが一般的である。

乳幼児は，養育者に守られ心的発達が進むことで，体験に対して意識や感覚が統合されていく。これは解離の特徴である体験の解体化とは逆の方向であり，通常であればどの子どももこの統合過程が進んでいく。愛着の対象がいないなど安心感が得られない場合，こうした統合が進まず，ゆえに解離が多用されたり，日常化して，ボーっとして過ごしたり，刺激の多い場面で凍りつくなどの状態が頻発すると筆者は考えている。
　解離が頻発することで，日々の体験を内化し積み上げられず，その結果，感じていることが分からない，日々の体験が振り返れないなどといった状態が起きやすくなる。このことが援助者とのかかわりを困難にさせ，関係をこじらせる1つの要因となってしまう。
　社会的養護にいる被虐待児の多くが，初期の心的発達課題を十分に獲得できぬまま年齢を重ねてきている。そのことが現在の生活を生きづらく困難なものとさせている。周囲への不信，衝動の制御のつたなさ，基本的なスキルの未獲得，解離の多用，外界認知のネガティブな歪み，自己評価の低さ，人とのかかわれなさ，万引きや暴力，性的逸脱など，問題を雪だるまのように増幅させ，さらなる生活の困難さへ続く悪循環のスパイラルの中に閉じ込められている。さまざまな症状や問題は確かに援助を困難にするが，一番困っているのは子ども自身であることを十分に認識する必要があろう。

2）身体的発達への阻害
　虐待を受けた子どもの身長や体重が著しく低い場合があることは，愛情遮断症候群や社会的孤立児などと呼ばれたケースで古くから指摘されていた。身長や体重が標準を大きく下回っていたのに，入院や施設入所によって急速に回復する（キャッチアップ）ケースは，複数報告されている（Suwa, 1995・藤永ら, 1987・増沢, 2001）。この場合，家で十分な食事が与えられてこなかったという背景もあるが，極度の緊張状態に置かれた場合や睡眠時間が一定でないなどの生活リズムの極端な乱れが，体の発育や機能に悪影響をもたらした可能性もある。身体の発育にとって必要な成長ホルモンの分泌は，脳の脳下垂体によって行われるが，不適切な養育環境が，こうした脳の働きにも影響をもたらすことが指摘されている。身長や体重の問題以外にも，脳の活動と密接にかかわる問

題として，皮膚の荒れや体温調整ができないことなどもある。
　友川（2006）や田村（2006）は，児童虐待と脳との関連を示唆した所見を複数紹介している。たとえば，虐待を受けて PTSD（心的外傷後ストレス障害）を発症した子どもの脳を MRI で調べたところ，前頭前野や脳梁の大きさが，通常の子どもよりも小さいこと（De Bellis, 2002）や，同じく虐待を受け，PTSD や解離性障害にかかった成人女性の左の海馬が小さいこと（Stein, 1997）。また，動物を用いた実験では，子どものラットに母子分離を長時間させるというストレスを与えたところ，海馬のシナプス形成が阻害されていたこと（Anderson, 1993）などである。
　脳の回路形成に重要なシナプスの過形成と刈り込み，髄鞘化という一連の発達は人生の極めて早期に生じるため，この時期の虐待等不適切な環境の脳への影響は決して無視できない。ただし，被虐待体験がどのように脳に影響を及ぼしていくかのメカニズムや明確な因果関係が解明されたわけではなく，所見を基にした仮説が提示されている段階に過ぎない。また，人生初期での脳の発達阻害がその後回復可能かという疑問もあろう。
　一方，脳のある箇所が損なわれたものの，他の箇所が替わってその機能を担うこと（脳の可塑性）で回復したとする症例も複数紹介されている。こうした症例が教えることは，脳が健康に機能し発達するためには，虐待など高度なストレス状況から解放され，一貫したリズムある生活と程よい刺激のある環境が用意されることが必要ということである。筆者の情短施設での臨床経験では，生来の身体疾患や障害がない限り，こうした生活環境が保障されれば，身長や体重の回復，体温の恒常性，皮膚の潤いなどの身体的側面は，かなり改善される印象がある。

3）過酷な環境を生き抜く過程で身につけてしまったもの
　これは，不適切な環境におかれたがゆえに，身につける必要のないものを身につけてしまうという側面である。先述したように，盗み，徘徊，嘘など子どもの素行の問題は，小学校低学年もしくは就学前からみられる場合がある。しかし，虐待状況に置かれたことで，空腹を満たすために盗まざるを得ないなど，「むべなるかな」と思えることが虐待ケースの中には少なくない。家庭裁判所

調査官研修所（2003）は，こうした盗みや徘徊などの非行を「虐待回避型の非行」として，虐待的環境への対処行動としてとらえた。ただし，こうした行動も，初期のうちに適切な対応がされず，長期化するうちに非行が常習化し，大きな問題へと発展してしまう危険性をはらんでいる。

　暴力に対する親和性を高めてしまうことも留意すべき側面である。身体的虐待やDVの目撃をはじめ，家庭内に暴力がまん延している場合，おとなや周囲に対する恐怖心が刻み込まれる可能性は容易に想像できるが，おとなの暴力行為を見続けたことで，暴力を用いることの抵抗感が低下することも押さえる必要がある。要求を満たすためには暴力が必要などの誤った認識が育ち，その結果自らの攻撃衝動を抑制する力を弱めてしまう。虐待を受けた子どもが，ささいなことで暴言や暴力に至りやすい背景には，心的発達の未熟さとともに，暴力への親和性を高めた可能性の検討も忘れてはならないということである。

　他方で，暴力同様，不適切な性的行動に対する親和性を高める場合もある。おとなの性行為やポルノ映像を子どもに見せることは性的虐待に含まれるが，ネグレクトの中に，おとなの世界と子どもの世界との境界があいまいで，不適切な性刺激にさらされた子どもたちがいる。こうしたおとなの行為を誤学習した結果，べたべたと人に近づく，話すときに相手の膝に手を置くなど，かかわり方に性的色彩が濃くなり，このことが他人とのトラブルや性被害の引き金になる場合がある。さらに，思春期年齢に至って性への混乱が生じ，不安定になることが少なくない。

4）トラウマ体験の後遺症

　生死にかかわるトラウマ体験が，その後の心的機能に影響を与え，不眠や悪夢，トラウマ体験との類似場面で不安やパニックを示すことがある。心的外傷後ストレス障害（PTSD）として知られている症状である。ただし，虐待を受け社会的養護の対象となる子どもたちは，一過性のトラウマ体験というよりも，脅威に満ちた出来事が日常化，慢性化した状況と理解すべきである。さらに，被虐待児の中には，日常的な虐待的状況に加え，たとえば毎日虐待を受け続けたことの上に，実母が突然いなくなった，あるいは突然目の前で死亡したなどの強烈な体験を有している子どもがいる。問題なのは，こうした体験を代弁し

て治療者などに伝えるおとなが子どもの周囲に存在しない場合が少なくないことである。そのため，フラッシュバックなどのPTSD症状があっても，具体的に何を体験したのかが分からない場合が珍しくない。また，小学校中学年くらいまでの子どもであると，幼児性の思考が残っており，自分が作った想像上のストーリーと客観的現実とが混同されがちである。たとえば，身近な人の死を自分が呪い殺したものと思い，死んだ母親がよみがえって自分を殺しに来ると信じておびえる小学4年生がいた。彼にとって不幸なことの1つは，その物語をじっくり聞いて修正してくれるおとなが家庭や地域に存在しなかったことである。自分の作りあげた恐ろしいストーリーを真実と思い込み，ひとりぽっちで恐れ苦しみ続けたケースであった。

5) 喪失体験

それまでの人生の中で，離婚，別居，転居などを繰り返している子どもが少なくない。それは人だけでなく，居場所や馴染んだもの（学校，保育園，自然，家具，玩具などなど）を喪失する体験である。幼い子どもであるほどにそれらとの別れや喪失はどれほど辛いものかは想像に難くない。社会的養護を担う者にとって十分留意すべきことは，子どもが保護され，その後の施設入所や里親委託さえも喪失体験となり，十分な配慮がなければ子どもに悪影響を残す可能性があるという認識である。

子どもは，家庭から離れるだけでなく，地域のさまざまな人たちとのつながりが断ち切られ，保育園や学校など家庭以外で多くを過ごした自分の居場所さえも失う危険をはらんでしまう。喪失による痛手を少しでも緩和できるよう十分に手立てを講じなければならない。

また人間は歴史的な存在であり，過去からの連続上に位置づけられる。しかし，家族分離によるケアによって，ややもすると子どもは人生という一連の流れが断ち切られ，分断した人生を送る事態にもつながりかねない。これを解決するためには，子どもが生まれ育った地域と施設や里親とがつながることである。これまでの社会的養護の実践は，この点において十分な配慮がされてこなかった。施設入所や里親委託の際には，家庭のみならず，地域でどのように暮らしてきたかに思いを馳せ，それまでの大切な地域資源とのつながりを維持す

ることである。家族支援は社会的養護における現在の大きな課題となっているが，まずは地域の良き資源や人々とつながることを忘れてはならない。

【参考・引用文献】

Bettelheim, B.（1950）Love is not Enough. New York：The Macmillan Company. 邦訳 村瀬孝雄・村瀬嘉代子訳（1968）『愛はすべてではない』誠信書房

Bowlby,J（1982）Attachment and Loss,Vl.1 Attachment. The Tavistock Institute of Human Relations. 邦訳 黒田実郎ほか訳（1991）『母子関係の理論Ⅰ愛着行動』岩崎学術出版社

Danya Glaser（2002）「Child Sexual Abuse」『Child and Adolescent Psychiatry FOURTH EDITION』Blackwell Science Ltd 邦訳 小杉恵訳（2007）「子どもの性的虐待」『児童青年精神医学』明石書店

Erikson,E.H（1963）Childhood and Society. W.W.Norton & Company. 邦訳 仁科弥生訳（1977）『幼児期と社会』みすず書房

藤永保・斎賀久敬・春日喬・内田伸子（1987）『人間発達と初期環境』有斐閣

家庭裁判所調査官研修所（2003）『児童虐待が問題となる家庭事件の実証的研究―深刻化のメカニズムを探る』司法協会

増沢高・内海新祐・大川浩明ほか（2008）「児童養護施設における困難事例の分析―児童養護施設に入所した195事例の検討」子どもの虹情報研修センター 平成19年度研究報告

増沢高（2009）『虐待を受けた子どもの回復と育ちを支える援助』福村出版

増沢高（2010）「情緒障害児短期治療施設の治療的援助と子どもたちの姿」『家庭裁判月報』第62巻第7号，家庭裁判所事務総局家庭局監修

Seizo Suwa（1995）A boy psychosocial short stature followed up from infancy to adulthood. Acta Peadiatricia Japonica37. 283-287.

滝川一廣（1990）「情短施設における心理治療」 杉山信作編『子どもの心を育てる生活』星和書店 pp.254 - 288

田村立（2006）「虐待が脳に及ぼす影響」『精神医学』.48（7） pp.724-732

友田明美（2006）『いやされない傷』診断と治療社

Trieschman, A.E., Whittaker, J.K., Brendtro, L.K.（1969）The Other 23 Hours: Child-Care Work with Emotionally Disturbed Children in a Therapeutic Milieu. New York : Aldine Transaction. 邦訳 西澤哲訳（1992）『生活の中の治療』中央法規出版

3章
里親たちの里子「療育」の日々
―― 養育家庭全国アンケート調査から

深谷昌志・深谷和子・青葉紘宇

はじめに

　厚生労働省は，平成24年4月に「施設の小規模化と家庭的養護の推進」を提唱している。厚労省の指摘を待つまでもなく，研究者たちは「日本の社会的養護システムが，経済発展国中に類を見ない規模の施設養育に依存し続けてきた」(津崎, 2012)とする。親から適切な養育が受けられない子どもは，どの社会にも，いつの時代にも，一定数いるが，そうした子どもたちは，日本の場合，現時点で12％が里親の家庭で養育され，88％は施設で養育されている（図1）。この12％という数字は，世界の中でも突出して低く，欧米では7ないし8割が里親のもとで育てられている。乳幼児期には，実親にせよ里親にせよ，家庭という小さな安定した環境での成長が，人格形成上最善の環境であることは，研究者も，また厚生労働省ですら，指摘しているのに，なぜそうした里親委託率の低い状況が生じているかは大きな問題である。

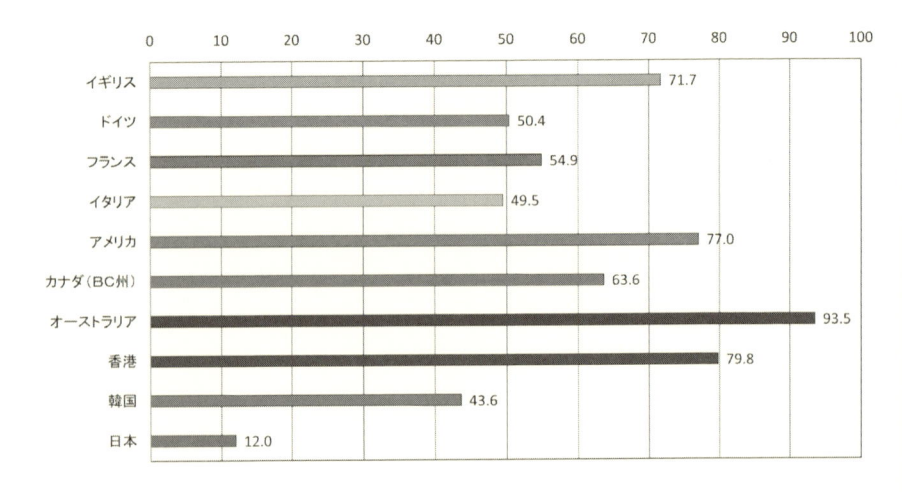

国	割合
イギリス	71.7
ドイツ	50.4
フランス	54.9
イタリア	49.5
アメリカ	77.0
カナダ(BC州)	63.6
オーストラリア	93.5
香港	79.8
韓国	43.6
日本	12.0

図1　里親委託率の国際比較資料

出典：平成23年度　厚生労働科学研究費補助金　政策科学総合研究事業「社会的養護における児童の特性別標準的ケアパッケージ」(研究代表者　開原久代) p.20より作成

社会的養護の今後をめぐって，必要とされる行政施策や民間の諸計画を進めるためには，基礎資料が必要であり，研究者や実践家によるさまざまな角度からの研究が進められなければならない。

　われわれは平成23年度から交付された厚労科研費補助金(3年間)を機にして，日本の里親が置かれている状況や，それぞれの里親による里子養育の状況を明らかにすることで，こうした基礎資料の一部を提供したいと考え，平成24年6月，「全国里親会」の協力によって養育里親対象に大規模なアンケート調査を行った。大なり小なり親から適切な養育を受けられなかった子どもを引き取って養育している里親とは，どんな人々か。里親たちの子育ての日々と，その中で抱えている育児困難の現状を明らかにし，里親支援のための資料を得たいと考えた。また，アンケート調査と同時に，2年間にわたって里親への面接調査（53事例）を行った。

　この章では，数々の表が登場するが，どのような項目を使って，こうした結果が得られたかを確認されたい方のために，本章末にこの研究で使用した調査票（資料1）を収録した。なお，専門家のための集計表やその他の資料は，巻末に収録してある。

1　全国調査の実施まで

　まず，全国調査の概要について述べる。
（1）調査票の作成に先立って，平成23年9月から行われた3地点（東京，那覇，静岡）33名の里親の面接調査の結果などを参照しながら，調査票（資料1）を作成した。
（2）全国66カ所の里親会に，それぞれの里親会（児相）が把握している養育里親家庭対象数の調査票を（大学宛ての返信用封筒を同封して）一括送付し，それぞれの養育里親への送付を依頼した。
（3）調査票の送付総数は2236部で，回収数は1209部，回収率は54.1％であった。送付期間は平成24年6月から7月，集計表を資料2として巻末に収録した。

この章では,アンケート調査と面接調査から得られた結果をもとに,里親の全体像をみていく。

2 対象となった里親と里子の属性

1) 里親の基本的属性

寄せられた回答を通して,里親とはどんな人々か,まずその基本的属性を表1に示した。

里母の年齢は,50代の41.5%をピークとして,50代から60代をあわせると66.1%に達する。30代以下の若い里親は極めて少ないが,これは,現在の年齢なので,里子受託時の年齢を表4上部に示した。それでも,里親の年齢がやや高い印象であるが,里親を志す動機が,実子に恵まれないことがわかった時期

表1 里親の基本的属性(%) N = 1209

		30代以下	40代	50代	60代以上	いない	
年齢	里母	5.3	28.4	41.5	24.6	0.2	
	里父	4.3	19.7	38.7	34.8	2.4	
職業	里母	専業主婦	自営	勤務者	その他	いない	
		53.2	13.5	22.6	10.6	0.1	
	里父	勤務者	自営	その他	いない		
		54.1	25.4	17.7	2.8		
家族	人数	2人家族	3人	4人	5人	6人	7人以上
		2.9	31.8	26.0	15.0	11.5	12.9
	里子数	1人	2人	3人	4人		
		65.6	20.2	6.3	6.9		
	同居の実子数	0人	1人	2人	3人		
		44.3	32.8	15.1	7.8	(実子が同居55.7)	
	同居の祖父母	0人	1人	2人	3人		
		67.6	20.1	9.1	3.2	(祖父母同居32.4)	
居住地		北海道	東北	関東	東京	北陸	中部
		9.4	7.6	25.9	9.5	3.4	11.0
		近畿	中国	四国	九州	中部に東海を含む	
		12.2	6.5	2.8	11.7	九州に沖縄を含む	

が40代と遅い場合が多いことと，また子育てや親の介護を終えた人々が，社会貢献の1つとして里親を志願するためと考えられる。

さらに里母の仕事の有無をみると，専業主婦は53.2％，働く母親は22.6％。しかし自営業従事者13.5％も「働く母親」とみなせば，全体の48.0％となり，半分近くが仕事を持ちながら里母をしている。働きながら里子養育をする人々に対する社会的個人的支援は，果たして十分なのだろうか。

さらに家族サイズをみると，3人家族が31.8％，4人家族26.0％を含めると約6割が，3，4人の小さい家族である。また現在育てている里子数は，1人が65.6％と多数で，きょうだいをあずかったり，また，やや成長した里子の同意を得て，次の里子を迎えるケースもあり，2人が20.2％となっている。なお，祖父母（または一方）と同居している家族は3割である。むろんすでに自立した里子も多数おり，なぜか里親は複数の里子を養育するのが一般的な姿のようにみえる。

次に表2は，実子の数である。実子のいない里親は44.3％，実子がいて里親をしている人々は55.7％と，実子の有無はほぼ半ばしている。なお，実子がいる場合，多くの里親は実子と里子とのきょうだい関係を配慮しつつ，里子の委託時期や年齢を選択している印象を受ける。しかし，里子を迎えることで，家族のダイナミクスに複雑な問題が生じるケースもあり，時にそれが養育返上につながる場合も出てくる。ある里親は，「里親を引き受け受けるかどうかは，夫婦だけの問題ではなく，子どもたちの問題でもあり，それに配慮が不足していたかもしれない」と面接調査の中で述べている（事例101）。

なお，以下の事例については，事例番号1から33までは本プロジェクトの平成23年度報告書（事例研究）に，事例番号101から309までは24年度報告書[1]（事例研究）に収録されている。

表3によれば，専門里親が2割である。専門里親とは，家庭での親密な援助

表2　実子の数

実子の人数	いない	1人	2人	3人	4人以上
割合（％）	44.3	13.3	16.0	14.6	11.8

表3 専門里親か, 養育里親か (%)

専門里親	21.3
養育里親	78.9

表4 里親になった年齢と当時の住居形態 (%)

里母の年齢	30代前半	30代後半	40代前半	40代後半	50代前半	50代後半
	9.0	16.7	23.8	23.8	13.9	12.8
住居形態	一戸建て	4階以上	3階以下	その他		
	83.5	8.2	4.1	4.1		

関係を必要とする被虐待児などに、家庭復帰を前提として、問題の改善や治療を図り、自立を支援することを目的とした里親制度である。専門的ケアが必要とされる児童（2人以内）を対象として、原則として2年以内の期間で、特別な資格要件を満たした里親に委託する。しかし現状のような研修内容とキャリアの評価で、被虐待児の「療育者」としての役割が果たせるかどうかにはいささか疑問も感じる。

表4に里親になった年齢と住居形態を示したが、30代かそれ以下で里親になった者は4分の1である。住居形態は1戸建てが83.5%と圧倒的で、高層マンションやアパートでの里子養育はきわめて少ない。里親の面接調査の印象では、地価が高く、住宅の密集する大都市の居住環境は、里子の養育に向いていないことを感じた。

表5「里親を思い立った理由」をみると、「実子がなくて」とか、「実子はいるがきょうだいがあったほうがいいと思って」など、「家族的事情」から里親を思い立った者が、あわせて46.5%、人の役に立ちたいなど「社会貢献をしたくて」が、60.7%となっている（複数選択）。また、表5の「6.その他」24.2%には、かなりの割合で「子どもが好きなので、一種の仕事として」という声が含まれていた。しかし、「仕事としての里親」は子どもビジネスの一種と誤解されやすいとは里親の声である。しかし、社会的養護の将来を考えると、幼稚園教諭や保育園保育士のように、子どもとかかわりたくて「保育職」につく人々がいるように、里親を「養育職」としてもいいのではないか。家族的事情から里

表5　里親を思い立った理由（複数選択）（％）

家族的事情	1. 実子がなく，養子が欲しくて	39.6
	2. 実子にきょうだいが欲しくて	6.9
社会貢献	3. 子育てが一段落し，役に立つ仕事を	19.1
	4. 養護施設に働いていたから	7.5
	5. 親が育てられない子を助けたくて	34.1
その他	6. その他	24.2

表6　里親環境（周囲に里親がいたか）（％）

いなかった	72.6
1人いた	11.5
何人かいた	15.9

親になった人々を，仮に「家族事情型（Ⅰ型）」とし，社会貢献がしたくて里親を選択した人々を「社会貢献型（Ⅱ型）」とし，表に隠されている（子どもとかかわる仕事の一種として選択している人々を）「養育職型（Ⅲ型）」と命名してみる。中でもⅢ型は，日本の里親委託率の現状12％を諸外国に近づけようとしたら，今後社会的に認知し，プッシュしてもいい動機の所有者ではなかろうか。この点は，5章提言の項でも述べる。

　表6では「里親環境」をみている。世界には，特別な動機がなくても，ふつうのことのように里親――養育家族――をしている社会がある。たとえばアメリカがその1つで，目の色や肌の色が違う子が，1軒の家に何人もいて，養子を迎えることが当たり前の社会である。離婚や再婚が多く，家庭内に複雑な背景を持つ人々が同居していて，その上に，人種的な多様さが加わるので，肌の色の違う子どもがいても，日本で考えるような違和感を持たないですむ。そうした社会と比較すると日本の家族は同質的なので，里子にとっては，里子というだけで好奇な目で見られるのではなかろうか。

　異質のものを受け入れる文化的な土壌に乏しい日本の中で，里親を思い立ったのはどんな人々か。表6が示すように，「周囲に里親はいなかった」者が72.6％と多数を占める。面接調査の中で「自分は一種の変わり種と周囲から見

られている」との里親の声を聞くことがあった(事例105)。里親を志向した人々の中には，未婚の時代から，または子ども時代から，なぜか自分の中に福祉的な関心とも言うべきものを持っていた人々もおり(事例19)，また自分や配偶者の親の境遇から触発されたケースもあった（事例106)。

2) 里子の基本的属性

まず表7に抽出児Aの属性，表8に委託時年齢と委託期間を示した。里親の間には，里子を早期に委託してほしいとの声がしきりであり，また後に見て行くように，そのほうが里母里子間の愛着形成上も良好な結果が見られるが，委託年齢が0歳から2歳までの子どもは，全体の41.7％である（表8)。

表9は，Aが里家に委託されるまでどこで成長していたか(ルーツ)を示している。乳児院，児童養護施設など，施設を経験して委託された子どもが64.4％と多数を占める。他方，実親の家庭から保護されて，直接里家に委託された子どもは23.4％である。他の里親や親族を経由してきた子どもは4.8％，不明が7.0％となっている。

表10はAが被虐待児かどうかを示している。ここでは，「親から虐待を受けた」が37.4％にとどまる。しかし，委託時に児相が詳しい資料を示さなかった場合も少なくないと聞く。したがって「不明」も含めると，実際に虐待を受けた子は37.4％よりはるかに多いと考えられる。虐待の有無については，次章でやや詳しい検討を加える予定である。

3) 里子の身体的発達と性格傾向——抽出児をめぐって

ここからは，里子の心身発達の現状と，里家に委託されてからの成長をみていく。そのために，里子の1人を対象児として抽出し，里子の委託時と現在の心身発達の状況を比較することにした(現在1人しか里子がいない場合は，その里子をAとして，また複数の里子をあずかっている場合は，いちばん委託期間が長い里子をAとして，以下，Aについて聞いている)。

① 抽出児Aの身体的側面と変化

まず里家に委託された当時と現在では，体の発達や心の発達がどう変化したか，里親が記入した内容をみていく。表11は委託当時に「食べ過ぎる，偏食が

表7 抽出児Aの基本的な属性（現在）（％）

年齢	5歳未満	6〜10歳	11〜15歳	16〜20歳	21歳以上	
	26.8	29.7	25.4	17.2	0.9	
性別	男子	女子				
	52.4	47.6				
学校段階	乳幼児	幼稚園	小学校	中学校	高校	大学等
	9.5	17.2	35.5	15.1	17.9	4.8

表8　Aが委託された年齢，現在までの委託期間（％）

委託年齢	0歳	10.3
	1〜2歳	31.4
	3〜4歳	22.3
	5〜6歳	12.2
	7歳以上	23.9
期間	1〜2年	26.0
	3〜4年	18.6
	5〜6年	11.6
	7年以上	31.4

表9　Aのいた環境（里家に委託されるまで）（％）

1. 乳児院から	35.9
2.（乳児院から児童養護施設に移って）児童養護施設から	19.5
3.（乳児院を経験せずに）児童養護施設から	9.0
4. 実親の家庭から（一時保護所経由を含め）	23.4
5. 他の里親や親せきの家から	4.8
6. わからない・その他	7.0

表10　Aの委託理由（複数回答）（％）

1. 親からの虐待	37.4
2. 実親の死亡・病気	13.4
3. その他	45.1
4. 不明	8.0

表11　Aの身体状況1（委託時）（％）

	とても	わりと	小計	少し	あまり	全く	乳児
1. 食べ過ぎる	15.4	12.7	28.1	10.1	22.7	28.9	10.2
2. 偏食が多い	14.4	12.4	26.8	15.2	17.8	29.7	10.5
3. 身長が小さい	9.2	13.2	22.4	14.0	21.4	34.4	7.9
4. 言葉の遅れ	10.9	10.2	21.1	13.9	16.8	36.6	11.5
5. やせている	8.2	12.2	20.4	13.5	20.9	38.0	7.4
6. 知的遅れ	6.5	8.9	15.4	16.9	17.4	39.9	10.5

表12　Aの身体状況2（現在）（％）

	とても	わりと	小計	少し	あまり	全く	乳児
1. 食べ過ぎる	3.1	9.6	12.7	13.4	27.2	44.9	1.8
2. 偏食が多い	4.6	11.6	16.2	18.3	20.0	43.7	1.8
3. 身長が小さい	3.3	9.3	12.6	13.9	16.1	55.9	1.4
4. 言葉の遅れ	2.0	6.1	8.1	11.8	15.9	62.1	2.2
5. やせている	1.8	7.8	9.6	13.3	22.2	53.5	1.4
6. 知的遅れ	3.1	7.4	10.5	12.2	17.8	57.3	2.1

多い，身長が小さい，言葉の遅れ，やせている，知的遅れ」などの徴候があったかどうかである。「とてもそう・わりとそう」の小計の大小順に並べてある（右端の乳児とは，幼い段階で発達が判断できない場合で，集計から除いてある）。

　表12は現在の状況で，委託時同様に食事問題が上位にあり，知的遅れはやや少ない。

　表13は委託当時と現在の比較である。右から2番目の「全くそうでない」の数字に着目すると，「食べ過ぎる」の場合，委託当時に「全くそうでない」とした者は28.9％だったが，現在では44.9％。この数字が示すように，問題状況が改善されているのがわかる。里親の家に来た頃は，施設の食事と違って，いくらでも食べられるという解放感からなのか，それとも新しい環境に置かれたストレスを解放するためなのか。しかし，里親の家で暮らすうちに安定して，普通の食生活に落ちつくのではなかろうか。同様の傾向は6項目すべてにみられ，「偏食が多い」についても同様で，委託時に比べて，現在は「全くそうでない」

表13 Aの身体状況3（委託当時と現在の比較）（%）

		とても	わりと	小計	少し	あまり	全く	（乳児）
1. 食べ過ぎる	委託時	15.4	12.7	28.1	10.1	22.7	28.9	(10.2)
	現在	3.1	9.6	12.7	13.4	27.2	44.9	(1.8)
2. 偏食が多い	委託時	14.4	12.4	26.8	15.2	17.8	29.7	(10.5)
	現在	4.6	11.6	16.2	18.3	20.0	43.7	(1.8)
3. 身長が小さい	委託時	9.2	13.2	22.4	14.0	21.4	34.4	(7.9)
	現在	3.3	9.3	12.6	13.9	16.1	55.9	(1.4)
4. 言葉の遅れ	委託時	10.9	10.2	21.1	13.9	16.8	36.6	(11.5)
	現在	2.0	6.1	8.1	11.8	15.9	62.1	(2.2)
5. やせている	委託時	8.2	12.2	20.4	13.5	20.9	38.0	(7.4)
	現在	1.8	7.8	9.6	13.3	22.2	53.5	(1.4)
6. 知的遅れ	委託時	6.5	8.9	15.4	16.9	17.4	39.9	(10.5)
	現在	3.1	7.4	10.5	12.2	17.8	57.3	(2.1)

の数字が大幅に増加している。身体的状況は，家庭養育の効果であろうか，かなり改善されたことがわかる。

② 抽出児Aの性格的側面と変化

　里子の性格的な特徴については，先行研究を参照しながら，里親面接の事前アンケート（巻末資料3）でも，16個の項目を使って，里子の性格について里親の印象を確かめた。その項目を使用して，「素直でない」から「物やお金をとる（持ち出す）」までの16項目について，「とてもそう」から「全くそうでない」まで5段階の評価を求めた。ただし，集計の過程で「1人でいるより，集団でいる方が好き」は，1人では安定しないとする，ネガティブな傾向と考えたが，この項目は里親たちに「社会性」と判断されたようで，方向性が逆であることが判明したため，集計段階では省いて，15項目で処理をした。また，表の項目は，「とても・わりと」の小計の大小順に並べてある。

　たとえば「素直でない」をみると，小計が44.4%と，委託当時の里子たちは「素直でない」傾向が一般的だったことがわかる。同じように，「甘えたがる」や「人の顔色を見る」「感情の起伏が激しい」「落ち着きがない」などが35%を超えており，委託当時の里子たちに性格特徴の偏りがみられる。

　表14は，里子の委託時の性格傾向であったが，そうした傾向はその後，ど

表14　Aの性格1（委託当時）（初めの数カ月くらい）（％）

性格の特徴	とても	わりと	小計	少し	あまり	全く
1. 素直でない	24.5	19.9	44.4	19.3	15.8	20.5
2. 甘えたがる	22.8	20.5	43.3	19.2	20.6	16.8
3. 人の顔色を見る	19.5	21.9	41.4	21.6	20.4	16.6
4. 感情の起伏が激しい	21.2	17.5	38.7	17.5	24.1	19.7
5. 落ち着きがない	19.4	17.7	37.1	20.5	19.6	22.7
6. わがまま	17.7	17.5	35.2	18.4	23.6	22.8
7. 反省心がない	14.9	16.6	31.5	17.2	21.8	29.4
8. すぐに泣く	14.0	15.1	29.1	13.7	28.8	28.4
9. 人に心を閉ざす	11.7	12.0	23.7	21.3	27.4	27.6
10. よく嘘をつく	12.1	11.1	23.2	18.3	23.2	35.3
11. パニックを起こす	11.7	10.1	21.8	16.3	27.0	34.9
12. よく約束を破る	10.1	9.9	20.0	16.1	27.0	36.9
13. 言葉が乱暴	7.6	8.2	15.8	13.8	26.9	43.6
14. すぐに暴力を振るう	6.7	9.0	15.7	11.5	23.8	48.9
15. 物やお金をとる	5.1	5.9	12.0	8.0	16.4	64.6

うなったか。表15は現在の性格傾向である。上位5位までの小計の数字をみると，1位が「甘えたがる」，次いで「わがまま」，以下は「素直でない」「感情の起伏が激しい」「落ち着きがない」の順で，委託時と比べ大きな変化はみられない。

なお，表14，表15の結果を用いて，委託当時（初めの数カ月）と現在の性格面での変化をみると，①性格傾向の偏りは，すべての項目で減少している。②その中で，「とても＋わりと」の数値を使って，改善のやや大きい項目をみると，「人の顔色をみる」「人に心を閉ざす」が大きく，次いで「素直でない」「感情の起伏が激しい」「落ち着きがない」「すぐに泣く」「人に心を閉ざす」「パニックを起こす」が続く。

これらの項目の構造をみるために，15項目の数値（現在）を使って，因子分析を試みたのが，表16である。

表が示すように3因子が抽出された。第1因子は「感情の起伏が激しい」「すぐに暴力を振るう」「パニックを起こす」などの特徴から「精神的不安定さ」と命名し，第2因子は「よく嘘をつく」「よく約束を破る」「反省心が無い」「物

表15　Aの性格2（現在）（％）

	とても	わりと	小計	少し	あまり	全く
1. 素直でない	13.4	18.2	31.6	26.1	19.9	22.4
2. 甘えたがる	12.5	24.7	37.2	26.9	20.4	15.4
3. 人の顔色を見る	6.8	16.6	23.4	27.3	28.2	21.1
4. 感情の起伏が激しい	10.9	15.7	26.6	22.1	29.3	22.0
5. 落ち着きがない	6.7	17.9	24.6	24.4	25.8	25.3
6. わがまま	9.4	24.6	34.0	26.1	24.4	15.5
7. 反省心がない	8.1	15.1	23.2	23.4	22.7	30.8
8. すぐに泣く	5.6	12.0	17.6	17.6	30.8	34.0
9. 人に心を閉ざす	2.9	6.6	9.5	15.9	32.5	42.0
10. よく嘘をつく	6.0	10.5	16.5	19.6	24.3	39.6
11. パニックを起こす	3.8	6.4	10.2	15.3	29.6	45.0
12. よく約束を破る	6.0	10.2	16.2	19.2	24.7	39.8
13. 言葉が乱暴	4.5	10.1	14.6	20.4	24.5	40.4
14. すぐに暴力を振るう	2.6	6.0	8.6	12.6	24.4	54.5
15. 物やお金をとる	1.8	4.8	6.6	9.1	16.4	67.9

表16　里子の性格（現在）の因子分析

	第1因子 精神的な不安定さ	第2因子 反社会性	第3因子 寄る辺のなさ
感情の起伏が激しい	○ 0.815	0.236	0.198
すぐに暴力を振るう	○ 0.776	0.121	0.155
パニックを起こす	○ 0.738	0.153	0.175
言葉が乱暴	○ 0.706	0.365	− 0.038
わがまま	○ 0.621	0.374	0.209
素直でない	○ 0.592	0.472	0.158
落ち着きがない	○ 0.520	0.247	0.435
よく嘘をつく	0.236	○ 0.840	0.159
よく約束を破る	0.311	○ 0.809	0.147
反省心が無い	0.368	○ 0.809	0.094
物やお金をとる（持ち出す）	0.085	○ 0.747	0.008
心を閉ざす	0.355	○ 0.503	− 0.064
甘えたがる	0.308	− 0.118	○ 0.731
すぐ泣く	0.250	0.042	○ 0.707
顔色を見る	0.115	○ 0.505	○ 0.505
（負荷量平方和）分散	41.5%	10.9%	7.6%

因子抽出法・主成分分析　回転法・バリマックス法　　○ = 0.50 以上

やお金をとる（持ち出す）」などの特徴から「反社会性」，第3因子は，「甘えたがる」「すぐ泣く」「顔色を見る」などの特徴から，「寄る辺なさ（依存性）」と命名した。このうち，第3因子は，内容的には「依存性」を示すようにも見受けられる。しかし人への「依存性」は，人を信頼し期待する特性の意味もあるが，里子の示すこれらの特徴は，人への信頼というよりも，他人から受け止めてもらえないことからの不安を意味すると考えられる。したがって「寄る辺のなさ」と命名した。里子の心の寂しさを示すかのような因子である。

③それまでの生活環境と虐待の影響

　また，里家に委託されるまでの環境と性格との関連については，表17に示した。生活環境による影響は，「7.反省心がない，9.人に心を閉ざす，10.よく嘘をつく，12.よく約束を破る，13.言葉が乱暴」「3.人の顔色を見る，5.落ち着きがない，15.物やお金をとる」で有意な差がみられる。たとえば4つのルーツのうち，乳児院から来た子は，「3.人の顔色を見る，10.よく嘘をつく，12.よく約束を破る，13.言葉が乱暴，15.物やお金をとる」（情緒不安定性因子と反社会性因子）の数値が最も低くなっている。逆に施設環境から来た子は，「5.落ち着きがない，7.反省心がない，9.人に心を閉ざす，13.言葉が乱暴」の数値が高くなっている。乳児院から里親の家に来た子は，施設養育の期間が短いだけでなく，実親の下でダメージを受けた期間が短い（または全くない）こともあって，性格上の問題が少ないのであろう。逆に施設に置かれた子は，たとえ職員から心のこもった養育を受けても，環境そのものの特殊性から，①親代理（施設職員）との関係は希薄で，②子どもの間には競争があり，③ウイニコットの言う「移行対象」（transitional object）としての自分の物（おもちゃや衣類など）が得られない環境下で成長することで，情緒や社会性の点で　問題が発生すると考えられる。

　次に虐待経験との関連が，表18，表19である。委託当時の性格では，「8.すぐに泣く」以外のすべての項目で，虐待された子どもが性格上の影響を受けている。

　しかし，表19にみるように，しばらく時間が経過した現在では，虐待を受けた影響は大きく減少し，有意差のある項目は14個から5個に減っている。それでも，虐待が時間を経過してもなお跡を引くのは，「2.甘えたがる，3.人の顔

3章 里親たちの里子「療育」の日々

表17 Aの性格（委託当時）×委託までの環境（とても・わりとの%）

	全体	実親家庭	乳児院	施設短期	施設長期	p
1. 素直でない	44.4	43.7	41.4	52.1	52.3	(0.059)
2. 甘えたがる	43.3	38.2	34.6	35.1	44.9	(0.173)
3. 人の顔色を見る	41.4	48.0	33.8	48.9	41.4	*
4. 感情の起伏が激しい	38.7	36.8	36.5	44.8	42.8	(0.064)
5. 落ち着きがない	37.1	36.2	34.6	35.1	44.9	*
6. わがまま	35.2	35.1	30.0	45.3	41.2	(0.406)
7. 反省心がない	31.5	18.9	18.6	39.8	38.8	**
8. すぐに泣く	29.1	26.4	32.9	26.6	27.9	(0.164)
9. 人に心を閉ざす	23.7	31.7	17.6	22.4	26.2	**
10. よく嘘をつく	23.2	27.1	11.7	30.8	30.9	**
11. パニックを起こす	21.8	18.9	23.0	19.3	23.5	(0.547)
12. よく約束を破る	20.0	23.8	10.8	29.8	25.1	**
13. 言葉が乱暴	15.8	17.6	7.2	25.6	21.2	**
14. すぐに暴力を振るう	15.7	14.8	14.1	19.1	16.5	(0.120)
15. 物やお金をとる	14.4	14.5	4.6	12.9	15.6	*
平均	28.9	30.1	24.1	32.5	32.9	

＊ p<.05　　＊＊ p <.01　　＊＊＊ p<.001

表18 Aの性格（委託当時）×虐待経験の有無（「とても・わりと」の%）

	全体	虐待あり	虐待なし	p
1. 素直でない	44.4	50.0	40.7	*
2. 甘えたがる	43.3	51.1	38.3	***
3. 人の顔色を見る	41.4	47.5	37.4	***
4. 感情の起伏が激しい	38.7	47.2	33.1	***
5. 落ち着きがない	37.1	43.4	33.0	***
6. わがまま	35.2	44.9	28.9	**
7. 反省心がない	31.5	40.1	25.8	***
8. すぐに泣く	29.1	31.6	27.5	(0.059)
9. 人に心を閉ざす	23.7	30.9	18.9	***
10. よく嘘をつく	23.2	30.2	18.5	***
11. パニックを起こす	21.8	27.5	18.1	***
12. よく約束を破る	20.0	28.0	14.7	***
13. 言葉が乱暴	15.8	21.5	11.9	***
14. すぐに暴力を振るう	15.7	20.4	12.7	***
15. 物やお金をとる	11.0	16.2	7.6	***
平均	24.4	35.4	23.6	

＊ p<.05　　＊＊ p <.01　　＊＊＊ p<.001

表19 Aの性格（現在）×虐待経験の有無 （「とても・わりと」の％）

	全体	あり群	なし群	p
1. 素直でない	31.6	31.4	31.8	(0.636)
2. 甘えたがる	37.2	41.2	34.7	***
3. 人の顔色を見る	23.4	28.4	20.1	***
4. 感情の起伏が激しい	26.6	30.6	24.0	**
5. 落ち着きがない	24.6	24.8	23.9	(0.214)
6. わがまま	34.0	34.2	33.8	(0.414)
7. 反省心がない	23.2	27.2	20.7	(0.055)
8. すぐに泣く	17.6	18.8	17.0	(0.728)
9. 人に心を閉ざす	9.5	11.8	8.1	***
10. よく嘘をつく	16.5	20.3	14.1	(0.116)
11. パニックを起こす	10.2	12.6	8.8	*
12. よく約束を破る	16.5	19.9	13.9	(0.086)
13. 言葉が乱暴	14.6	14.2	14.8	(0.294)
14. すぐに暴力を振るう	8.6	8.9	8.4	(0.519)
15. 物やお金をとる	6.6	8.1	5.6	(0.281)
平均	20.1	22.2	18.6	

＊ p<.05　　＊＊ p <.01　　＊＊＊ p<.001

色をみる，9. 人に心を閉ざす」や「4. 感情の起伏が激しい，11 パニックを起こす」の項目で，「人への警戒心」と「セルフ・コントロールが困難」な傾向である。

しかし子どもは，通常の環境で育った場合でも，成長とともに学校生活など，外の世界での体験が多くなり，性格的な改善（成長）が生じる。したがって，性格面の改善が里親養育の結果であることは確かだとしても，学校生活のもたらす側面も大きいと思われる。次に里子の学校適応をみてみる。

4）学校生活への適応

家庭の持つ「閉ざされた人間関係」の中で見せる里子の姿には問題も残っているようだが，外の世界での適応はどうか。

表20では，学校生活への適応を見ている。里子たちは，学校については「とても好き」（47.5％）と，「やや好き」（18.3％）を合わせると65.8％で，「学校が好き」が7割を占める。しかし勉強は「とても嫌い」と「かなり嫌い」をあわ

表20 学校生活への適応 (%)

学校は	とても嫌い	かなり嫌い	嫌い小計	ふつう	やや好き	とても好き	好き小計
	2.2	5.9	8.1	26.1	18.3	47.5	65.8
勉強は	とても嫌い	かなり嫌い	嫌い小計	ふつう	やや好き	とても好き	好き小計
	19.0	27.3	46.3	36.4	12.5	4.9	17.4
成績	下の方	中の下	小計	中	中の上	上位	小計
	27.5	18.4	45.9	28.0	17.3	8.7	26.0
学校の友だち関係	あまりよくない	ふつう	わりとよい	とてもよい			
	12.1	36.2	29.6	22.1			

せて46.3%に達し，半数が勉強の嫌いな子どもたちである．当然，成績は中の下から下が45.9%を占める．その反面，成績が上位や中の上の子も2割弱いる点にも目を向ける必要がある．

なお，友人関係は，「ふつう」が36.2%で，「わりとよい子」(29.6%)と「とてもよい子」(22.1%)をあわせると51.7%となる．里子たちが，家庭という人間関係の密な環境より，外の解放的な世界のほうにより適応しているのが興味深い．

3　里親の育児困難の現状

ここからは，里親たちの「育児困難」と表現されるような日常についてみていく．

1）退行（赤ちゃん返り）をめぐって

表21は，児相用語で「赤ちゃん返り」と呼ばれている行動，里家に委託された初めの頃に引き起こす一時的な退行（リグレッション）の有無である．退行とは，精神分析学では自我防衛機制の一種として扱われている．欲求が阻止されると，欲求を満たすことができていた以前の発達段階に，無意識に後退するこ

表21　退行現象(「赤ちゃん返り」)の有無　(%)

1. なかった	38.8
2. 多少あった	25.2
3. 確かにあった	23.7
4. 大変だった	12.3
あった (3 + 4) 小計	36.0

表22　退行のあった時期　(%)

始まり	すぐ	1カ月	2～3カ月	4～6カ月	7カ月～
	22.5	37.2	19.3	13.7	7.4
継続期間	1～2カ月	3カ月	4～6カ月	7カ月～1年	1年～
	14.4	14.0	22.4	26.0	23.2

ととされる。これは、ある種の「脅威」に直面したときに、子どもが不安から逃れるためにする(逃避)行動の一種である。

　この点に関連して、何人も里子を養育してきた、あるベテランの専門里親は次のように言う。「委託されて間もない頃の第1関門は、『赤ちゃん返り』や『試し行動』と、やさしげな名前をつけるような種類の行動への対応ではなく、心に傷を負った子に里親が、まさに『療育』を求められるときだと思います。とりわけ、赤ちゃんのときに虐待を受けた子には、『ひよこの刷りこみ』のように、怖い、辛い、寂しいなどの負の感情が刷りこまれており、その後の考え方、感じ方の基本が負の要素から成り立ってしまっているかに思います。それほどこうした里子を育てることは大変です」(事例01からの聞き取り)。

　全体としては、退行が「なかった」が38.8%、「多少あった」は25.2%、「確かにあった」23.7%、「大変だった」12.3%となっていて、「しっかりあった」とする者は、3と4をあわせて、36.0%に達する。この数字は、里親の家庭に委託された際の里子の不安と混乱、適応の難しさを示している。

　なお、表22に、退行のあった時期を示した。退行のあった子についていえば、「すぐ」、または「ほぼ1カ月まで」に始まる子が6割を占める。しかし、継

続期間は，1〜2カ月で終わった子が14.4％，3カ月くらいが14.0％，半年近くが22.4％，7〜8カ月から1年くらいが26.0％，1年以上も23.2％と，バラツキが大きい。これは，退行は受託後すぐに始まるが，収まるのは個人差が大きいことを示している。

2）愛着形成
①気持ちの通じ合い

　面接調査で，育児困難の日々についての里母のナラティブに接する中で，ある里親がこんな表現をした。「里子を育てるのは大変だろうとは思っていましたが，実子のときと大きく違うのは，いくら心をこめて育てても気持ちの通い合わない子どもを育てる大変さかもしれません」。

　心理学で使われる用語の中に「愛着（attachment）形成」がある。この概念を精神科学の領域に導入したのは，ロンドン生まれの精神科医ボウルビィ（Bowlby, J. M.）で，これを「ある特定の対象に対して，強い情緒的むすびつきを持とうとする人間の特性」と定義している。赤ん坊が母親に向ける愛着は，母親の側では，「いとしさ」や保護の感情となって，母親の育児行動を喚起する。エインワース（Ainsworth, M. D. S.）は，その特色を①愛情を暗に含む，②特異的，弁別的，③行動に現れるので観察可能，④能動的，⑤相互的としている。

　里親の養育行動の持続を阻む最大の要因は，里子へのケアの労力や難しさよりも，生まれ育った環境が作りだしたある種の人格上の不具合，すなわち「愛着行動」を里母に示さない里子を養育していかなければならない里親の日々であることが，冒頭の里母の言葉の中に表現されている。

　子どもの「愛着（attachment）形成」（母親側からは「きずな形成（bonding）」）についての研究は，これまで多く質的な研究方法で行われてきたが，今回アンケート調査の機会を与えられて，1つの項目を用いての量的なとらえ方を試みることにした。多くの言葉から選び出したのが，「子どもとの間に気持ちが通じ合うか」である。

　子どもと親との間に強いむすびつきの状態と相互信頼の関係が形成されれば，それは「気持ちの通じ合い」という表現でとらえられるのではなかろうか。言葉の有無にかかわりなく，自分に対する相手の信頼を感じ，自分も相手に信頼

を感じる。そして，相手の働きかけに応えようとする自分がいて，自分の働きかけに応えてくれる相手がいる。そうした状態を，仮に，愛着(里親側からはきずな)の形成と考えて，この項目を設定した。

ただし，「こころ」の問題は微妙で，質問次第ではどのようにも反応されるので，ストレートに聞けば，「たてまえ」が優先してしまう可能性もある。そこで，次のようなリード文をつけることにした。

＜質問項目＞
「子どもを何人か育てたお母さんは，実子の中でも，<u>なんとなく気が合わない（気持ちが通じにくい）</u>子がいると言っています。あなたはAちゃんとの〈現在の（里）親子関係〉について，どんな感じをお持ちですか」
    1　どうしても，Aちゃんとは気持ちが通じ合わない
    2　時々，Aちゃんと気持ちが通じないと思うことがある
    3　わりと，Aちゃんと気持ちが通じている
    4　とても，Aちゃんと気持ちが通じている

この設問に対する結果を表23に示した。「どうしても，Aと気持ちが通じ合わない」，つまり，愛着形成(里母の側からはきずなが形成)に不具合を感じている里母はわずか3.5％にとどまるが，「時々，通じないと思うことがある」とした者は，28.9％で，両者を合わせると，3割を超える里親が里子とのきずなの形成に，つまずきを経験している。もっとも，養育を返上し，今回のサンプルに入っていない元里親の数を考えると，十分なきずな形成ができなかった人々の割合はもっと多数に及ぶと思われる。

愛着の形成は里子・里親の中枢を占める項目なので，設問のあり方が重要で

表23　Aと気持ちが通じ合うか　（％）

1.気持ちが通じ合わない	3.5
2.時々通じないことがある	28.9
3.わりと通じる	37.7
4.とても通じる	30.0

ある。この調査結果では，表の数字にはある程度の分散がみられ，今回の設問で里子との「きずなの形成」をある程度まで把握できると考えてよさそうである。しかし厳密には，後続の研究者による追跡が行われて，この設問による測定の有用性が検証される必要があろう。しかし本稿では，愛着ときずなの形成がある程度までこの結果を用いて把握できると考えて，以後，他の要因との関連をみていくことにする。

②愛着―養育過程を支えるもの

　親から引き離されて保護された里子たちの多くは，通常でない体験をしている。親からの虐待やネグレクトもあれば，親からの別離を経験して，知らない環境下に置かれることになった子どもたちもいる。2章の「虐待の影」の自由記述に見られたように，彼らの住む世界は，想像の域を超える冷たさと荒々しさをもって彼らの周囲に広がっている。こうした世界に住む里子たちが，ふつうの「子どもイメージ」とは違った種類の行動をするのは当然で，里親は事前の研修を受けてきていても，そうした行動を目の当たりにすれば，時に立ちすくむ思いがするに違いない。そうした子どもたちを，施設のように8時間交替ではなく，24時間自分の腕の中に抱えていく。しかし溢れるばかりの愛と優しさをもって里子に臨もうとしても，それがしばしば相手に伝わらない。「愛着形成」の不具合への対応という課題が，里親の前に立ちはだかる。

　幼い者たちを育てて行く過程は，誰にとっても，大きな困難を伴う過程である。そうした際の養育行動を強力に支える要因として，心理学では「アタッチメント（愛着）」形成のメカニズムに目を向けてきた。愛着とは「ある人と愛着対象（人物）との間の絆（bond）やつながり（tie）を意味します。（中略）愛着とは，安全（safty），安心（security），保護への要求（need）にもとづいた絆です。この欲求は，人が未熟で虚弱である幼児期や児童期には，もっとも重要です」（V・プライア，D・グレイサー，2008）と記述されている。

　子育てには，子どもの側からの養育者に向けられる接近行動（愛着行動）が，親の子どもに対する「いとしさの感情」や「保護への責任感」を引き起こし，それが育児行動を持続させる中核的要因になっていると考えられる。もし子どもが，まったく親に無反応であれば（愛着を示さなければ）親行動は義務や責任感だけで行われることになる。しかし，いとしさという「感情」は，単なる義務

や責任感の何倍も強力な動因として働くのではなかろうか。

　そして里親の場合の「育児困難」には，通常の育児過程に起きる困難さとは別種の困難が含まれている。不適切な環境下で成長した里子たちには，主要な養育者（primary carer）との「愛着形成」に失敗しているケースが多く，里親に愛着行動（接近する行動を）示さない場合も多い。その結果，里親の方でも里子につながり（tie）の感覚を持つことが難しくなる。「とても理解のできない行動の数々だった」（事例E）とは，里子との間に「きずなの形成」ができなかった里母の苦悩の表現であろう。養育上大きな困難に出会っても，もしきずな形成ができていれば，その行動を支えるモチベーションが働いて，大方は乗り越えられるのではなかろうか。

　「子育てが大変だとは知っていたが，気持ちの通じ合わない子を育てる苦労は身にこたえる」と語ったある里親の言葉が改めて思い起こされる。

　赤ん坊は生まれて間もなく，いつも自分のそばにいて，自分の世話をし，働きかけてくれる存在，また自分の働きかけに応えてくれる存在に出会って，「世界は自分に応答してくれるもの」であると知る。その存在（primary carer）に身を寄せ，自分をあずけるようになる。それは世界への「信頼」の発生であり，「安全感」のもとになる。

　こうした関係の発生をとらえようとしたのが，すでに見てきた表23の設問であった。ここからはクロス集計の結果を使いながら，愛着と実子の有無，里子の委託時の年齢，発達段階や，委託当時の行動，また現在の行動との関連をみていくことにする。

　まず，「実子の有無」との関連を表24に，表25では「委託開始年齢」との関連を示した。

　表24によれば「気持ちが通じ合うか」と「実子の有無」では，実子が2人以上いると，比較対象が増えるせいか，やや気持ちの通じ合いが難しい傾向もみられるが，大きな差ではない。ある里親は「実子がいなかったので，何があっても，子どもとはこんなものだろうと思ってきました」と述べている。どの親も第1子にはひたむきに向き合う。その向き合い方に実子，里子の区別はないのかもしれない。

　表25は，委託されたときの里子の年齢と「とても気持ちが通じ合う」との

表24 気持ちの通じ合い×実子の有無 (%)

	気持ちが通じ合う	大体通じ合う	時々通じない	どうしても通じない
実子はいない (44.3)	33.3	35.0	28.7	2.9
実子1人 (32.8)	32.9	40.1	25.7	1.3
実子2人以上 (7.8)	23.1	41.6	30.0	5.3
全体	30.0	37.7	28.9	3.5

p <.01

表25 (現在の) 気持ちの通じ合い×委託開始年齢 (%)

	1. どうしても通じない	2. 通じないことがある	3. わりと通じる	4 とても通じ合う	小計 (3 + 4)
1歳未満	1.6	16.5	31.7	50.2	81.9
2～3歳	3.4	25.3	36.8	34.8	71.6
4～5歳	3.1	32.5	46.9	17.5	64.4
6～8歳	2.5	45.9	34.4	17.2	51.6
9～11歳	4.4	33.8	50.0	11.8	61.8
12～14歳	9.3	40.7	40.7	9.3	50.0
15歳以上	11.1	35.6	40.0	13.3	53.3
全体	3.5	28.9	37.7	30.0	67.7

p＜.01

関連を示した。表が示すように,「1歳未満」で委託されると,81.9%の里親が気持ちの通じ合いがあるとしている。2～3歳までに委託された場合は,「通じ合う」が71.6%,4歳から5歳では,それが64.4%に減り,6歳以上ではさらに減って51.6%となっている。もの心つかないうちに,つまり発達段階の早いうちに里親の許で育てられることが,里親里子の双方にとって望ましいことを,この結果が示している。保護された里子を乳児院に留め置かず,早期委託を求める声が里親たちや研究者の間で大きいが,その視点は,「複数者による養育」(multiple-mothering) を懸念しての声である。里子がもし早い時期に里親の許で暮らすようになれば,1人の養育者との養育の継続性という重要な条件を満たし,里子の人格形成上で望ましいのは無論である。

ただし,言葉を持たない乳児期と,言葉を使えるようになった3歳以降では,気持ちが通じ合う内容も違っていて,表は言語的コミュニケーションによる通

表26　Aが委託までに生活していた環境×気持ちの通じ合い（%）

Aが委託までに生活していた環境	全体	とても通じる	わりと通じる	通じ合わない
1. 乳児院から	35.9	46.2	28.2	25.6
2. 乳児院と養護施設から	19.5	23.7	39.3	36.9
3. 養護施設から	9.0	23.2	31.7	45.2
4. 実親の家庭から	23.4	25.1	36.7	38.2
5. 他の家族や親戚の家	4.8	28.6	31.3	46.1
6. 分からない・その他	7.4	35.5	36.5	28.0

$p < .01$

表27　気持ちの通じ合い×虐待経験の有無（%）

	とても通じた	わりと通じた	時々通じない	全然通じない	通じない小計
虐待あり	27.2	35.3	33.3	4.2	37.5
虐待なし	31.7	39.1	26.1	3.1	29.2
全体	30.0	37.7	28.9	3.5	32.4

$p < .05$

じ合いも加わった結果と考えることもできる。「わりと」の数字は4～5歳で膨らんでいるのが，それを示しているのかもしれない。

　なお，4章で紹介する事例Dには，生後3週間であずかった里子A4についての里母の感想がある。「他の3人の里子には申し訳ないが，子どもに対する気持ちが違う。A4も里母に寄り添ってくれる。ほっとする何かが（里）親子の間にあるように思う。上の3人とはつながりの感覚が薄いが，4番目は育てていて何か違っている」。

　これは，早期に里子を委託された里母と里子とのきずな形成が自然に生み出された事例とみることができる。その結果としての，里母の里子への信頼感の強さは印象的である。

　次の表26では，里家に委託されるまでの生活の場（施設か家庭か）と気持ちの通じ合いとの関連をみている。「とても通じる」とする者は，乳児院からが46.2％で最大で，逆に「通じ合わない」は25.6％と，5カ所のうち最小である。

　虐待の有無との関連は表27に示した。虐待経験をもつ子で，里親が「気持ち

表28　Aの性格（委託当時）×気持ちの通じ合い（「とても・わりと」の％）

Aの性格（委託当時）	全体	通じない	わりと	通じ合う	p
1. 素直でない	44.4	64.4	36.2	29.8	***
2. 甘えたがる	43.3	48.9	40.5	41.3	***
3. 人の顔色を見る	41.4	53.9	38.6	30.6	***
4. 感情の起伏が激しい	38.7	54.8	31.6	24.8	***
5. 落ち着きがない	37.1	46.9	33.6	27.3	***
6. わがまま	35.2	49.4	29.3	22.2	***
7. 反省心がない	31.5	53.9	23.2	12.7	***
8. すぐに泣く	29.1	37.0	25.0	26.9	***
9. 人に心を閉ざす	23.7	35.8	18.2	15.9	***
10. よく嘘をつく	23.2	39.6	17.9	8.4	***
11. パニックを起こす	21.8	33.3	16.8	13.8	***
12. よく約束を破る	20.0	37.0	14.0	5.1	***
13. 言葉が乱暴	15.8	26.7	10.9	6.4	***
14. すぐに暴力を振う	15.7	24.0	11.9	8.7	***
15. 物やお金をとる	11.0	18.5	9.4	4.3	***

＊ p<.05　　＊＊ p<.01　　＊＊＊ p<.001

が通じ合う」と感じている割合は27.2％，虐待経験のない子は31.7％で，両群に有意差が見られる。

　では，気持ちの通い合いと，子どもの性格傾向との関連はどうか。

　表28によれば，Aの委託当時，「1. 素直でない」から「15. 物やお金をとる」のすべての項目で，そうした行為をする子とは気持ちが通じ合わないことが見られる。またAの現在を示す表29でも，里子の性格に問題があると気持ちの通い合いが難しい状況が続いている。

　表30には気持ちの通い合いの委託時と現在との変化をまとめた。参考までに，表中の下欄に15項目の平均値を示したが，里子の性格的な偏りは，委託時の41.6％から現在の35.1％へ低下している。時間の経過につれて，性格の偏りは減ってきたともいえるが，その差が6.5％にとどまることを考えると，変化はそれほど大きくないともいえる。そして，表中の「6. わがまま」や「13. 言葉が乱暴」のように現在の方が偏りが増した側面も認められる。

表29　Aの性格（現在）×気持ちの通じ合い（「とても・わりと」の%）

Aの性格（現在）	全体	通じない	わりと	通じ合う	p
1. 素直でない	31.6	57.3	20.0	16.7	***
2. 甘えたがる	37.2	45.8	30.7	35.4	***
3. 人の顔色を見る	23.4	40.3	16.8	12.9	***
4. 感情の起伏が激しい	26.6	46.9	17.5	13.9	***
5. 落ち着きがない	24.6	38.6	17.1	16.1	***
6. わがまま	34.0	57.9	21.3	20.0	***
7 反省心がない	23.2	47.5	13.9	8.3	***
8. すぐに泣く	17.6	24.8	17.4	11.7	***
9. 人に心を閉ざす	9.5	22.5	3.7	1.9	***
10. よく嘘をつく	16.5	34.1	10.2	5.1	***
11. パニックを起こす	10.2	18.9	7.0	3.4	***
12. よく約束を破る	16.5	33.3	9.9	4.5	***
13. 言葉が乱暴	14.6	29.4	9.2	3.8	***
14. すぐに暴力を振るう	8.6	15.4	5.7	3.4	***
15. 物やお金をとる	6.6	13.7	3.8	2.2	***

＊ p<.05　　＊＊ p<.01　　＊＊＊ p<.001

表30　気持ちが通じない・委託時（表28）と現在（表29）との比較（%）

Aの性格	委託時	現在	差
1. 素直でない	64.4	57.3	7.1
2. 甘えたがる	48.9	45.8	3.1
3. 人の顔色を見る	53.9	40.3	13.6
4. 感情の起伏が激しい	54.8	46.9	7.9
5. 落ち着きがない	46.9	38.6	8.3
6. わがまま	49.4	57.9	－8.6
7. 反省心がない	53.9	47.5	6.4
8. すぐに泣く	37.0	24.8	12.2
9. 人に心を閉ざす	35.8	22.5	13.3
10. よく嘘をつく	39.6	34.1	5.5
11. パニックを起こす	33.3	18.9	14.4
12. よく約束を破る	37.0	33.3	3.7
13. 言葉が乱暴	26.7	29.4	－2.7
14. すぐに暴力を振う	24.0	15.4	8.6
15. 物やお金をとる	18.5	13.7	4.8
平均	41.6	35.1	6.5

3）里親と実親のはざまで

　里子の多くは，2人の母親を持つという通常でない体験の中にいる。こうした事態を里子はどう受け止めているのだろうか。2人の母親は，どのように子どもの心に位置づいているのか。実母の死後，新しい母親ができる際にも，子どもの中には複雑な心境があると思われるが，同時に2人の母親がいることを知ったときに，子どもの心の中には何が起こるか。聞き取りの中でも，実母でないとの事実を知ってからしばらくの間，里母に「ニセモノのお母さん」という言葉を使った里子の事例がある。

　表31は「真実告知」，つまり「あなたには，生んでくれたお母さんが別にいる」と説明する行為が行われた時期である。児相のマニュアルには，「早期ほど事実を受け止めやすいから，告知は早い方がいい」とあるが，果たしてそうだろうか。個人差はないだろうか。子どもはその事実をどう受け止めていくのか。

　表31が示すように，初めから里母が実親ではないことを知っていた子は，54.7％，途中から知った子が22.2％，まだ知らない（真実告知をされていない）子が23.1％となっている。

　里家にあずけられたときに，すでに実親でないことを知っていた子について，その年齢は，5歳までの子で48.5％，6歳から10歳で33.4％，11歳以上で18％である。また，里親の家に来た当時は知らず，途中で告知された年齢は，5歳までが55.9％，6歳から10歳で36.2％，11歳以上で7.9％となっている。

　多くの人々は，今自分のそばにいる親が，唯一無二の存在と思って暮らしている。実親が別にいることを知らされて，里子たちはそれをどう受けとめるのだろうか。次の事例は収録否なので，個人情報部分を伏せて，里母によって語

表31　Aが里親であることを知った年齢，告知した年齢　（％）

里親であると知っていたか	初めから知っていた	途中から知った	まだ知らない
	54.7	22.2	23.1
初めから知っていた子の年齢	0〜5歳	6〜10歳	11歳以上
	48.5	33.4	18.0
告知した年齢（里親と知らなかった子で）	0〜5歳	6〜10歳	11歳以上
	55.9	36.2	7.9

られたエピソードだけを紹介する。

<ある事例から>

　8歳の里子は，0歳で里家に来た。家の中ではのびのび活発だが，学校ではコミュニケーションが苦手で，自分を表現できない。話さなければならない場面で極度に緊張するなど，とても人見知りが強い。遊んでほしいのに誘われても遊べない。8歳の今は反抗期で，勉強しなさいと言うと反抗する。「わがままで，甘えたがる。素直でない。言葉が乱暴。感情の起伏が激しい。劣等感が強い。反省心がない」と里母は述べている。「夏休みに，短期委託のBちゃんが里家に来ていたので，2人並べて実父母でないことを告知した。Aも実親でないのではと，多少疑問はもっていたと思う。Bちゃんは『あっそう』と言う感じだったが，Aは聞かないふりをしていた」そうである。

　しかし，後でAは精神的に大きく落ち込んだ。抜毛の癖が2，3カ月も続いて，児相に相談をした。ちょうど入学時期だったことと重なったのかもしれない。言葉で，気持ちを表現することが遅れている子だったAは，里親をお父さん，お母さんと呼んでいた。将来引き取ることを予想して（家族の「再統合」を目指して），何回か実父とその彼女と面会の機会を作り，その人々をパパ，ママと呼ばせていたので，里母が言うように，里親が実父母でないことは薄々知っていたようだが，それでも改めて事実を知らされると動揺したのであろう。気持ちの表現が苦手な子であったので，告知の際の動揺は，里親も見抜けなかったのかもしれない。「抜毛」を繰り返すという行為が，その心の葛藤を表現していたかに思われる。

　「真実告知は早いほどいい」と児相のマニュアルにはあり，里親担当もそれを促すが，一律な対応でいいものか。またその後のフォローを里親たちはどのようにしているのだろうか。

　では実親の存在を知っている里子の場合，実親との面会はどうなっているか。表32には，実親との交流の状況を示した。ケースによっては親の死亡，または行方不明，そして引き取りの意思がない場合などがあり，事情はさまざまだが，表によれば一度も実親に会っていない子が6割と大部分を占める。そして

3章　里親たちの里子「療育」の日々　123

表32　Aと実親との交流　（％）

一度も会っていない	63.7
何度か会った	18.1
定期的に会っている	18.2

表33　Aちゃんは実親と会うのを喜んでいるか（会っている子の中での％）

とても喜ぶ	35.8
少し喜ぶ	39.4
喜んでいない	24.8

「何度か会った」だけの子が2割弱，「定期的に会っている」子は2割弱に過ぎない。

　実親と会っている子の中で，実親と会うのを喜んでいるか尋ねたのが，表33である。「とても喜ぶ」は35.8％，「少し喜ぶ」は39.4％，しかし「喜んでいない」も24.8％を占める。里親の家に来るまでに，実親の家庭でどのような生活や親子関係を形成していたかにもよると思われるが，「喜んでいない」里子の場合には，実親との愛着形成ができていなかったのだろうか。しかし「喜んでいない」や「少ししか喜んでいない」の数字は，里親の家での現在の適応のよさ（幸せ感）を示す数字にも思えて，どこかでほっとする気持ちもある。なお，1章の「里親のつぶやき」の中には，次のようなコメントがあった。

0046　「子どもが小さい間は実親との面会を十分理解できないので，里親の下で落ち着いている子を，大泣きさせながら面会させるのは，里親としてとても気が重いです。児相は，実親に里親家庭に委託する承諾もやっとで，里親委託を渋る親が多く，面会もできないと，里親にとられると思う実親も多いとのことです。いちばん子どもが安定して暮らせる環境を優先させ，親もとに返すことが決まってからの面会でもいいのではと思います」

　表34は，実親と会っている子が「いつかは実親と生活したいと思っているか」である。「あまり思っていない」が5割で，「とても・わりと」思っている

表34　Aはいつかは実親と生活したいと思っているか　(％)

1. とても思っている	9.2
2. わりと思っている	8.6
3. あまり思っていない	46.5
4. 分からない	35.6

子は2割に過ぎない。実親にもさまざまな親がおり，里子は時に辛く過酷な体験をしてきている。「実親と生活したくない」と思っている里子は，現在の里親との生活が幸せなのだろう。

4) 里子の成長が実感される時期

　委託されてしばらくは退行もあり，すでに1章「子どもの状況，子どもへの対応」でみてきたような行動上の扱いにくさもあり，気持ちの通い合わなさ，実親との関係など，里親にしてみれば育児困難の種は尽きないであろう。しかし里親が懸命に育ててきた里子に，大きな成長を感じる日もあると思われる。子どもの成長にはしばしばリズムがみられ，成長がスパート(spurt)する時期がある。環境的な要因で成長が停滞していた子どもが里親の家庭で暮らすようになって，とりわけ大きな成長を里親が実感した時期はいつ頃か。里子の上に，そうした成長（変化）を感じるときが，里親たちの日々を励まし，支えていくのであろう。

　表35は，里子の成長に大きな変化がみられた時期である。「6年以上たって」から成長が大きく前進する場合も6.1％あり，そうした事例も無いわけではない。しかし，多くは1年くらいで(54.6％)変化の時期がやってくるようである。

　また，表の下部で変化が終わる時期をみると，多くは1年から2年くらいでゆっくり遅れを取り戻していくようである。しかし6年以上経過する場合もある(21.7％)。これは里親の感じ方によるものではあるが，変化にも個人差が大きいように思える。

表35 Aが大きく変わってきた（成長した）時期 （％）

変化を実感する時期	0年	1年	2年	3～5年	6年～
	10.0	54.6	13.9	15.4	6.1
変化が終わる時期	1年	2年	3年	4年	5年～
	24.4	26.9	21.2	5.9	21.7

4　里親が考える里子の将来

　これまで，里子の委託時から現在までを追ってきたが，これからは，里親たちが里子に今後いつまで教育を受けさせたいと思っているか，また将来はどのくらい，心理的物理的距離をとって生活することを望んでいるかなどをみていくことにする。

1）里子への期待

　里子は18歳（原則として）で措置解除となり，その後は自立して生活することになる。しかし，表36によれば，何とか学費を用意して「四年制大学までいかせたい」と考える里親が36.1％もいる。「短大や専門学校まで」とする24.4％の里親も，もし学費が準備できれば，四大進学を望むかもしれない。「本人は四大進学を望んだが，学費の用意が難しかったので，専門学校に進学させた」とは，ある里親会の会長をしている里父の言葉である。また，別の里親は「奨学金を借りまくって四大に進学させたが，家から通えない遠方の大学だったので，それでも経済的負担がきつかった」と話す。実親の支援が得にくい里子たちに，行政は予算措置を講じて，高校進学と同様に高学歴を付与するという支援をし

表36 Aへの教育期待 （％）

1. 中学まで	1.0
2. 高校まで	26.5
3. 短大や専門	24.4
4. 四年制大学	36.1

てやれないだろうか。次の事例は，大学進学のことで里父と対立して，結局里親の家庭を離れた子の場合である。対立の詳細は不明だが，もし制度的に経済的支援が得られれば，この子は無事進学を果たし，その後に十分な自立ができたのではないかと思われる。

〈事例15〉高2（兄）と中3（妹）の2人の兄弟をあずかった里母は，厳しく実子を育てたので，兄妹もそのような環境に置いた。里母は「バイトより学業を優先しなさい」とも言い，実子はテレビも買わない，塾にも行かせないで育てたので，今になると里子2人には不満が大きかったと思うが，兄妹は口には出さなかった。妹は兄に塾に迎えに来てもらっていたが，塾から戻らないこともあり，家に帰りたくないと言って兄に殴られたこともあったと聞く。あるとき突然，実父から「引き取りたい」と電話があった。兄は引き取られることを拒否したが，妹は「どちらでもいい」と言って，結局妹は実父と一緒に戻り，兄だけが里家に残ることになった。残された兄は，妹を庇護する役割を失い，里父と大学進学の事で対立し，叱責され，実母の命日に墓参に行って，里家に戻らなかった。里親は「実親の出現がもう数年後だったら，兄妹をきちんと世の中に送り出せたかもしれない。今でも兄妹のゆくえが気になる」と言う。

表37は，将来の里子との関係をどう持ちたいかである。「近所にいてもらって，家族の一員として交流したい」と考える者が20.8％，「同居して，家族の一員としてやっていきたい」とする者が38.3％と，あわせて6割近くが，里子を家族の一員として，将来にわたる親しい関係を持ちたいと望んでいる。

表38は，「養子にしたいか」で，「できれば養子に」が3分の1を占める。この人々は，途中から養子を希望するようになったわけではなく，実子がいないので養子を望んだが，養子の受託は競争率が高いので，養育里親を希望した人々がこの数字の中にかなりの割合で含まれていると考えられる。

われわれは，里子ができるだけ養子として受け入れられ，愛情深い里親の下で成長できればと考える。しかし実親の中には，子どもを虐待したり，養育放棄をして，施設や里親に子どもを育てさせておきながら，いわば自分の財産で

表37　Aと今後の関係をどうしたいか（％）

1. 自立して欲しい	10.1
2. たまに食事を	30.8
3. 近所で家族的に	20.8
4. 家で家族として	38.3

表38　養子にしたいか（％）

1. できれば養子に	36.3
2. 思っていない	34.8
3. 今はわからない	28.9

あるかのように，親権を手放したがらない者も多いと聞く。ある里親は「途中で勝手なときに現れて，強引に子どもを連れ去るので，義憤を感じる」と語っている。法的制度的な仕組みの中で，子どものウェルビーイングを第一に考える方策は考えられないだろうか。たとえば，期限を切って親権の剥奪をするアメリカのように（5章「いくつかの提言　7」参照）。

2）里子への期待と愛着形成

次に，愛着形成と里子の将来への期待との関連をみていく。表39は，「Aへの教育期待」と「気持ちが通じ合うか」との関連を示している。表が示すように，里子と気持ちが通じ合う場合は，「四年制大学へやりたい」とする里親が45.5％に達している。しかし，気持ちが通じ合わないと感じている里親が大学進学を考える割合は，23.7％にとどまる。

表39　Aへの教育期待×気持ちが通じ合うか（％）

どの段階まで学校にやりたいか	全体	気持ちが通じ合うか		
		とても	わりと	通じない
1. 中学まで	1.0	1.3	0.5	1.4
2. 高校まで	26.5	16.3	24.3	38.2
3. 短大や専門	24.4	21.3	24.8	27.2
4. 四年制大学	36.1	45.5	38.8	23.7
5. その他	12.0	15.7	11.5	9.5

$p < .001$

表40　Aとの関係をどうしたいか×気持ちが通じ合うか（%）

今の距離	全体	気持ちが通じ合うか		
		とても	わりと	通じない
1. 自立して欲しい	10.1	5.6	7.9	16.8
2. たまに食事を	30.8	17.1	34.0	39.9
3. 近所で家族的に	20.8	20.5	24.1	17.7
4. 家族同様に同居	38.3	56.8	34.0	25.6

$p < .001$

表41　養子にしたいか×気持ちが通じ合うか（%）

養子にしたいか	全体	気持ちの通じ合い		
		とても	わりと	通じない
1. できれば養子に	36.3	41.2	27.9	16.7
2. 思っていない	34.8	30.8	39.6	57.3
3. 今は分からない	28.9	27.9	32.4	26.0

$p < .001$

　表40は「これからの里子との関係をどうしたいか」と「気持ちが通じ合うか」との関連である。

　「とても気持ちが通じ合う」里親は，「家族同様に同居したい」が56.8%，通じないとその割合は25.6%に減る。しかし，気持ちが通じなくても「家族同様に同居したい」とする人が25.6%いる。育ててきた里子への情からであろうが，里親とは心深い人たちである。

　なお，表41「養子にしたいか×気持ちが通じ合うか」も表39と同様で，里子と気持ちが通じると，「養子にしたい」が41.2%に達するが，気持ちが通じないと養子への希望は16.7%に減る。

3) また里子をあずかりたいか

　育児困難の日々と，時には養育返上の気持ちにもなる中で，里親たちは今後

表42 これからも里子をあずかりたいか×気持ちが通じ合うか （％）

これからも里子を あずかりたいか	全体	気持ちが通じ合うか		
		とても	わりと	通じ合わない
1. ぜひあずかりたい	35.9	44.1	38.0	27.5
2. 場合によるが，あずかる	45.7	42.8	46.8	47.2
あずかるの小計（1 + 2）	81.6	86.9	84.8	74.7
3. あまりあずかりたくない	6.8	3.4	6.4	9.0
4. あずかりたくない	11.5	9.5	8.8	16.3

p < .001

表43 これからあずかるとしたら，どんな里子を望むか （％）

年齢	乳児	幼児	低学年	高学年	中高生	気にしない
	31.5	29.6	14.9	3.1	3.7	17.2
性別	男子	女子				気にしない
	10.6	23.4				66.0
心身状況は 気になるか	とても	かなり	あまり			気にしない
	16.7	28.7	45.0			9.7
実親のことは 気になるか	とても	かなり	あまり			気にしない
	11.1	20.9	53.0			15.0

も里親を続けようとしているのだろうか。

表42に,「これからも新しい里子をあずかりたいか」と「気持ちが通じ合うか」の関連を示した。全体の欄をみると,35.9％が「ぜひあずかりたい」と答え,「場合によるが,あずかってもいい」をあわせた小計の欄の数字では,「これからもあずかりたい」とする里親は8割を超える。困難な状況にあるにもかかわらず,里親とは熱い心の持ち主で,特別な魂を持つ人々であることを感じる。しかし,周囲からの支援の不足や,子どもが愛着を示さないなどの要因から,育児困難を乗り越えることができなかった人々も,少なからずいたのではなかろうか。そうした里親たちの心情をも,思ってみなければならない。

表43は,これからあずかるとしたらどんな里子を望むかである。乳児が31.5％,幼児が29.6％で,両者をあわせると,乳幼児を望むものが6割と多数を占める。その反面,「年齢は気にしない」とする者も17.2％いる。性別では

「気にしない」が66％と多数で，身体発達も「あまり気にしない」が45％と多い。実親のことも「あまり気にならない」が53％もいる。里親は，実子の場合より子どもを受け入れることにクールな印象も受ける。言葉を変えれば，社会的貢献をも含めて，すでに指摘した「養育職」（Ⅲ型）としての里子養育へシフトしていく傾向も出てきているのかもしれない。

5　養育返上の周辺

里親を志して研修を受け，一定期間の交流の後に里子を家に迎える。しかしその後に，予想しなかったような種々の養育困難が起きることもある。その困難を乗り越えられずに養育の返上を考える里親も出てくる。

1）行政による調査

一旦里子を委託された養育里親が，種々の理由から，予定にない形で里親子の生活を終了させるケースが出てくる。児相用語では，「里親里子不調」である。全国児童相談所長会の調査によれば，平成22年11月の時点で，里子の措置解除・変更のうち，25％前後は「不調」によると報告されている。

ちなみに児童相談所長会調査による「委託解除・変更」の理由は，右記のようになっている。この①から④までは，一応保護の目的にかなった措置変更・解除で，⑥から⑨が不本意な結果としての「養育返上」と見ることができる。なおこの調査では，児相側の観点ではあるが，不調の背景が記されている。里親の疾病や経済不安定などの環境変化を除いて，主な事項は次のようになっている。

「仕事と養育の両立困難，抱え込み，偏った育児観，児相に対する非協力（妨害），虐待，実子との関係悪化，養育負担感の増大，里子への理解不足」(ママ)

いずれにせよ里親たちは，日々の里子養育をめぐる困難な状況の中で奮闘している。ぎりぎりの状況の中で，そうした困難を乗り越える者もあり，養育返上に至るケースもある。

委託解除・変更の理由

---

① 里親との関係不調以外の家庭復帰＊　　　（保護の目的を達成）
② 養子縁組による措置解除　　　　　　　　（保護の一つの到達点）
③ 満年齢による措置解除　　　　　　　　　（高校卒業によるもので当初の目的達成）
④ 就職など満年齢前の措置解除＊＊　　　　（高校中退して就職，里親宅を出る等）

---

⑤ 里親との関係不調による家庭復帰　　　　（いわゆる不調，親元に帰るケース）
⑥ 里親との関係不調による措置変更＊＊＊　（いわゆる不調，他の養育場面に移行）
⑦ 里親の健康などの理由による措置変更　　（介護発生を含め里親の環境変化による）
⑧ 子どもの都合による措置変更　　　　　　（入院・障害児施設への変更など）
⑨ その他

（全国児童相談所長会調査　平成20年11月調査より作成）
＊　親が子どもを引き取りに来た場合。ただし，必ずしも家庭状況が改善されたとは言えない場合もあるが，児相はそれ以上家庭問題に介入できない。
＊＊　中には里親里子間のトラブルや里親の側の環境変化による場合もあるが，「自立」の観点では，③に準じて，一応保護の目的を達成したとみなすことができる。
＊＊＊　⑤ができない場合に，他の里親のもとへ，または施設へ措置変更。

2）養育返上を考えたとき

　育児に行き詰ったとき，実子については親役割の返上はできない。里親は，家族的事情や社会貢献など動機は多様だが（前掲表5），いわば自ら親の役割を買って出た人々である。しかし，どのように熱い心をもってしても，自分の下で責任ある育児が継続できないとなれば，里子の委託返上も考えるに違いない。

　表44に，育児困難の結果「養育返上を考えたことがあったか」の結果を示した。「何度も考えた」は8.3％だが，「考えたこともある」は25.5％あって，あわせると全体の3分の1が，養育返上を思う日々があったとしている。一方，養育返上をまったく考えなかった者は5割である。こうした状況の中では，実際に養育を返上する里親も少なからず出てくる。厚労省の資料によれば，23年度中，里親宅から離れた件数1331件のうち，不調数を推計すると，少なく見て約360件（27％），多く見て440件（33％）という報告がある（厚生労働省家庭福祉課「社会的養護の現況に関する調査」23年3月より）。

　残念ながら養育を返上した人々のデータは，今回の調査に入っていないが，

表44 養育返上を考えたか（%）

1.何度も考えた	8.3
2.考えたこともある	25.5
3.あまり考えず	16.5
4.全く考えなかった	49.7

表45 養育を返上しなかった理由
表44で、「1.何度も考えた・2.考えたこともある」とした33.8%についての%

	とてもそう	わりと	少し	全くそうでない
1.里子への責任から	60.9	26.8	8.2	2.1
2.自分の信念を貫く	29.3	33.5	19.6	17.5
3.周囲のサポートや励ましで	17.4	22.4	24.9	35.2

表46 困ったときに誰からの助言や励ましが役立ったか（%）

	とても	わりと	小計	少し	あまり	全く
1.配偶者	43.0	38.6	81.6	9.3	4.3	4.9
2.成人した実子	22.6	28.1	50.7	4.9	3.6	40.9
3.自分の親	12.9	19.9	32.8	12.9	5.9	48.4
4.配偶者の親	5.5	12.1	17.6	10.1	7.8	63.5
5.親類などの身内	5.7	19.1	24.8	8.4	6.6	60.1
6.近所や地域の人	8.6	21.7	30.3	10.2	7.3	29.7
7.里母の友人	20.8	31.9	52.7	10.2	7.3	29.7
8.里親仲間	40.5	31.0	71.5	6.5	4.3	17.7
9.児童相談所の担当	23.3	35.4	58.7	18.0	10.9	12.3

こうした困難な状況に置かれながらも、なぜ本サンプルの里親たちは養育を返上しないで里子を養育してきたのか。

表45は、養育返上を考えたこともある33.8%の人々に、養育を返上しなかった理由（複数選択で）を尋ねた結果である。「とてもそうだった」の数字を見ると、「里子への責任から養育返上をしなかった」が60.9%、同様に「自分の信念を貫いて」が29.3%となっている。それに比べると「周囲の励ましや助言で」は17.4%と少数である。里親を志した人々自身が持つ「心の強さ」、里親た

ちの「熱い心」をみる思いがする。

　表46は，養育困難な状況が発生したときに，誰からの助言や励ましが役立ったかである。小計の欄をみると，大きく役立ったのは「配偶者」からの助言や励まし（81.6％）で，次いで「里親仲間」（71.5％）である。親や身内，近所の人の数字は低く，他には「児童相談所の担当」（58.7％），「里母の友人」（57.2％），「成人した実子」（50.7％）となっている。

3）養育返上をめぐる事例

　ここで，われわれが平成23年度に面接した事例の中から，養育返上（委託解除）の結果となった2事例をあげる（事例研究：「被虐待児の子どもを養育する里親の育児困難の現状とその支援─東京，沖縄，静岡の33名の里親の面接調査から」（平成24年3月）厚生労働省科学研究費補助金：政策科学総合研究事業「社会的養護における児童の特性別標準的ケアパッケージ」報告書　pp.103-193　所収）。

＜事例2＞　実子4人のうち，今は1人と同居。里母は教員で50代，里父は自営で60代。実母の相手から性的虐待を受けていた支援学級在籍の小6女児（中度の知的障害）を3年半あずかり，盗癖などの非行に度々悩まされる。多数の相談機関で支援（心理技法等）を受けていた。生活の安定しない実母とずっと交流があった。度々の盗癖などの非行を里母に説諭されるうち，本人は母親の家に帰りたいと言い出し，家出。児相とも相談したが，結局は里親にとっては不本意な措置解除となった。母親の相手から再度性的虐待を受ける可能性も指摘されており，また里親は，自分たちが里親失格だったので措置解除に至ったのではと，深く傷ついている。

（解説）　実親の家庭がさまざまな意味で不安定な状況があっても，本人や実親の申し出が優先され，里親の判断が入れられず，養育返上となる結果には，子どものウェルビーイングの観点で腑に落ちない思いがする。

＜事例20＞　実子と里子との4人家族。里母は50代，里父は60代。6歳女児をあずかり4カ月間，手を尽くして養育したが，本人は「実母も実父も大嫌い」と言い，里父里母にもまったく懐かず，実子も含め家族に反抗的。人に心

を閉ざし，わがまま，感情の起伏が激しく，暴言暴力など。里母は「この子はまったく理解できないという感じだった」と述べている。本人は施設にはやや適応していたようで，里家に行くことには拒否的。何カ所か里家との見合いをしたがまとまらず，児相から頼み込まれて引き受けた子であった。そうこうするうちに里母が体調を崩して，養育を返上した。

　（解説）　愛着障害の傾向がある子で，家庭養護ではなく，施設での専門的でインテンシブなケアが必要なケースだったと思われる。施設にある程度適応している子どもを，強引に里親委託したことには無理があったのではないか。里親によれば，子どもがあずけられていた施設は，小人数でいい施設だったので，ここにいたほうがいいのではないかと何度も施設側に言ったが，「本人には家庭が必要」と施設長が言い，「どうするかは本人に決めさせる」とのことだった。本人は交流時にも「行かない」と里親にも言っていたそうである。やみくもに「家庭養護」をとする措置ではなく，きちんとしたアセスメントの上で，ケースに応じた措置が必要ではなかろうか。

4）ある里母の意見

　3人目の実子（生後2カ月）を医療事故で失って，里子を育てることをバネにして立ち直ろうと，里子をあずかったある里母はこう話す。

＜事例23＞　養育家庭で里子は「自分はここに居てはいけない子，居させてもらっている子」と思っている場合が多いのではなかろうか。また18歳までとの期限つき委託を当人はどう受け取っているのだろうか。里親不調，措置解除をもっと簡単にできるようにして，「うまくいかなければ，外に出していいんです」と里親研修のときに職員が表明してくれたら，里親にとっても里子にとってもいいのではないか。「頑張ろう！　さもなければ返す」の二者択一でなく，不調を肯定的にとらえる方がいいと思うし，里親不調を里親失格にしないでほしい。里親仲間を見ていると，ぎりぎりまで1人で抱えているケースもある。だから杉並事件のようなことが起きる。あの里親は，自分と同じ支部の里親会にいたはずだが，一度も集まりに出てこなかった。里親会は重要であり，そこにいいリーダーや専門家いることが必要だ。

5）養育返上と里子の性格

　里子として預かった子の返上を考える。それは、よくよくの状況であろう。そこで、返上を考えた里親の状況をたしかめると、表47のように、実親からの虐待を受けた場合が多い。また、表48によれば、里子との気持ちが通じないと、里親は返上を考えるという。

　こうした表47,48を参照すると、虐待を受けた子の返上を考えることが多いが、それ以上に里子との心の通い合いが大きな意味を持つことが分かる。そこで、里子のどういう側面が、返上したいという里親の気持ちを生み出すのかをたしかめてみた。

　表49,表50をみると、養育返上を何度も考えた里親は、里子の性格上に1～15のすべてに問題があった、または現在も問題があると答えている。里子の性格上の問題がどこから生まれたのか、実親の家庭で受けた辛い経験からか、施設環境のもつ問題性からか、またはいわゆる発達障害的な素因を持っていた子なのかは不明だが、委託当初だけでなく、現在もその問題性が残っている里子に対して、養育を返上しようとするほど養育困難を感じている里親が多いこ

表47　虐待の有無×養育返上をしたかったか（％）

	親の虐待	親の病弱，死亡	その他	不明
何度も考えた（8.3）	54.6	13.4	35.1	6.2
考えたこともある（25.5）	40.3	12.2	43.6	10.1
ほとんどない（16.5）	38.0	14.6	46.4	8.3
まったくない（49.7）	34.3	13.8	49.1	7.6

$p < .001$

表48　気持ちの通い合い×養育返上をしたかったか（％）

	どうしても通じない	ときどき通じない	通じない小計	割と通じる	とても通じる
何度も考えた	18.7	59.3	78.0	18.7	3.3
考えたこともある	5.2	46.5	51.7	37.4	10.8
ほとんどない	1.1	31.7	38.8	47.8	19.4
まったくない	0.9	13.5	14.4	37.7	47.8
全体	3.5	28.9	32.4	37.7	30.0

$p < .001$

表49　Aの性格（委託当時）×養育を返上したかったか（「とても・わりと」の％）

	全体	何度も考えた	考えたこともある	ほとんどない	まったくない	p
1. 素直でない	44.4	66.7	63.1	45.7	29.0	***
2. 甘えたがる	43.3	47.7	44.4	36.4	44.3	*
3. 人の顔色を見る	41.4	59.7	47.9	40.5	34.4	***
4. 感情の起伏が激しい	38.7	59.1	56.4	34.5	26.3	***
5. 落ち着きがない	37.1	57.9	44.2	34.4	27.2	***
6. わがまま	35.2	63.9	50.0	31.6	23.3	***
7. 反省心がない	31.5	67.1	48.2	28.0	16.3	***
8. すぐに泣く	29.1	44.3	37.9	25.8	22.3	***
9. 人に心を閉ざす	23.7	34.9	33.0	19.5	17.3	***
10. よく嘘をつく	23.2	53.4	33.1	20.3	12.5	***
11. パニックを起こす	21.8	42.5	34.5	17.1	12.4	***
12. よく約束を破る	20.0	53.4	31.1	14.0	8.8	***
13. 言葉が乱暴	15.8	34.5	21.2	12.9	10.1	***
14. すぐに暴力を振う	15.7	37.5	21.0	13.5	9.2	***
15. 物やお金をとる	11.0	33.3	14.4	9.3	5.6	***
平均	28.8	50.4	36.0	25.6	19.9	

＊ p<.05　＊＊ p <.01　＊＊＊ p<.001

表50　Aの性格（現在）×養育を返上したかったか（「とても・わりと」の％）

	全体	何度も考えた	考えたこともある	ほとんどない	まったくない	p
1. 素直でない	31.6	59.8	46.5	28.4	19.7	***
2. 甘えたがる	37.2	38.9	38.9	36.8	36.6	*
3. 人の顔色を見る	23.4	41.7	30.8	24.1	15.8	***
4. 感情の起伏が激しい	26.6	53.2	39.4	18.5	17.2	***
5. 落ち着きがない	24.6	41.4	36.1	19.2	17.6	***
6. わがまま	34.0	64.9	49.7	32.8	22.3	***
7. 反省心がない	23.2	55.8	37.1	16.8	11.9	***
8. すぐに泣く	17.6	27.1	20.6	15.4	15.0	***
9. 人に心を閉ざす	9.5	21.6	16.3	10.6	4.4	***
10. よく嘘をつく	16.5	47.4	24.3	14.7	7.3	***
11. パニックを起こす	10.2	31.5	14.2	7.0	5.2	***
12. よく約束を破る	16.5	49.4	27.3	10.4	5.9	***
13. 言葉が乱暴	14.6	43.2	20.9	9.2	8.1	***
14. すぐに暴力を振るう	8.6	26.3	11.1	6.0	4.8	***
15. 物やお金をとる	6.6	22.1	9.5	4.3	2.7	***
平均	20.0	41.7	27.5	16.9	12.9	

＊ p<.05　＊＊ p <.01　＊＊＊ p<.001

とを考えると、この数字は、アセスメントが十分でなく、里親がどんなに努力しても効果が現れない子と言う意味で、家庭養育には向かない子を委託された里親たちの悲鳴なのかもしれない。

6　里親を経験しての総括

これまで1200名を超える里親たちの声を聞いてきたわけだが、さまざまな苦境に立ちながら、養育を返上せず、いまも献身的に里子の養育と療育にあたる人々は何を考え、里親として過ごしてきた人生をどう振り返っているのだろうか。

1）世間の理解

表51は「里親の大変さは社会的に理解されているか」である。「あまり・全く」理解されていないとする者が、あわせると7割を超える。その理由の1つとして、面接調査でしばしば語られた、里親や里子に対する社会的偏見の存在が考えられる。たとえば発達障害の里子が学校で問題を起こすと、ふつう以上に里親の育て方に非難が集中する。また、里親をすることに支援する（里母の）親もいるが、親や身内からの理解が得られない里母もいる。

＜事例8＞　乳児院での最初の面会からいとおしく、夫の甥に似ていた。しかし里母のきょうだいからは反対された。子どもが3人いる姉には「どんなDNAかわからない（ママ）。あなたには子どもは育てられない。おとなになって、何をするかわからない」と。でも、児相がなぜ2歳半まで乳児院に置いたのか、腑に落ちない。（もう少し早く委託されれば）もう少し育てやすかっただろう。

表51　里親の大変さは社会的に理解されているか　（％）

1. とても理解されている	1.7
2. わりと理解されている	5.5
3. まあまあ理解されている	17.5
4. あまり理解されていない	53.7
5. 全く理解されていない	18.2

また，委託費が出ていることで，金銭目当ての養育であるかのような世間の目もあり，養育費の返上を考えるときもあるという。

2) 里親生活を振り返って

そうした，外からの偏見と，内からは里子の育児困難と闘っている里親たちの現在の心境はどのようなものか。表52は里親生活を振り返っての感慨である。「2.充実した毎日が過ごせた」など，ポジティブな振り返りがほとんどではあるが，中で印象的に思えるのは「6.我慢強さが増した」で，これに7割を超える里親が賛同している。里子の養育の日々がいかに困難の連続だったかが推測される。さらにそうした困難な日々を思わせるのは，「7.家族に負担をかけた」が，「とても・わりと」をあわせて57.7％，「8.困難の連続だった」が46.3％という大きな数字である。しかし，「9.無駄な時間を多く使った」は，「とても」で1.3％，「わりと」で4.4％，あわせて5.7％と，ほとんどゼロに近い。「(困難は多かったが) 全く無駄だったとは思わない」とする者の66.6％という高い数字をみると，里親になった人々の志の高さを思わせられる。

表52 自分の里親生活を振り返って （％）

	とても	わりと	小計	あまり	全く
1. 人間関係が広まった	48.0	38.4	86.4	11.1	2.6
2. 充実した毎日が過ごせた	43.5	45.3	88.8	9.6	1.5
3. 人間的に成長した	41.6	44.9	86.5	12.3	1.2
4. 家族の絆が強まった	36.1	44.3	80.4	16.5	2.1
5. 社会的に役立つことができた	27.6	44.4	72.0	21.5	6.4
6. 我慢強さが増した	26.7	46.7	73.4	21.7	4.9
7. 家族に負担をかけた	20.1	37.6	57.7	30.1	12.2
8. 困難の連続だった	14.7	31.6	46.3	39.8	13.9
9. 無駄な時間を多く使った	1.3	4.4	5.7	32.5	66.6

3）委託費は十分か

　里親には里子の養育費（生活費）と委託費（里親手当。平成21年度から引き上げられ，養育里親は，月額7万2000円，2人目以降3万6000円。専門里親は月額12万3000円，2人目以降8万7000円）が支給される。その額について尋ねた。表53に示すように，「かなり・やや・まあまあ」をあわせると7割強が十分と答えている。十分過ぎると福祉的動機からの里親ではなく，収入目当てと誤解される恐れがあるとは，面接時の里親たちの声である。表54の専門里親への委託費についても，同様である。この点については，1章「里親のつぶやき」の中に，かなり具体的な声を収録してある。

　なお委託費の額の感じ方は，かなり心理的条件に左右されるようにみえる。「里親をしてよかった」と思っている者は，現在の委託料で十分と評価する傾向がみられた。実親との縁の薄い子どもを育てる日々は，金銭の問題を超えて，社会的に意味のある仕事という思いにさせるのかもしれない。

表53　委託費（里親手当て）は十分か（％）

1. かなり十分	23.0
2. やや十分	18.2
3. まあまあ	32.6
4. やや不足	17.9
5. かなり不足	8.2

表54　専門里親への委託費は十分か（％）

1. かなり十分	19.8
2. やや十分	19.0
3. まあまあ	36.3
4. やや不足	18.6
5. かなり不足	6.3

4）里親と里親会

　厚労省は，今後の里親会の役割に期待を寄せている。現在の里親会は，どの位里親支援に役立っているか。

　表55は里親会への参加状況である。「ほぼ中心となって活動している」が20.5％，「わりとよく参加している」が30.9％で，両者を合わせると，5割がよく参加していると答えている。しかし表の下部，「ほとんど参加していない」も14.2％，「あまり参加していない」が12.4％で，あわせると4分の1になる。

　そこで，里親会が役に立っているかを尋ねてみた。表56から明らかなよう

表55　里親会に参加しているか　（％）

1. ほぼ中心となって参加	20.5
2. わりとよく参加している	30.9
3. 時々参加している	22.0
4. あまり参加していない	12.4
5. ほとんど参加していない	14.2

表56　里親会は役立っているか（％）

1. とても役立っている	35.6
2. わりと役立つ	25.0
3. まあまあ役立つ	12.7
4. あまり役立たない	23.2
5. 全く役立だってない	3.5

表57　里親会に参加しない理由　（％）

	とても	わりと	少し	違う
1. 仕事で忙しい	38.9	17.3	13.1	30.7
（里親全体の中で）	10.1	4.5	3.4	8.0
2. 意味がなさそう	15.3	19.0	19.3	46.4
（里親全体の中で）	4.0	4.9	5.0	12.1
3. 人間関係が煩わしい	9.1	12.8	23.8	54.3
（里親全体の中で）	2.7	3.3	6.2	14.1
4. 里子を知られたくない	2.3	3.4	2.3	92.0
（里親全体の中で）	0.6	0.8	0.6	23.9

に，里親会を「とても役立つ」とする者は35.6%で，これに「わりと」の25.0%を加えると，「里親会は役立っている」とする者は6割となる。しかし，「あまり・全く」役立っていないとする者も26.7%いる。

役立たないとする理由は，表57にみることができる。圧倒的に多いのは，「仕事で忙しい」(38.9%)で，表1でみたように勤務者が22.6%おり，自営をあわせると，里母の有職者は3分の1にも達する。働きながら里子を育てている里親たちへの支援の仕方を探る必要を感じる。「意味がない，人間関係が煩わしい，里子であることを知られたくない」などの理由は非常に少なかった。

5) 里親をしてよかったか

里親たちの心情の総括ともいうべき「里親をしてよかったか」を尋ねたのが，表58である。里親をして「とてもよかった」が70.9%，「わりとよかった」を含めると9割が「里親をしてよかった」と答えている。

さらに表59「気持ちの通じ合い」(愛着形成)との関連では，里親をして「とてもよかった」者は，「気持ちが通じ合う」としている者が76.4%となる。里子

表58 里親をしてよかったか (%)

	全体
1. とてもよかった	70.9
2 わりとよかった	20.2
3 半々	7.9
4 あまりよくなかった	0.9
5 全く役立たない	3.5

表59 気持ちの通じ合い×里親をしてよかったか (%)

	とても通じ合う	わりと通じ合う	通じ合う小計	時々通じない	全く通じない
とてもよかった	37.3	39.1	76.4	21.7	1.9
わりとよかった	13.0	40.8	53.8	42.2	4.0
よくなかった	10.5	18.9	29.4	54.7	15.8
全体	30.0	37.7	67.7	28.9	3.5

$p < .001$

と気持ちが通じ合うと，里親をしてよかったと実感されるのであろう。

　里親は，里子を1人だけでなく，次々と養育する場合が多いが，この数字をみていると，苦労は多いが子育てが好きな人々，子どもとのかかわりに生きがい感じる人々によって，里親制度が維持されていることを感じる。社会はこれらの人々の心や意欲に，果たして十分答えているだろうか。

6）里親の考える里親委託率の将来予測

　厚労省は今後10数年をかけて，里親（ファミリーホームを含む），グループホーム，本体施設の割合を，それぞれ3分の1ずつの姿に変えて行きたいとしている。想定される里親委託の将来像は，31.6％から40％とのことであるが，表60は里親たちによる今後の日本の里親委託率の予想（5年後）である。

　全体としては，「現状の12％位にとどまるだろう」が46.8％，「（微増の）16％位だろう」が43.6％と，きわめて厳しい予測がされている。これらは里親としての日々の実感から生まれた数字であろう。個人的には一種の生きがい感は

表60　養育家庭への5年後の委託率の見通し　（％）

1. 10％以下だろう	4.1
2. 現状（12％）位だろう	46.8
3. 16％位になるだろう	43.6
4. 20％位になるだろう	3.2
5. 30％以上になるだろう	1.1

表61　ファミリーホームを経営したいか（％）

1. 現在経営している	5.0
2. 経営していたが，廃業	0.4
3. ぜひ経営したい	7.0
4. できれば経営したい	15.8
5. あまり経営したくない	28.3
6. 全く経営したくない	43.6
したくない小計（5＋6）	71.9

得られても，社会的な理解が得られない。誤解や偏見とも戦わなければならない。この現状にあって，どうすれば厚労省は目標値を達成できるか，諸外国と比べて，多少とも恥ずかしくない家庭養護率の数字に到達することができるかは，難しい課題と言えるのではなかろうか。

また，1章「里親のつぶやき」の最後に「委託率はアップできるか」として収録した5人の里親の意見は極めて示唆的である。「このままではアップは無理，むしろ危険だ」「地域によって幅を持たせたほうがいい」「里親委託のよさ（子どもの成長にとっての）をＰＲすべき」「里親里子への社会的眼差しを変化させることが必要」などの声が寄せられている。行政は，里親調査などによる，さらなる資料収集の計画も含めて，より真摯に里親の声に耳を傾ける努力が必要ではなかろうか。

また，表61は，厚労省が推進を図っている「ファミリーホームの経営をしたいか」尋ねた結果である。ファミリーホームとは，平成21年度に創設された小規模住居型児童養育事業制度で，里親を大きくした里親型のグループホームである。養育者の住居で，子ども5～6人の養育を行う。現在経営している者が5.0％で，残る人々も経営には積極的ではない。「全く経営したくない」が43.6％，「あまり経営したくない」が28.3％で，あわせると7割に達する。

しかし「ぜひ・できれば経営したい」者もあわせて22.8％おり，その層の掘り起こしが今後の課題であろう。

ここまでのまとめ

全国調査のデータをみてきて感じるのは，里親による里子養育の日々は，養育と呼ぶよりも，むしろ「療育」と呼ぶにふさわしい困難と危機をはらんだ過程として，われわれの胸にある。

通常でない生育環境の中で，心身発達に少なからぬダメージを受け，行動上多くの扱い難さを身につけてしまった多くの里子たち（表13～15）。その心的世界の状況の凄まじさが，委託当時の「虐待の影」の項に里親たちが記した内容から浮かび上がってきた（2章「虐待を受けた里子の住む心的世界―里親の見た

虐待の影」)。しかし里親たちは，こうした子どもたちと心の通じ合わなさを感じることがあっても（表23），また世間に理解が得られなくても（表51），なお熱い心で自分の翼の下に里子を抱え続けようとする人々である(表45)。その状況は，養育の範疇を超えて，「療育」と名づけるにふさわしい過程ではないかと，この報告書の中で，何度か控え目ながら指摘してきたつもりである。

　ちなみに「療育」とは，発達障害をもつ子どもなどに，「医学的治療と教育」を併せて行う発達支援の過程を指す用語である。しかし発達の初期または中期に，成長に極めて不適切な環境に置かれた子どもたち(被虐待児)は，発達障害の中に位置づけられていないために（杉山，2007），必ずしも十分な発達支援を受けられないまま成長せざるを得ない。

　しかし善意と熱意の人々ではあっても，里親は心にダメージを負った子どもの「発達支援」の専門家ではない。われわれは，今後，里親を「療育者」として位置づけ，行政と専門家チームによる一層の里親支援の必要性を喚起すべきではなかろうか。この点については，5章「まとめと，いくつかの提言」の中でも指摘してある。

　今回のアンケート調査のデータの中に，健気とも言える里親たちの姿を見るにつけ，現在の里親制度は，里親の善意に依存し過ぎて，大きな問題を放置しているように思われる。

【引用・参考文献】
1　「社会的養護における児童の特性別標準的ケアパッケージ」(厚生労働科学研究助金・政策科学総合研究事業　H 23 - 政策－一般－ 007，平成24，25年度報告書
2　マイケル・ラター，上鹿渡和弘訳（2012）「イギリス・ルーマニア養子研究から社会的養護への示唆」福村出版　p.33
3　ビビアン・プライサー／ダーニア・グレイサー，加藤和生監訳（2008）「愛着と愛着障害」北大路書房　p.8

資料1　調査票

＜養育家庭の里親のみなさまへ＞
（全国）アンケートのお願い

　私どもは、平成23年度から3年間、厚生労働省による科学研究費補助金の助成を受けて、里親さんの里子養育の現状や、その困難さ、また様々なご意見をお聞かせいただく研究を始めました。今年度は、いくつかの地点で、里親さんから直接お話をお聞きする面接調査と同時に、全国規模で里親さん対象のアンケート調査を実施する計画を立てております。

　この調査結果は、来年3月末に厚生労働省への報告書に収録される予定です。その後、報告書を各地の里親会や児童相談所、大学等の研究機関にお送りします。本研究が、広く多くの人々に、みなさまのご苦労を知っていただく機会となるだけでなく、厚労省等の里親に対する処遇改善の一助となることを願っております。

　この調査票は、里親・里子問題の理解と今後の里親さん支援の方策を見出す目的で作成されました。お忙しい中を誠に恐縮でございますが、どうぞご協力のほど、お願い申し上げます。

　なお、アンケートは無記名でお願いいたします。ご回答はすべて個人のお名前と切り離して統計的に処理しますので、内容が外部にもれることは決してありません。
　お答えは、あてはまるものの番号に○をつけていただく形式がほとんどです。記入スペースが小さいときは、欄外や裏にお書きいただいて結構です。丁寧に読ませていただきます。
　お手数ですが、以下にご記入の上、　7月9日　までに、別添の封筒でご投函くださいますよう、お願い申しあげます。

平成24年6月

○○○○（○○大学）　ケータイ番号　○○○○
○○○○（○○大学）　ケータイ番号　○○○○

ご質問がありましたら上記迄お寄せください

(Ⅰ) はじめに里親さん（あなた）のことについて、お聞かせください

1) この用紙のご記入者は

> 1. 里母　2. 里父　3. その他

2) ①里母さん

> ご年齢　（1. 30代以下　2. 40代　3. 50代　4. 60代かそれ以上　5. 里母はいない）
> お仕事　（1. 専業主婦　2. 自営業　3. お勤め　4. その他　5. 里母はいない）

②里父さん

> ご年齢　（1. 30代以下　2. 40代　3. 50代　4. 60代かそれ以上　5. 里父はいない）
> お仕事　（1. お勤め　2. 自営業　3. その他　4. 里父はいない）

3) 現在同じ建物にお住まいの「ご家族」についてうかがいます
　① ご家族の人数　→（　　　）人家族（里子さんを含む）
　② 長期委託の里子さん（　　）人、短期委託の里子さん（　　）人、合計（　　）人
　③ 同居の実子さん　　（　　）人
　④ 同居のおじいちゃん、おばあちゃん　など　（　　）人

4) お住まいの都道府県名
　　　　（　　　　　　　　）都道府県

5) 初めて里子さんを預かった時の、里母さんのご年齢
　　　　（　　　）歳

6) 初めて里子さんを預かった時のお住まい

> 1. 1戸建て　2. 4階以上の集合住宅　3. 3階以下の集合住宅　4. それ以外

7) 初めて里子さんを預かった時、あなたの周囲（ご親戚、お友だち※など）に、里親をしている方がおられましたか
　　※ 後から里親会でできたお友だちは含めずに、それ以外のお友だちのことをお答えください

> 1. 何人かいた　2. 一人いた　3. いなかった

3章　里親たちの里子「療育」の日々　147

8) 初めて里子さんを預かった時、なぜ里親を志望されましたか（当てはまる番号には、何個でも、○をお付けください）

> 1. 実子がなくて（できれば養子がほしくて）
> 2. 実子にきょうだいがあったほうがいいと思って
> 3. （一定期間だけ）親が育てられない子の役に立ちたくて
> 4. 実子の子育てが一段落したので、他の仕事より意味がある仕事だと思って
> 5. 以前養護施設などに勤めていて、里子養育の意義を感じていて
> 6. 周囲にすすめられて
> 7. その他（　　　　　　　　　　　　　　　　　　　）

9) ご自分のお子さんをお育てになった（または今お育て中の）ご経験

> 1. ある→（　　）人　2. ない

10) あなたは現在、専門里親ですか

> 1. はい　2. いいえ

11) ファミリーホームを経営しておいでですか。または将来経営するお気持ちがありますか

> 1. 経営している　→　現在の里子さん（　　）人
> 2. 経営していないが、将来、ぜひそうしたい
> 3. 経営していないが、将来、できればそうしたい
> 4. 前に経営していたが、今は経営していない
> 5. 経営は、あまり考えていない
> 6. 経営は、全く考えていない

（Ⅱ）次に、現在養育されているお子さん（<u>仮にAちゃんとします</u>）についてお聞かせください。なお現在、複数の里子さんをお育ての場合は、<u>一番「里子期間」の長い方をAちゃんとしてください。</u>

1) <u>Aちゃんは現在</u>
　　①年齢（　　歳）　＊乳児の場合は0歳としてください
　　②性別（1. 男　2. 女）
　　③学校段階
　　(1. 乳幼児　2. 幼稚園　3. 小学生　4. 中学生　5. 高校生　6. 大学や専門学校生など　7. その他)
　　④委託期間　　（　　）歳の時からで、約（　　）年（　　）か月間　になる

2) Aちゃんは、どこからお宅に来られたのですか（○を1つお付けください）

1. 乳児院から
2. （乳児院から児童養護施設に移って）児童養護施設から
3. （乳児院を経験せずに）児童養護施設から
4. 実親の家庭から（一時保護所等を経由した場合も含めます）
5. 他の里親や親せきの家から
6. その他（上記に当てはまらず、種々の場所で生活されていたり、またよくわからない場合も含めてください）

3) Aちゃんが、乳児院や施設、里親に預けられることになった理由について、あてはまるものにいくつでも○をつけてください。

1. 親から虐待（育児放棄を含む）を受けて
2. 片方（両方）の親が亡くなったり、病気になって
3. その他（　　　　　　　　　　　　　　　　　　　）
4. わからない

<u>この中で、「1. 虐待を受けて」と答えられた方におうかがいします</u>
　Aちゃんに、「<u>虐待された影</u>」を感じられることがありますか。もし、ある場合は、それはどんな時や場面ですか

4) 初めてAちゃんが家に来た当時、からだの発育についてどう感じられましたか
以下（1. とてもそう　2. わりとそう　3. 少しそう　4. あまりそうでない　5. 違う）の1～5のどれかに○をおつけください。なお＜6. 乳児＞とは、乳児のため当てはまらないの意味です（厳密ではなくても「何となく、そんな感じがした」くらいで結構です）

①身長がちいさい	1. とても	2. わりと	3. 少し	4. あまり	5. 違う	6. 乳児
②やせている	1. とても	2. わりと	3. 少し	4. あまり	5. 違う	6. 乳児
③偏食が多い	1. とても	2. わりと	3. 少し	4. あまり	5. 違う	6. 乳児
④食べ過ぎる	1. とても	2. わりと	3. 少し	4. あまり	5. 違う	6. 乳児
⑤知的発達の遅れ	1. とても	2. わりと	3. 少し	4. あまり	5. 違う	6. 乳児
⑥言葉の遅れ	1. とても	2. わりと	3. 少し	4. あまり	5. 違う	6. 乳児

5) では今現在の発育はどうですか

①身長がちいさい	1. とても	2. わりと	3. 少し	4. あまり	5. 違う	6. 乳児
②やせている	1. とても	2. わりと	3. 少し	4. あまり	5. 違う	6. 乳児
③偏食が多い	1. とても	2. わりと	3. 少し	4. あまり	5. 違う	6. 乳児
④食べ過ぎる	1. とても	2. わりと	3. 少し	4. あまり	5. 違う	6. 乳児
⑤知的発達の遅れ	1. とても	2. わりと	3. 少し	4. あまり	5. 違う	6. 乳児
⑥言葉の遅れ	1. とても	2. わりと	3. 少し	4. あまり	5. 違う	6. 乳児

6) Aちゃんは現在、あなたが里親さんだと知っていますか（1～3のどれかに○）

> 1. 家に来た当時（　　歳　か月）から知っていた
> 2. 途中から（真実告知などで）知った → ほぼ（　　）歳くらいの時に
> 3. まだ知らない → 10)へお進みください

7) Aちゃんは、実親（または親族の方）と交流していますか（1～3のどれかに○）

> 1. （家に来てから）1度も会っていない
> 2. 何度か会った
> 3. ある程度、定期的に会っている

8) （Aちゃんが、現在、実親や親族と会っている場合にお答えください）
　Aちゃんは会うのを喜んでいますか

> 1. とても喜んでいる　2. 少し喜んでいる　3. 喜んでいない

9) Aちゃんは、いつかは実親と生活したいと思っているでしょうか

> 1. とてもそう思っている　2. わりとそう　3. あまりそう思っていない　4. わからない

10) Aちゃんは現在、診療や心のケア等で、病院や相談室に定期的に（または度々）通っていますか

> 1. はい　2. いいえ

　　（1.はい」と答えた方へ）通っている場所に全て○をお付けください

| 1. 医療機関 | 2. 各種相談室 | 3. 児相 |
| 4. 各種センター | 5. 発達支援機関 | 6. その他 |

11) **Aちゃんが家に来てから、はじめの数か月くらい、どんな性格でしたか**

　もしAちゃんに「赤ちゃんがえり」があったら、それが終わった頃のAちゃんについてお答えください。委託がもし赤ちゃんの時だったら、飛ばして次ページの（Ⅲ）に飛んでください

①わがまま（自分勝手）	1. とても	2. わりと	3. 少し	4. あまり	5. 違う
②落ちつきがない	1. とても	2. わりと	3. 少し	4. あまり	5. 違う
③甘えたがる（べたべた）	1. とても	2. わりと	3. 少し	4. あまり	5. 違う
④すぐ泣く（めそめそ）	1. とても	2. わりと	3. 少し	4. あまり	5. 違う
⑤人の顔色を見る	1. とても	2. わりと	3. 少し	4. あまり	5. 違う
⑥人に心を閉ざす	1. とても	2. わりと	3. 少し	4. あまり	5. 違う
⑦1人より集団でいるのが好き	1. とても	2. わりと	3. 少し	4. あまり	5. 違う
⑧素直でない（強情）	1. とても	2. わりと	3. 少し	4. あまり	5. 違う
⑨感情の起伏が激しい	1. とても	2. わりと	3. 少し	4. あまり	5. 違う
⑩すぐに暴力を振るう	1. とても	2. わりと	3. 少し	4. あまり	5. 違う
⑪パニックを起こす	1. 度々	2. 時々	3. たまに	4. あまり	5. 1度もない
⑫言葉が乱暴	1. とても	2. わりと	3. 少し	4. あまり	5. 違う
⑬よく嘘をつく	1. とても	2. わりと	3. 少し	4. あまり	5. 違う
⑭よく約束を破る	1. とても	2. わりと	3. 少し	4. あまり	5. 違う
⑮反省心がない	1. とても	2. わりと	3. 少し	4. あまり	5. 違う
⑯物やお金をとる（持ち出す）	1. 度々	2. 時々	3. たまに	4. あまり	5. 1度もない

12) **Aちゃんが小学生かそれ以上の方に。現在の様子についてお聞かせください**
　　＊なお、現在Aちゃんが乳児・幼児・社会人の場合は、次ページの（Ⅲ）へ飛んでください

①成績は　　　　　　（1.とてもよい　2.中の上　3.中ぐらい　4.中の下　5.下のほう）
②得意な科目（〇はいくつでも）
　　（1.国語　2.算数　3.理科　4.社会　5.英語　6.体育　7.音楽　8.図工　9.それ以外）
③苦手な科目（〇はいくつでも）
　　（1.国語　2.算数　3.理科　4.社会　5.英語　6.体育　7.音楽　8.図工　9.それ以外）
④勉強は好きですか　（1.とても嫌い　2.やや嫌い　3.ふつう　4.やや好き　5.とても好き）
⑤学校へ行くのは　　（1.とても嫌い　2.やや嫌い　3.ふつう　4.やや好き　5.とても好き）
⑥学校のお友だち関係　（1.とてもいい　2.わりといい　3.ふつう　4.あまりよくない）

（Ⅲ）もう少しAちゃんについてお聞きします

1）子どもを何人か育てたお母さんは、実子の中でも<u>何となく気が合わない（気持ちが通じにくい）子がいる</u>と言っています。あなたはAちゃんとの＜現在の（里）親子関係＞について、どんな感じをお持ちですか。

> 1. どうしても、Aちゃんとは気持ちが通じ合わない
> 2. 時々、Aちゃんと気持ちが通じないと思うことがある
> 3. わりと、Aちゃんと気持ちが通じている
> 4. とても、Aちゃんと気持ちが通じている

2）これまで里子さんの扱いに手を焼いた時、誰の助言や励ましが役に立ちましたか

以下（1.とても役立った　2.わりと　3.あまり役立たなかった　4.ほとんど役立たなかった　5.相談せず）

①配偶者	1. とても役立った	2. わりと	3. あまり	4. ほとんど	5. 相談せず
②自分の親	1. とても役立った	2. わりと	3. あまり	4. ほとんど	5. 相談せず
③配偶者の親	1. とても役立った	2. わりと	3. あまり	4. ほとんど	5. 相談せず
④成人した実子	1. とても役立った	2. わりと	3. あまり	4. ほとんど	5. 相談せず
⑤親類などの身内	1. とても役立った	2. わりと	3. あまり	4. ほとんど	5. 相談せず
⑥近所や地域の人	1. とても役立った	2. わりと	3. あまり	4. ほとんど	5. 相談せず
⑦あなたの友人	1. とても役立った	2. わりと	3. あまり	4. ほとんど	5. 相談せず
⑧里親の仲間	1. とても役立った	2. わりと	3. あまり	4. ほとんど	5. 相談せず
⑨児童相談所の担当	1. とても役立った	2. わりと	3. あまり	4. ほとんど	5. 相談せず

3）里子としてお育てのAちゃんについて、養育の返上（措置変更・解除）をしたいと思ったことが、おありでしたか。4つの中から1つを選んで○をお付けください

> 1. 養育を返上しようと、何度も考えた
> 2. 養育を返上したい気持ちになったこともある
> 3. 養育を返上したい気持ちは、ほとんどなかった
> 4. 全くなかった

4）①②と答えられた方で、結局、養育を返上されなかった理由はなぜですか
①自分の信念を通したかった　　　（1. とてもそう　2. わりとそう　3. 少しそう　4. 違う）
②里子への責任を考えて　　　　　（1. とてもそう　2. わりとそう　3. 少しそう　4. 違う）
③周囲の強いサポートや励ましで　（1. とてもそう　2. わりとそう　3. 少しそう　4. 違う）
④その他（　　　　　　　　　　　　　　　　　　　　　）

5) Aちゃんに、将来どこまで学校に行ってほしいですか（○は1つだけに）
   ＊Aちゃんが現在（就職して）社会人の場合は、次の6) に飛んでお答えください
   （なお専門学校以上の学費は、実子の場合と同じにアルバイトと里親負担で）
   1. 中学校卒業まで
   2. 高校卒業まで
   3. 専門学校や短大まで
   4. 四年制大学まで
   5. その他（　　　　　　　　　　）

6) Aちゃんが成人した後で、どの位の交流をしていきたいですか（○は1つだけに）
   1. 成人したら、自立してもらいたい（手を離したい）
   2. たまに家に来て、食事するくらいの関係を保ちたい
   3. できれば近所にいてもらい、家族の1員として交流していきたい
   4. できれば家にいてもらい、家族同様に暮らしたい

7) Aちゃんを、できれば（Aちゃんが望めば）養子にしたいですか
   1. できれば養子にしたい
   2. 養子にしたいとは思っていない
   3. 今は分からない

（Ⅳ）次に、里親会や里親さんについてのお考えをお聞かせください
1) あなたは里親会の活動（里親サロンなど）にどのくらい熱心に参加しておいでですか
   1. ほぼ中心になって活動している
   2. わりとよく参加している
   3. 時々参加している
   4. あまり参加してない
   5. ほとんど参加していない

2) 上で「④⑤（あまり・ほとんど参加していない）」とお答えの方は、なぜでしょうか
①里子であることを知られたくない　（1. とてもそう　2. わりとそう　3. 少しそう　4. 違う）
②仕事を持っているので忙しくて　　（1. とてもそう　2. わりとそう　3. 少しそう　4. 違う）
③人間関係がわずらわしくて　　　　（1. とてもそう　2. わりとそう　3. 少しそう　4. 違う）
④出席しても意味がない気がして　　（1. とてもそう　2. わりとそう　3. 少しそう　4. 違う）
⑤その他（　　　　　　　　　　　　　　　　　　　　　　　　　　　　）

3）里子を育てていく中で、里親会はあなたの役に立っていますか

1. とても役立っている
2. わりと役立っている
3. まあまあ
4. あまり役立っていない
5. 全く役立っていない

4）里子を預かる場合には、できればどんなお子さんを預かりたいですか
   (1) 里子の年齢（○は１つ）
       (1. 乳児　2. 幼児　3. 小学低学年　4. 小学高学年　5. 中高生　6. 年齢は気にしない)
   (2) 性別
       (1. 男子　2. 女子　3. 性別は気にしない)
   (3) 体や心の発育状況
       (1. とても気にする　2. かなり気にする　3. あまり気にしない　4. 全く気にしない)
   (4) 実親やその家庭
       (1. とても気にする　2. かなり気にする　3. あまり気にしない　4. 全く気にしない)

5）現在の里子さんがある年齢になられたら、また新しい里子さんを預かりたいですか

   1. ぜひ預かりたい　2. 場合によっては　3. あまり預かりたくない　4. 預かりたくない

6）これ迄の里親のご経験の中で、あなたはどんな実感をお持ちですか

①人間関係が広がった	1. とてもそう	2. わりとそう	3. あまり	4. 全く感じない
②がまん強さが増した	1. とてもそう	2. わりとそう	3. あまり	4. 全く感じない
③家族の絆が強まった	1. とてもそう	2. わりとそう	3. あまり	4. 全く感じない
④充実した毎日を過せた	1. とてもそう	2. わりとそう	3. あまり	4. 全く感じない
⑤人間的に成長できた	1. とてもそう	2. わりとそう	3. あまり	4. 全く感じない
⑥社会に役立つことができた	1. とてもそう	2. わりとそう	3. あまり	4. 全く感じない
⑦家族に負担をかけた	1. とてもそう	2. わりとそう	3. あまり	4. 全く感じない
⑧困難の連続だった	1. とてもそう	2. わりとそう	3. あまり	4. 全く感じない
⑨無駄な時間を多く使った	1. とてもそう	2. わりとそう	3.あまり	4. 全く感じない

7) 里親をなさってきたことを、全体として、あなたはどうお感じですか
> 1. とてもよかった
> 2. わりとよかった
> 3. 半々
> 4. あまりよくなかった
> 5. 全くよくなかった

8) 現在の養育里親への委託費（里親手当と食費）の額は適切だとお考えですか
> 1. かなり十分　2. やや十分　3. まあまあ　4. やや不足　5. かなり不足

9) 一般論として、専門里親への手当の額は適切だとお考えですか
> 1. かなり十分　2. やや十分　3. まあまあ　4. やや不足　5. かなり不足

10)「里親」の大変さは、世間でどの程度理解されていると思われますか
> 1. とても理解されている
> 2. わりと理解されている
> 3. まあまあ理解されている
> 4. あまり理解されていない
> 5. 全く理解されていない

11) 厚労省は養育家庭への子どもの委託率を、できれば現在の12％から、3割位にまで（とりあえずは平成26年度迄に16％に）引き上げたいと言っています。5年位先に、あなたは養育家庭への日本の委託率は、どれくらいになっていると予想されますか（○は1つに）
> 1. 10％以下に減るだろう
> 2. 現状（12％）位のままだろう
> 3. 16％位には、なるだろう
> 4. 20％位には、なるだろう
> 5. 30％以上に、なるだろう

Ⅴ）最後にAちゃんのこれまでと、現在について、少しうかがいます

1）いわゆる赤ちゃんがえり（試し行動）の時期がありましたか

1. あまり気がつかなかった
2. 多少あったが、すぐ終わった
3. ある期間、確かにあった
4. とても、大変だった

→③④と答えた方は、どんな状態だったか、どの位たってから始まって、何か月間位で終わったかをお聞かせください。（空いているスペースを使って）

（　　　　）か月くらいから始まって、（　　　　）間くらい続いた

2）Aちゃんが家に来てから、日々行動が変化する（成長する）のを実感された時期は、いつぐらいでしたか。

来て（　　　）年ぐらいから（　　　）年くらいの時が一番変化した

3）<u>現在のAちゃんの性格について</u>どう感じておられますか

①わがまま（自分勝手）	1. とても	2. わりと	3. 少し	4. あまり	5. 違う
②落ちつきがない	1. とても	2. わりと	3. 少し	4. あまり	5. 違う
③甘えたがる（べたべた）	1. とても	2. わりと	3. 少し	4. あまり	5. 違う
④すぐ泣く（めそめそ）	1. とても	2. わりと	3. 少し	4. あまり	5. 違う
⑤人の顔色を見る	1. とても	2. わりと	3. 少し	4. あまり	5. 違う
⑥人に心を閉ざす	1. とても	2. わりと	3. 少し	4. あまり	5. 違う
⑦1人より集団でいるのが好き	1. とても	2. わりと	3. 少し	4. あまり	5. 違う
⑧素直でない（強情）	1. とても	2. わりと	3. 少し	4. あまり	5. 違う
⑨感情の起伏が激しい	1. とても	2. わりと	3. 少し	4. あまり	5. 違う
⑩すぐに暴力を振るう	1. とても	2. わりと	3. 少し	4. あまり	5. 違う
⑪パニックを起こす	1. 度々	2. 時々	3. たまに	4. あまり	5. 1度もない
⑫言葉が乱暴	1. とても	2. わりと	3. 少し	4. あまり	5. 違う
⑬よく嘘をつく	1. とても	2. わりと	3. 少し	4. あまり	5. 違う
⑭よく約束を破る	1. とても	2. わりと	3. 少し	4. あまり	5. 違う
⑮反省心がない	1. とても	2. わりと	3. 少し	4. あまり	5. 違う
⑯物やお金をとる（持ち出す）	1. 度々	2. 時々	3. たまに	4. あまり	5. 1度もない

Ⅵ）里親問題に関して、制度、費用、行政の対応その他について、何かご意見やご希望、ご感想がおありでしたら、ご遠慮なくお書きください

また、里親会のあり方についてのご意見やご感想がおありでしたら、お願い致します

＜これで終わりです。長いことありがとうございました。別添の封筒でご投函ください。
今後のご家族のみなさまのご多幸をお祈りしております＞

「母親から引き離された子」の研究をめぐる考察
―― ホスピタリズム（hospitalism）研究からアタッチメント（attachment）
そしてきずな形成（affectinal bonding）へ

深谷 和子

　赤ん坊が、出生後に初めて経験する人間関係、すなわち「母子関係」の成り立ちは、前史も含めれば1世紀以上にわたって、多くの研究者たちが関心を持ち、研究を進めてきたテーマである。

　ヒトの赤ん坊はどのように母親との関係を結び、また母親は赤ん坊をどのように認知し、どのように育児行動を維持していくのか。人間が動物の一種である以上、それらの過程は生物学的に規定されたもの、つまり本能に基づく部分もあるはずだが、それでは十分な説明とは言えない。人は本能に基づかない行動の方を、はるかに多く展開しているからである。

　まして里母と里子との関係は、生物学的に根拠を持たない母子関係である。この問題に関連した研究は乏しいが、考えてみれば里親里子問題とは、改めて「親とはなにか、子とは何か」を問う重要な命題でもある[1]。

　里親里子問題への接近にあたって、これまで研究者たちによって行われてきた母子関係の研究の一端を整理してみることにする。

ホスピタリズムの発見

　子どもが親から引き離された環境に置かれたときに、どのような成長の姿をみせるか。後に「愛着」やマターナル・デプリベーションのテーマにつながるこの問題への注目は、施設養育において、ホスピタリズム（hospitalism）と名づけられた子どもの成長の様態が発端であった。

　1907年に、医師であるアーサー・シュロスマン（Arthur Schlossmann）は、

デュッセルドルフの市立病院の管理を引き継いだ際に，何らかの理由で母親からひき離されて小児病棟に入院していた（もとはほとんど健康な）乳児たちの，高い死亡率に直面した。入院していた乳児の71.5％が死亡し，残りの子どもも，退院後ほどなくして死ぬほど衰弱した状態だったが，病院側が栄養状態と不潔状態を改善した結果，感染症は防止され，10年後に死亡率は17.1％にまで低下したという。こうした乳児たちの高い死亡率は，身体的ケアの不足がもたらしたホスピタリゼーション（入院下での身体的配慮不足）の結果としてとらえられた。

しかし，追いかけるようにして研究者たちは，ホスピタリズムは住居や食物や衣服の問題だけではなく，人間関係の問題でもあることを主張し始めた。たとえばヒルデガード・ヘッツァー（Hildegard Hetzer）は，施設に収容された子どもの上には，「身体的な配慮不足」とは別に，個別的な情緒的配慮の不足から引き起こされる「精神的配慮不足（精神的ホスピタリズム）」があると指摘した。彼は，施設に保護されている子どもは，社会的な関係になかなか入っていけず，手で操作する遊びの発達も遅いと報告している。

これらのホスピタリゼーションによる影響は，研究者によって施設入所児対象に，知能，言語，対人関係などの諸側面での測定が行われ，社会的剥奪，情緒的剥奪，心理的剥奪，またボウルビィからは「母性的養育の剥奪（マターナル・デプリベーション）」などの語と概念が提出された[7]。

ある乳児院の光景

ホスピタリズムで思い出したことがある。1980年代，筆者が若い研究者だった頃に，乳幼児のホスピタリズムに関心をもって，ある乳児院に「遠城寺式発達検査法」（1977年発行）を持って，乳児の発達検査に出かけたことがあった。筆者が想像していた乳児院の暗いイメージとは違って，レースのカーテンを通して燦々と太陽の入る乳児たちの寝室には，ベビーベッドが10以上もきちんと並べられ，ベッドには1歳未満とみえる赤ん坊たちが，清潔な白い服を着て寝かされていた。かすかな違和感があったとすれば，並んでいるベッドが少し

錆の出た頑丈な鉄製のフレームで作られていたことだった。

　発達検査の課題を提示すると，なぜか乳児たちは，身体運動的にも精神的にも「不活発」という印象だった。たとえば，赤い玉（白だったかもしれない）を糸でぶら下げて，目を開いている乳児の顔の上で振り子のように振ってみせる。月齢にもよるが，ふつうなら動く物体を珍しがって，手を伸ばしてつかもうとするか，少なくとも関心をもって目で赤い玉を追おうとするかであろう。しかし，そうした動作をする子はまれで，おとなしいというか，けだるそうというか，部屋にはどんよりとした空気が漂っていた。この子たちが，もしふつうの家庭で育てられていれば，きっと泣いたり，叫んだり，バタバタしたりと，限りなく個別な姿をみせたのではないか。

　さらに，鉄のフレームのベッドより，もっと大きな違和感を感じる情景に出会った。2，3歳くらいの幼児たちが，一定の時間になると，そろってパンツを脱がされ，下半身むき出しのまま，並んでぞろぞろとトイレに行く姿だった。オシッコは，一定時間になったら一斉にしたくなるものではない。時間まで待てない子もいるし，時間になってもまだ大丈夫で，遊んでいたい子もいるに違いない。そこでは手間を省くために，1人ひとりのオシッコのリズムは無視され，まとめてトイレに連れていく方式がとられていた。

　そうした環境の中では，子どもにとって自分とは「その他大勢の1人」でしかない。個人的関係の中での養育（家庭養育）にあっては，自分はオシッコのリズムまでもが尊重され，他人とは違う「トクベツの存在」だという感情が生み出される。このような自分への認知は，人格形成上の基本部分として欠かせないものだが，集団養育の環境で，その感情は果たして育つのだろうかと痛ましく思ったことを思い出す。

　今にして思えば，施設養育の不具合を感じたのは，幼い段階にあっても，人格の基本として重要な，「自尊感情」の形成の観点からだったかもしれない。

　人生のごく初期に「個人的な人間関係の下で養育されなかった子ども」の場合，その感情や欲求に個別に対応する「応答的な養育環境」が無かったことは，どのような不具合を生むと考えられるだろうか。本稿であらためて考えてみたい。

1) マルティプル・マザリング (multiple mothering) の問題

　不特定多数の保育者からケアされる施設の子どもは，家庭養育と違って，特定の対象（人物）への愛着形成が難しくなる。また複数の保育者の間には，そのケアの性質，つまり抱いたり，ゆすったり，笑いかけたり，あやす声のトーンにも微妙な違いが出てくる。人に安定感をもたらすものは，変わらないこと，変わらないものであろう。男性が理髪店で同じ技術者を指名するのも，いつものバーテンがいる酒場で決まってジントニックを注文するのも，その例ではなかろうか。

2) 子どもの感情や欲求に個別に応えることが難しい

　筆者が乳児院で目にしたシーンが象徴するように，集団での扱いでは，子どもに個別的な対応や，保育分野で使用される「応答的」養育が難しくなる。子どもにとって，自分が世界の中心に居て，他から尊重され，ひたすら大事にされているという感情が持ち難くなる。健康なパーソナリティー形成上の基本は，何よりも子どもが置かれた世界における安定感に根ざすものと考えられる。

　そしてこれらは，かつて乳児院で成長した子どもに特有な問題ではなく，その養育環境が改善されつつあるとはいえ，今日でも，親に育てられない子の「施設養育」の場合に，基本的には当てはまるのではなかろうか。しかし最近の養護施設での小舎制，公立保育園では少数担当制（1人の保育士が3人程度の乳児を継続して保育する）など，これらの問題への解決の努力がされ始めているとも聞く。その試みが，あまねく広がっていくことを念じている。

母親の配慮不足（ケアの不足）をめぐって

　その後1945年に，精神分析家のレネ・スピッツ (Spitz, R.) が発表した論文によってホスピタリゼーションの問題は世に大きな反響を呼び起こした[7]。母子関係において1年間の配慮不足があれば，それは確実に回復不能の刻印を押すことになるとの主張であった。

「もしわれわれが，生後1年間の配慮不足から生ずる，不可避のまた不治の精

神的障害を減らそうとするなら，われわれの諸施設，慈善的活動，社会的制度において，次のことを考慮せざるを得ないであろう。つまり，生後1年間の適当かつじゅうぶんな母子関係が，圧倒的でしかもかけがえのない重要性をもっている，ということを」(傍線は筆者)

　生後1年の間に母親の愛情の欠如を経験した子どもは，例外なしに人生の落伍者になるとするスピッツの指摘は，世に衝撃を与えることとなった。

　研究者による種々の論争を経て，その後1948年には国連の社会問題調査会が，第2次世界大戦の戦中・戦後に，親と離ればなれになった子どもの調査を始めることとなった。この調査を引き受けたのが，タビストック研究所のジョン・ボウルビィ（Bowlby, J.）であった。彼は1951年に『母性的配慮と精神衛生』の名で報告書を刊行する。ボウルビィは，ホスピタリズムについての実証研究から，母性的配慮（マターナル・ケア）の不足は，子どもの全生涯にわたる深刻で拭いがたい影響を生むと指摘して，世にスピッツ以上の衝撃を与えた。乳児期に形成された愛着またはその不具合は，「鋳型」として後の人生に持続するという幼児期体験の重視論であった。

　また乳児が母親に庇護を求める「愛着」を測定する方法を開発したのが，同じタビストック研究所の臨時研究員だったメアリー・エインズワース（Ainsworth, M.）であった。この研究（ストレンジ・シチュエーション法）によって愛着は，1970年前後から発達心理学の重要な研究テーマになった[8]。また年長の子どもの上にも，さまざまな測定法が開発されて，愛着理論の研究が盛んに行われるようになる。

　ボウルビィは，子どもからの養育者への「愛着」を，生物学にもとづく必然性とみなして，子どもが生存の必要性から，また情緒的な安心のために，「親に近接性を保とうとすること」と愛着を定義した。また長く精神療法の臨床に携わって来たウォーリン（Wallin, D. J.）も，愛着を脅威や危険に対する生まれつきの本能であり，その証拠は次の3種類の行動に見ることができるとまとめている[9]。

1. 保護してくれる愛着人物(あるいは複数の小集団)をもとめ，モニターし，その人物との近接性を保とうとすること。
2. 愛着人物を「安全基地」（エインズワースのいう）として用いること。

3. 危険な状況や警戒すべき時に「安全な避難所」としての愛着人物のもとへ逃げ込むこと。

また彼は『愛着と精神療法 (2007)』の日本語版の序で，人間は「より強く（あるいは）より賢い他者への近接性を通して安全を希求するように，進化論的にデザインされています。したがって，愛着とは，食事や生殖と同じくらい，生存に必要な生物学的衝動であり，また乳幼児期のみならず生涯を通して私たちの行動を形作ものなのです」と述べている。

しかし，スピッツやボウルビィらの主張に対して，ヴァン・デン・ベルク（J. H. van den Berg）は[10]，そうした子どもの予後への言及は科学的慎重さを欠き，論理的飛躍があるのではないかと指摘した。当時，人のメンタルに関心を持つ研究者たちの多くは，多少とも精神分析の影響を受けていたか，精神分析家そのものであったため，フロイドに倣って，乳幼児期の体験は人の一生に〈拭いがたい，決定的影響〉を及ぼすという考え方を好んだのであろう。当時は，人の資質の個人差，環境の影響，性格の脆弱性 (vulnerability)，レジリエンス (resilience) などへの知見が乏しかったためと思われる。

この点についてはマイケル・ラター (Rutter, M.) も，1972 年に『マターナル・デプリベーションの再検討』の著書で[11]，それまでの研究の動向をまとめ，今後の課題を提出している。その一部を紹介すると「マターナル・デプリベーション (maternal deprivation) の概念に含まれる子どもの体験は単一ではなく，種々の様態と異なったメカニズムが含まれている」「子どもの正常な発達にとって最も重要であり，またその欠如が重篤な長期の障害を引き起こすものは，乳幼児期におけるボンド形成（その対象となるものは，必ずしも母親とは限らない）であり，母―子のセパレーション自体は，全ての子どもに決定的なダメージを与えるとはいいきれない」。そして，ボウルビィ以後の研究においては，「重要なのは，その時期とそれ以前の母－子関係であり，むしろ，母子の正常で幸せな分離の体験 (happy separation) が，後年のストレスに満ちた分離の有害な影響から子どもを保護し，子どもの耐性教育としての意味を持ちうる」とする視点が出てきていると指摘する。

刻印付け説とも言えるボウルビィのホスピタリズム論[3]の是非はともかく，研究者たちは，それ以降，母子関係の成立の研究に関心を持ち，多くの研究的

成果を上げるようになった。単に施設への収容でなくともホスピタリズムが発生すること、すなわち家庭や母親と離ればなれになった子どもには、さまざまな問題が生ずると指摘した点で、ボウルビィは母子関係の研究者に今日につながる示唆を与えたと言える。ヴァン・デン・ベルクは「かつてホスピタリズムは子どもが施設に収容された時に用いられる言葉だったが、今日では施設収容の有無にかかわらず、献身、あたたかさ、愛情、配慮、注意などの欠如による有害な結果一般をさしている」と述べている。

ボウルビィを超えて

　ボウルビィに触発されて、「愛着」（アタッチメント）をめぐる研究が次々と展開される中で、研究者たちの中から、この語が単なる「母子の絆」のように誤用されているとの指摘もされ始めた。ボウルビィ自身も「愛着」の概念が正確に理解されていないことに言及し、この語は極めて限定的で「乳児が母親に庇護を求めることである」としている。母親が子どもに対して抱く親和的な感情（愛）を、この語に適用するのはふさわしくないとする研究者もいる。しかし、アタッチメントおよび訳語である「愛着」は、専門用語を脱して、より広く使われていて、英語辞典でも「彼女は古いテディ・ベアに強い愛着（アタッチメント）をもっている」のような例文が出てくる。専門用語が汎化して広く使われることはしばしば起こる。吉田は、子ども側からの愛着と分けて、母親側からはボンドの語を使い、「愛着障害」と「ボンディング障害」を扱い分けている[12]。
　本書に収録されている「全国里親調査（平成24年度）」の結果[13]にも、しばしばボウルビィの研究が引用されているが、量的調査の中でも面接調査の中でも、そうした指摘を考慮して「きずな形成」（bonding）の語を使って、里親のもつ里子との「つながりの感覚」の機能の吟味が行われた。
　発達を扱う研究者の間では、子どもの発達にとっての愛着形成は、現在も他を圧して中心的なテーマとなっている。しかし愛着を、親しい人間との関係の中心に位置する中核的機能とみるのは、人間形成のある部分だけを突出させた考え方かもしれない。高橋恵子（前出）は、「愛着のネットワーク」という考え

方を提唱して、「愛着は、愛情のネットワークの中の、人の存在を支える部分だけを独立させて問題にしている」「愛着の対象は、人の成長につれて変わる可能性があるし、独立に存在するのではなく、ネットワークの他のメンバーとの関係で決まる」と指摘している。こうした愛着対象の変化についてプライサーらは、「愛着行動は3歳以降成長するにつれて、それほど頻繁には発動しなくなるが、それでも最も重要な頼り綱（dominant stand）として持続します。青年期では、親に対する子どもの愛着は、通常、他者への絆、仲間たちに対する絆にとって代わりはじめます。成人期では、愛着の絆や行動は、ふつうではパートナーや親友に向けられます。最終的に老年期では、愛着行動の向かう方向はしばしば逆転し、愛着行動は年長の者から年少の者へ、親から子どもへ向けられるようになります」と述べている[14]。

　ボウルビィによる愛着理論は、対人関係の生涯発達や世代間伝達への関心を呼び、今日に受け継がれている。

母親による子ども養育の維持要因をめぐって

　時を経て今日、母性（親性）の異常とも言うべき現象が話題を呼んでいる。母親による子どもの虐待やネグレクトが、これほど世の関心を集めた時代はこれまでになかった。発生頻度の多さがもたらした社会的関心からと思われる。これを、母親（父親）がある意味で子どもに愛情と保護の感情（愛着）を抱けない「きずなの障害（ボンディング障害）」からと表現することもできる[15]。

　しかし他方では、自分と血のつながらない子ども、いわば他人の子どもをわが子同様に養育しようとする人々（里親）がいる。その動機はともかく、養育に困難な状況の下で、その養育行動を長期にわたって持続させる要因は何だろうか。

　もともと幼い子どもには、小さい者が備える可愛らしさ、生存の危うさ、能力的な無力さなどがあり、それが人を惹きつけ、保護してやりたいとする欲求を、おとなの中に生み出させる。子ども側からの接近行動と共に、そうしたおとな（親）側からの子どもへの関心と保護的行動が生ずる。そうした相互的な

関係の成立がボンドの形成（ボンディング）である。
　しかし，親から引き離されて里親の下に来る子どもの多くは，親という「安全基地」を失ったまま，未だ里親を安全基地とみなすことができずにいる。里子は，危機を感じた際にしばしば「固まる」（フリーズする）と表現される「かい離行動」を示す。別の世界に安全基地を求めようとするかのように，トリップして自己の安全を保とうとする。里親は，いくら心をこめて養育しても，自分を「安全基地」と認識してくれない子どもに，果たしてどこまでポジティブな感情を抱けるのか。幼い者に抱く，「可愛らしさ，幼さ，無力さ」等の感情だけでは，この過程は支えきれない。保育用語の中に「応答的」という語がある。こちらの働きかけに相手が反応し，相手の行動をこちらが受けとめるという相互作用が，保育場面でも保育士の行動を支えると思われる。
　しかし，そうした相互関係が成立していない，すなわちボンディングの成立していない里子を，さまざまな育児困難の下で育てていこうとする里親のモチベーションの持続，養育の維持要因は，どのようなものか。さまざまな養育困難の下にあっても，多くの里母がギブアップせず，里子の養育を返上しないのはなぜか。
　ここでまず思い起こされるのは，養育里親の全国調査の中にあった「養子縁組を求める人々」の存在である。アンケートの中で，「できれば養子にしたい」と答えた人々は36.3％，「今は分からない」（場合によっては養子にしてもいい）と答えた28.9％を含めると，6割を超える人々の中にその気持ちが見出される。人とのつながりにおける「血縁」への渇望は日本文化の一端であるが，養育返上をしない人々の中には，人とのきずなを求める気持ちの強さが確実に存在するかのようである。
　さらにもう1つの維持要因は，「責任や信念」という人間に独自の「行動軸」の存在である。養育返上を考えたことがある里親（33.8％）が，なぜ返上をしなかったかと問われたとき，「周囲のサポートで」と答えた者はわずか17.4％。それに対して「里子への責任から」は60.9％，「自分の信念を貫いて」が29.3％という数字は，きわめて示唆的である。動物の親は本能に基づいて行動するが，人間の親は困難な状況に置かれても，しばしば「責任」や「信念」から行動する。その軸に支えられて，たとえ里子側からの接近行動が不十分でも，社会貢

献や自己実現につながる行為として，養育行動が維持されるのであろう。この問題に関連した研究の今後の発展が待たれるところである。

【文献】
1. ルイ・ジュヌヴィ，エヴァ・マルゴリー著，江原由美子他訳（1989）『母親』朝日新聞社
2. ジョン・ボウルビィ著，黒田実郎訳（1962）『乳幼児の精神衛生』岩崎書店
3. ジョン・ボウルビィ著，黒田・大羽・岡田訳（1976）『母子関係の理論Ⅰ愛着行動』岩崎学術出版社
4. ジョン・ボウルビィ著，黒田・岡田・吉田訳（1977）『母子関係の理論Ⅱ分離不安』岩崎学術出版社
5. ジョン・ボウルビィ著，作田勉監訳（1981）『母子関係入門』星和書店
6. 庄司順一・奥山真紀子・久保田かおり（2008）『アタッチメント—子ども虐待・トラウマ・対象喪失・社会的養護をめぐって』明石書店
7. Spitz, R.（1945）"Hospitalism" Psychoanalytic Study of the Child
8. 高橋恵子（2010）『人間関係の心理学—愛情のネットワークの生涯発達』東京大学出版会
9. デイビッド・J・ウォーリン著，津島豊美訳（2011）『愛着と精神療法』星和書店
10. ヴァン・デン・ベルク著，足立叡・田中一彦訳（1977）『疑わしき母性愛—子どもの人格形成と母子関係』川島書店
11. マイケル・ラター著，北見芳雄・佐藤紀子・辻祥子訳（1979）『母親剝奪理論の功罪—マターナル・デプリベーションの再検討』誠信書房
12. 吉田敬子（2006）「愛着障害とボンディング障害」『そだちの科学 7』日本評論社
13. 厚労科研費補助金：政策科学　平成24年度報告書（研究代表者開原久代）「社会的養護における児童の特性別標準的ケアパッケージ—被虐待児を養育する里親家庭の民間の治療支援機関の研究」
14. ビビアン・プライサー，ダーニア・グレイサー著，加藤和生監訳（2008）『愛着と愛着障害—理論と証拠にもとづいた理解・臨床・介入のためのガイドブック』北大路書房
15. 深谷和子（2008）「母と子，そして育児不安—ボンディング障害とその事例をめぐる考察」深谷昌志編『育児不安の国際比較』学文社
16. 岡・小倉・上出・福田編（1984）『親子関係の理論① 成立と発達』岩崎学術出版社
17. 東洋・柏木恵子編（1999）『社会と家族の心理学』ミネルヴァ書店

4章
里母の語った5つの人生物語
―― 里親の面接調査から

構成・解説　深谷和子

はじめに

　この章には,「まえがき」でもふれたように, 平成23年度, 24年度に行った全国8地点での53人の里親面接調査の資料から, 5事例を選んで収録してある。多少とも心理や福祉の臨床に関心のある読者には, 紙面の制限はあるものの, 一種の事例研究としてお読みいただけるのではなかろうか。しかしこの章では5事例を, 通常の事例研究というより, 量的な調査（第3章）の数字と数字の間隙を埋める資料として収録した。また, 事例を読み慣れない読者の便を図って, それぞれの事例がわれわれに何を示唆しているかを「解説」として加えてある。

　事例研究は, 心理や精神医学の臨床で広く用いられている方法である。量的な調査（一般に行われているアンケート調査）は普遍性や客観性を目指しての資料収集の方法だが, 事例研究（面接による資料収集）は, 面接する相手の「固有な世界」を大切にして, その世界を探り, 記述する手法である。したがって, ①対象事例の内包（どの位, 典型性や示唆を含むか）と, ②聴き手の感度, 相手との心の通い合い, とりわけ相手を人として畏敬する態度の2つによって, 得られる資料の質が決まってくる。質的な研究は, ある意味で量的な研究より難しいかもしれない。

1　事例とは

　事例とは, どれもその人の日々の営みから作り上げられた「人生物語」（ナラティヴ）である。「ナラティヴ」（narrative）は, 最近精神医学や臨床心理学分野で使われ始めた語であり概念だが, まだ多くの人々には聞き慣れない語かもしれない。ナレーション（story）と同根だが, 架空の物語ではなく「事実に基づく物語」である（小森, 1999）。

　人が誰かに自分を語るとき, その内容は, 自分が生きてきた日々の記憶の中から, 自分にとって意味ある（と思われる）断片を綴り合わせて語る。語られる

（人生）物語は，まったく客観的ではないが，と言ってまったく主観的でもない。自分にとって「意味あるものと感じている人生の切片」の貼りあわせによる作業であり，クライエントが相談室で，雑誌から好きな絵や写真を切り取ってコラージュを制作する作業とも，どこか似ている。里親が里子養育について語った言葉から，事例記録を作成した今回の作業には，あえてその意味を含めて「人生物語」とした。

2　面接の方法

　しかしもう1つのことわり書きが必要である。今回の聞き取り作業は，相談室やクリニックで行われる面接とは違って，面接調査に使える時間は1時間か，せいぜい1時間半と短かった。心理や精神医学の臨床の場合のように，毎週相談室やクリニックに通ってくる相手が提供する膨大な資料から，事例記録をまとめるような通常の作業はできない。相手の里母とは，たった一度だけの出会いであり，面接である。

　そのための工夫が，面接当日までに里母に送付して記入を依頼した「事前アンケート」(巻末資料3) である。通常の面接は「あなたの年齢は，ご家族は──」のように，基本的な要項を抑えるだけでも，多くの時間を費やしてしまう。そこで面接時間を短縮するため，基本的な事項を事前アンケート用紙に盛り込んで郵送し，返送された資料を用いて，個人別にブリーフレポートを作成して面接に臨んだ（なお事前アンケートでは，複数の里子を養育している場合には，最も養育期間の長い子を抽出して《Aちゃん》と名づけて，回答を依頼した）。

　このような方法をとることで，里親と対面したときに，聞き手はその人について，ある程度の輪郭と，部分的にはかなり詳細なディテールを描いて，面接に臨むことができる。

　里親は何を聞かれるかと，やや緊張して面接の部屋に入ってくる。そこで，相手のナラティヴ（語り）を大事にするために，「こちらの質問にお答えいただくのではなくて，日頃里子さんをお育てになりながらお感じになっていることを，何でもご自由にお話し下さい。もし伺いたいことが出てきたら，その中

で伺いますから」との言葉で面接を始める。語り手の表現が抑制されないように，録音もしなかった。一種のナラティヴではあるが，事前アンケートから得られた資料も記録をまとめるときに加えて，事例について，読み手の理解の便を図ったので，やや変形的なナラティヴである。

3 それぞれの事例

　2年間にわたる面接から得られた53事例の資料の中から5事例を選び，多少の解説を加えながらこの章に収録した。

　なお，事例とは，いわば個人情報の塊ともいえる。したがって，心理臨床で事例研究を発表するときは，資料にかなりの修正を加え，たとえ口頭発表の場合でも「事例は本質を損なわない程度に加工してある」とことわり書きをつける。しかし，今回の研究ではできるだけ生の里親の姿を読み手に伝えるために，できるだけ加工度を低くし，面接後に作成された事例原稿を里親に送付して，必要な修正箇所があれば何回もやりとりをして，最終的に報告書に収録の承諾が得られた事例のみを収録することにした（巻末の資料4参照）。したがって，心理臨床などで作成する「事例」より加工度が低く，生に近い内容となっていると思われる。なお53事例の中で，報告書への収録否は6事例（11.3％）であった。

　事例の見出し（タイトル）は，筆者によるものである。

　また，事例中に里子の性格についての形容詞が出てくる。これは事前アンケートのチェックリストからの転載である。巻末の資料3に示したように，ネガティブな形容詞を提示し，選択肢は5段階（「とてもそう」から「違う」まで）でマークを依頼した。里子の性格の特徴を表すために，「とてもそう」「わりとそう」の項目だけを拾ったので，どの事例にあっても，（多少とも）ネガティブな形容詞が並んでいる。里親が里子に否定的な側面だけを見ている印象を与えるかもしれないが，部分的な評価であって，トータルな評価ではない。

事例A
里子にとっての「ホーム」と「アウェイ」
――里親の家庭が自分の安全基地になるまで

今 麻子（川崎里親会）の養育記録から

1）解説

この事例は，2つの意味で示唆を与えてくれる。

1つは，里親になった動機である。子ども時代に東欧で暮らした経験のある里母は，実子に恵まれなかったときに，不妊治療に時間を取られるよりもと，ためらわずに里子の養育を選択した。フランス社会の中で，里子（養子）養育をする家庭を数多くみてきたことによって，「血縁にこだわらない文化」を身につけた人だったのではなかろうか。

もう1つ，2歳で里家にやって来た2人目の里子（A）は，不思議な行動をみせた。里家はAにとっていわば「アウェイ」[注1]であり，当初，乳児院という「ホーム」（集団養育 multiple-mothering の場）からアウェイにやってきて，当惑の中で見せた行動が具体的に語られている。

2）家族構成

4人家族。里母40代（専業主婦），里父40代（会社員），11歳男子（小5，特別養子縁組済み），A（6歳男子，里子）。今までに長期1人，短期7，8人の里子を養育した。

3）里親になった動機

29歳になっても子どもに恵まれなかったので，不妊治療に時間をとられるよりも，と里子を育てることを選択した。里母は子ども時代，父の勤務する東欧に3年間住んでいて，休みのときにはフランス，イギリスなどいくつもの国を旅行した。そうした国々には，里子（養子）をする文化があり，白人の家族は，肌の色の違う子どもがいる家庭も普通のことだったので，里子を育てることに違和感はなかった。また，里母の進学した日本の大学の英文科の教師がアメリ

カ人を妻にし，養子をした話を聞いたこともあり，里子養育をする人々が身近にいたからかもしれない。とりわけフランスは，ベトナム戦争があったことに対するベトナム支援の一環として，当時，国際養子縁組をすすめていて，白人の親とベトナム人の子という組み合わせがとても多かった。

4）養育の経過

1番目の里子（A2）は，生後1週間で委託され，半年で特別養子縁組をした。3歳のときに絵本を使って，実母がいることを話して聞かせた。

2番目のAは，生後4カ月で乳児院にあずけられた子。現在6歳だが，2歳のときに乳児院から引き取り，現在まで4年間養育。兄（A2）に弟がいたほうがいいと考えて，Aを養育することにした。

Aの性格と成長

① 性格：少し強情で，人見知りをし，嘘をつく。約束を破る。身の回りの始末が雑で，あわてん坊。しかし今では，人の世話をしたりもできるようになったし，家の手伝いもよくしてくれる。

② 親子関係：Aが何を思っているかは，よくわかる。遠慮せずに叱っている。

③ 当初の適応：里母もAもお互いに大変だった。試し行動や反抗のようなものが2年間続いたが，こちらが絶対折れなかったので，子どもも大変だったと思う。乳児院からは「よくできた子です」と言われたが，同じ年より半年くらい遅い発育だった。しかし今では，むしろ人を助けるほどの行動ができるようになった。

5）ホームとアウェイをめぐって―施設側（保育者）と里母との微妙な関係

交流期間[注2]は3カ月だったが，Aは里母の訪問を，まるで「自分の安全を取り上げる人」と受け止めるかのようだった。Aに近寄ろうとすると，他の子どもは里母のそばに寄ってくるのに，Aは泣く。また保育士側も，（自分になついていた子どもを）若くて養育経験もない里母が奪っていくかのような感情にとらわれたのかもしれない。子どもをとられてしまう，悪く言えば，里母が人さらいのような。

家に連れてくると，キッチンの隅っこ（1平方メートル程度）から動かない。働

きかけても無反応。ホームとアウェイの区別の混乱かもしれない。里母は、子どもがなつかなければ、里母側から申し出てキャンセルもできると楽観していたが、1カ月もすると、家が自分のホームと認識するようになって、自由に動き回るようになる。

6) 当惑からの行動

初めAには奇妙な行動があり、手を焼いた。生後4カ月で実親から離れたので、虐待というより、乳児院という集団養育の場で身につけていた行動の仕方が通用せず、新しい場に置かれての当惑からだったと思われる。

①自転車の後ろカゴに乗せると大声で泣く。
②自分が選んでもいいことが、わからない。たとえば、大皿に一緒盛りの料理を家族で取り分けることがわからず、全部自分の分だと思ってしまう。
③公園(目的地)に歩いて行くことを知らず、バギーに乗せられて行くものと思っている。公園に着けば自分から遊ぶが。
④叱られて「おもちゃを片づけないと捨てちゃうよ」と言われてもピンとこない。集団養育で、自分の私物がない状態だったからだろう。おもちゃを捨てられても困らないかのようである。
⑤「ご飯を食べないなら、おやつは無し！」と里母が怒っても、その意味がわからない。乳児院では、個人の行為が後につながることはなく、時間がくればご飯は一斉に出てくる方式だからだろう。しかし、これらは半年から1年くらいで消失した。

7) 援助者としての兄(A2)とママ友たちの役割

Aの適応を大きくサポートしてくれたのは兄(A2)の存在だった。Aは兄(A2)を大好きである。里母も、兄弟(AとA2)の関係を優先するようにした。Aの不適応については、児相に相談するよりも、周囲の人(里親仲間、近所のママ友、自分の親)に相談したり、手助けをしてもらった。とくに近所のママ友には助けられた。これまで、兄(A2)の養育をしながら作り上げた人間関係のおかげだと思う。30代で子育てができたことは、同世代の母親たちの子育ての支え合いの中で生きてこられた子、というメリットを生み出し、とても楽し

く子育てができた。そのときに得た人間関係から，Aの養育の際にも援助をもらえて，ママ友と兄（A2）に感謝している。

8）実父との交流

実父との交流はあり，年に5，6回は会っている。「眼鏡のパパ」とAは呼んでいる。実父は控え目に自分のポジションをとっている人で，幼稚園行事を告げると大抵見に来てくれる。しかし家族でお弁当を広げていても，決してその中には加わらず，遠くからAを見守っているような配慮の人である。妻（Aの実母）とは離婚している。実父は，Aを育てられずに乳児院に入れたという。

里親として将来は，Aと父親に何らかの形で「家族」としてのかかわりを持ち続けてほしいと願っている。

事例B
早く「本物の親」になろうとした里母の努力と迷いの日々
——3人の里子の人格形成上に尾を引く虐待の影もさまざま
秋山恵美子（東京里親会）の養育記録から

1）解説

この事例には，ある里母（秋山恵美子さん）が育てた3人の里子が登場する。それぞれに背負ってきた過去も性格も能力も違う里子たちの1人ひとりに伴走しようとした里母の日々を，なぞってみようとした。したがって，5事例の中ではかなり長い記録となっている

まず，里母が「本物の親」になろうと努力し，里子の成長に自分の夢を託そうとした過程が展開する。しかし，里子養育の経過の中で，里子と里親それぞれが，自分の「夢」や期待と現実との折り合いをつけるようになっていく。相互の成長，または人としての成熟の過程とでも言うべきか。里親としては，「実親志向型」の養育から「シェルター型」への移行が起きたのかもしれない（5章「まとめと，いくつかの提言」参照）。

同じ養育環境の下に置かれた3人の里子の成長は，それぞれ違った展開を見

せる。資質と（虐待という特異な）経験の違いが微妙に関与している事例かもしれない。第１子（A）は（複数の保育者によるかかわりから，通常は愛着形成が難しいはずの）乳児院で，なぜか特定の保育者にアタッチメントが成立していた可能性もある。また第２子では（想像の域を脱しないが）生来的に，または受けた虐待の度が過度で，「傷つきやすさ」(vulnerability)を顕著にもっていた子の可能性もある。第３子の場合は，高いＩＱが不利な環境や経験をカバーするよい適応を生み出した可能性もある。同一の家庭で成長しながら，その姿は３者３様である。

　さらに，里親には「援助志向性（help-seeking preference）」があった。心理学用語に「被援助性」または「援助希求性」(help-seeking preference)がある。窮地に陥ったときに周囲に「援助を求める力や行動」のことである。里母が多くのサポート源を得られたのを，周囲に恵まれてと里母は表現しているが，むしろ里母の問題解決の積極性にあったと思われる。後述するが，里母は，児相に第１子第２子とも，５年以上も児相に通所して，夫婦でカウンセリングを受け，里子には遊戯療法を受けさせたりもしている。多くのサポート源を求めての里母の行動が，里母と里子の成長に寄与した可能性も大きいのではなかろうか。里子の養育は，個人的養護（里親による養護）に依存すべきではなく，多方面からの支援と里親側にもそれを求める行動が必要なことが示唆されている。

2）家族構成

　里親夫婦はともに50代。里父と里母は大学の先輩・後輩で，いわば同志的な夫婦。子どもに恵まれず，両親から勧められて里子を養育することにした。その決断には迷いもあり，占いにも頼ったという。

　すでに自立したA（27歳女性，販売員），半ば自立したA２（21歳男性，大学生），現在同居中のA３（16歳男子高校生）の３名のうち，現在は夫婦とA３の３人家族である。なお，Aは自立して一旦外に出たが，８年後の昨年１月から「１人暮らしに疲れた」と言って，再び里親宅に戻り，家賃として２万5000円を支払って同居しているので，都合４人家族とも言える。夕食時は，近くに住むA３も参加して５人の食卓となる。

3）Aの事例―保育士に愛されていたためか，愛着障害がみられない子
　今は社会人となった第1子A（27歳女性）を3歳から18歳まで養育。
〈経緯と委託当初の様子〉　Aは3歳まで乳児院で過ごし，3歳から里家に来たが，乳児院ではとりわけ保育士に可愛がられたと聞く。そのためか，親から虐待を受けたり，施設養護を長く受けた子どもにありがちな特有の性格傾向（愛着形成の不全）がみられない[注3]。Aは「〇〇先生が大好きだった」「〇〇先生はこうしてくれた」「〇〇先生はそんなことしなかった」と，事あるごとに，まるで黄門さまの印籠のように，〇〇先生を引き合いに出したと言う。それでも3歳で里家に来て初めの1，2カ月は，里母に好かれようとして，進んで風呂桶洗いまでしようとした子だった。

〈親になろうとした里母の努力とその空回り〉　里母は結婚前に，いつか母親になるときのために通信で保母資格を取るなど，「頭でっかちの34歳（里母の言葉）」だったと振り返る。「30品目の食事[注4]」を作るなど，里子養育のすべてに心を込め，親子でおそろいの服を着るなど懸命に親業につとめたが，次第に里子の養育に疲れていく。

〈理想の子どもに育てたかった〉　里母は，子ども時代に『赤毛のアン』[注5]の愛読者で，「自分の家に来たから，Aはいい子になった」と言われたかったと言う。
　それと同時に里母は，Aを「お嬢様」に育てたいと思っていた。Aをいい学校に入れたくて，進学塾にも通わせた。しかしお嬢様に育てる夢はやがて挫折する。

〈育児困難の連続〉　しかし，Aの養育は思うようには運ばなかった。3歳のAは「赤ちゃん返り[注6]」もして，2時間おきに目を覚まして泣く。里母は「この子さえいなければ楽になる。顔に毛布をかければ」と思ったこともあるという。「間違えば，杉並の里子殺しのようになっていたかもしれない」と里母は当時を振り返る。

　① 「あれが欲しい」「これがしたいの」の「あれ」「これ」がわからず，3歳の子はその説明ができないので，ワーっと泣き出したり，暴れたりすることの繰り返しで意思の疎通が難しい。
　② 「おむつをしてほしい」「バブバブ」と赤ちゃん言葉を使う。

③気に入らないと，椅子をバターンバターンと倒す。
④手をつけられないほど，泣きわめく。
⑤里親の後ろにべったりとついてまわる。
⑥2時間おきに目を覚まし，里母がいないと泣く。里母は睡眠不足で，ほっとする時間もなく，仕事ができない。

〈里母とAで，里父の取り合い〉　Aは少し大きくなって，「お父さんは，どうして口髭がないの」と言い出した。里父はその言葉を受け入れて口髭を生やし，今でも口髭を生やしている。Aはまた「自分は大きくなったら，お父さんと結婚する。お母さんは別の人と結婚して」など，まるで里母と里子が〈里父の取り合い〉をするかのような状況だった。それに耐えられなくて，里母はAを本気で怒り，家を出てホテルに1泊したこともある。里父は女の子に甘く優しい人で，また里母より接触時間が短いので，「いいとこ取り」の状態だった。

〈多数の「サポート源」に恵まれて〉　里母は言う。「杉並のような結果を引き起こさなかったのは，里父と（里子の養育を勧めてくれた）祖父母のサポートがあってのことかもしれない。祖父母は『里子を，いつでも家に遊びによこしなさい』と言ってくれ，里子と一緒にテレビをみるなどしてくれた。何気ない心づかいがありがたかった」。

里父は，里母がAの養育に手を焼いていたときに「あなたはよく頑張っている。ふつうなら十月十日おなかに入れておくが，今はその生みの苦しみのときだと思いなさい」と言ってくれた。「もし，夫のその言葉がなければ，もしおまえは母親としてダメだと言われていたら，自分はつぶれていただろう」と里母は言う。

里親会の先輩も「このままでは，あなたは3年もたないのでは」と心配してくれた。3年というその言葉が，励み（目標）になった。里母の先輩が「里親会」を開き，愚痴を話しあったり，電話で相談するとよく話を聞いてくれた。また「養育家庭センター」（当時，東京都にあった機関）や養護施設にも電話して相談した。「Aを抱きしめて，一緒に泣きなさい」と助言されたという。

こうした夢と現実の隔たりから，6年目（里子が小学3, 4年生）の頃，里母は「もう自分には，この子の養育は無理かもしれない」と思うようになった。「でも，その前にやることは全部やってみよう」と，Aの小3秋から，児相で夫婦

カウンセリングを受け，Aには遊戯療法を受けさせて，帰りにはファミレスへ寄ることを続けた。後日Aは「カウンセリングは楽しいよ[注7]」と下の子（A2）に言い，それが下の子の児相への通所を動機づけたようだ。

〈里母と里子，それぞれの成長〉　カウンセリングを半年受けて，Aには中学受験が迫って来た。中学進学を目前にして，Aは「自分は（里母の望むような）お嬢様ではないから，私立でなく，友人たちが行く公立中学へ進学したい」と言い出した。里母も「あの子はあの子，違う道を行くのは仕方がない」と思うようになる。塾も進学塾から補習塾に変えた。Aはその塾の先生とも気が合って，「おじさん，おばさん」の感覚で塾も居心地のいい場となり，生活面のしつけもしてもらうようになる。

中学は小規模校で，入学してからPTAでは親仲間に「里親子だ」と説明しておいたが，みなで支えてくれた。地元に恵まれたと里母は言う。さらに3年の歳月が流れ，高校受験の時期を迎えた。Aはスポーツが得意だったので，志望していた都立の小規模校を受験，合格した。Aは「里親姓に飽きた」と言って，高校には自分の（元の）姓で通った。アイデンティティの模索が始まったのかもしれない。しかしAが期待していたスポーツのクラブは，残念にも2年で廃部となってしまった。

〈「荒れ」とそこからの復活〉　今思うと，居場所探しと自己確認のための模索の時期が始まっていたのかもしれない。高校進学時に，「養育家庭センター」から，実親のことを話してもらった（真実告知[注8]）。

しかし，子どもによる個人差をふまえることは大切で，何歳から委託されたか，里子のかかえる性格的問題，形成されている里親子関係，そして，いつ，誰が，どんな機会に告知するかなど，時期も含めて個別に慎重対応が必要ではなかろうか。

Aは，里家に委託された後に，実親が自分を探しにこなかったことで「二度捨てられた」と思ったかもしれない。その後「自分はこの家にいていいのか」と居場所探しをするかのような（委託当初とは違う）新たな「試し行動[注9]」が始まった。週末は友人の家に泊まるなど行動がエスカレートしていく。何か言うと「干渉するな」と言う。高2の夏休みには，金髪に染め眉毛を落とし，レディースに入った。

バイクを欲しがったが,「車の免許を取ってからでないとだめ」と辛うじて抑えた。寝ているAに,あなたは「根は真面目な子」と声をかけ続けた。夏休み終わりには,自分から黒髪にして登校した。結局1年半でこの試練の時期は終わった。

〈Aの自立〉 高3の1学期になってAは「大学進学ではなく,就職したい。自分は勉強が好きでないから」と言い出した。ばっちり化粧して,就職の面接を受けに行ったが不合格。奮起して,児童養護施設で面接の練習などをしてもらって,就職試験に合格した。

Aは「就職試験に向けて相談に行った元の施設のワーカーが,自分を助けてくれた。自分は里子だったが,みなに愛され,親切にしてもらってよかった。高校のときに入ったレディースでも,『おまえはここには向かない』と言ってもらった」と言う。

3歳で委託されてから18歳まで,長い道程だったが,Aも里母もいくつもの問題をクリアして,Aは自立の日を迎えたのだった。

〈Aの現在〉 Aはいくつかの小さい会社で販売員をして,現在に至っている。

レディース時代を振り返って,「仲間には,実親に育てられた子でも愛されていない子がいた。自分はみんなから愛されている。塾や高校でも,自分は遊んでいるだけだったけれど,塾のおじさんやおばさん(先生)からも,『あなたは崖っぷちまで行っても落ちない子だ(根は真面目)』と言われた」と回顧する。

その言葉がインプットされてか,また種々の体験の中で得られた自信なのか,とにかく本人は自信がついたようである。現在も元気に働いている。

4) A2の事例――引きずる愛着障害

A2は現在大学生(男性)で,21歳。被虐待児(ネグレクト,身体的虐待)で,愛着障がいの傾向をもつ子と思われる。

6歳(入学直前)で,施設から里家に委託された。1番目の里子Aが中学生になって,「もう,下の子をあずかってもいいよ」と言ってくれたので,受け入れた。実親がA2の世話をせず,冷蔵庫にしばしば水しかない状態だったらしい。A2をあずかる前に半年間交流したが,なかなか家に来ると言わなかった。「お母さんが迎えに来たとき,ぼくがいないと困るでしょ」と承諾しない。

「もう親は来ない」と実祖母から言われて，やっと里子になることを決心した子だった。

〈盗みと言いわけの嘘〉　Ａ２は学校で，度々周囲を困惑させる行動を繰り返す子だった。死に関心を持っていて，何を見ても「死んじゃう？」と聞いてくる。友人のおもちゃを度々持ってきてしまう。どうしてそんなことをしたか，と聞くと，２時間も部屋の隅で固まってしまう。施設で成長したので，所有権の感覚がなかったのかもしれない。怒られないために嘘をつき，小１でも中１ぐらいの言いわけ能力（物語のような嘘をつく力）があった。

小３では，友人のポケモンカードを持ってきてしまった。２カ月たって，やっと自分がしたと認め，友人宅に里母とあやまりに行く。

この子もＡ（長女）同様に，児相のカウンセリング（遊戯療法）に通った。初めにＡがＡ２に「カウンセリングは楽しいよ」と言ってくれて，児相へ５年間通った。カウンセラーが「お母さんにバカ野郎と言えるようになろうね」と言ったとか。どんな意味だったのだろう。里親が「もう，カウンセリングはやめたら」と言っても，Ａ２は「まだ続ける」と言い張った。

〈心が解けて，虐待されていた過去を話し出す〉　次第に自分のこと，家でのこれまでのことを話すようになる。養護施設でいじめにあっていたとか，施設から通っていた幼稚園では，友だちをよく泣かせていたとか。また自分の家では食べ物がなくて，コンビニの廃棄食品を食べていたとか。深夜テレビ画面がザーッとなる（放送中止時刻）まで，テレビを見ていたなどと話し出した。実母と継父の喧嘩が度々で，親の喧嘩のときには，自分が見つからないように，固まっていたという。「自分の意思に関係なく種々処遇されて，適応がさぞ大変だっただろう」と，里母はいたわりのこもった眼差しで振り返る。

〈しかし虐待された子の自立の難しさ〉　都立高校に合格したが，親にネグレクトされていたクラスの女の子と，仲良くなる。ネグレクト体験をもつ者同士，おたがいに相手がわかるようだ。里親の金を持ち出して，その子に渡したり，２回ほど裏口から家に入って，下の子（弟）を床に寝かせて，子ども部屋の２段ベッドの上段に泊めたのが見つかる。高２の夏休みの終わる頃に里親が，「明日から，色々あった問題をクリアして，やっていこうね」と懇々と言って聞かせたら，しばらくして「自分が金を盗った。ごめんなさい」とあやまってきた。

その頃から，テレビを見て笑うようになる。勉強もし始めたが，一旦成績が落ちると，なかなか元に戻らない。その学力では……，と受験する大学のランクを下げるように助言しても聞かない。ヤンキー先生（義家弘介先生）のラジオを聞いて，「自分にも，ああいう先生ならできるかもしれない」と言い出して，教育学部を希望する。結局，受験に失敗した。

「予備校の学費は出すから，1人住まいして，不足分はバイトして生活するように」と自立させた。予備校に入学したが，だんだん予備校にも家にも足が遠くなる。予備校に一種の学園生活を期待して，裏切られたらしい。9月にはアルバイトをやめさせ，予備校で勉強することに専念させた。

次の年，いくつもの大学受験に失敗して，結局最後（3月）に福祉系大学に合格。フリップモリス奨学金を交付され，毎年50万ずつもらえることとなったが，バイトが長続きしない。上司が叱ると，委縮してやめてしまって，引きこもってしまう。他の里親からバイトを紹介してもらって，一時保護所のバイトなどもするが，7月にはそれにも行かなくなる。借りている部屋を見に行っても部屋にもいない。やっと見つけたら，ボーっと座っている。すぐに，「自分は望まれて生まれた子ではない」から「このまま死んでもいい」という考えになってしまう。

大学に入った年の9月に，里親宅の3軒隣（家賃は前の部屋の約半額）の部屋に引っ越させた。西脇基金を月3万円受けられることになり，「もう里親宅からの金銭援助はしない」と宣言した。頑張ってはいるようだが，1月分の家賃を使ってしまった。結局，授業料のための奨学金から家賃を支払った。9月からまたバイトを始めた。夕食には里家に来ている。

〈親子の間にでき始めた心の溝〉　その頃から，里親里子の間に溝ができ始める。「色々あっても，成長すれば一人前になるだろう」という里母の期待を裏切ったことにもよる。この年齢になっても，幼い頃と基本的には，持っている性向は変わっていないかのようで，定期代を使い込んでしまい，落としたなどと嘘をつく。本人が頑張っているなら応援のし甲斐もあるが，金銭感覚がない。たとえばケータイの費用を月5万円も使ったり，部屋代を使いこみ，言いわけに嘘をつき，泣き落としのようにすぐ泣く。

〈尾を引く虐待の影〉　虐待された子は，心をこめた育て方やしつけをしても，

結局元にもどってしまう。すぐ死にそうな顔をする。死なないように面倒をみてあげるという感じになってしまう。

「さみしい，怖い，辛い」思いを体に刷りこんでいる子。そう言えばＡ２は，小さいとき「高い高い」をすると，丸太ん棒のように固まってしまう子だった。この人は大丈夫かといつも探っている。自分で自分を守るしかない。だから里親との間にも，いつも溝がある。弟（Ａ３）が，「兄は，目下の子にはいい関係を作れるのに」と言うが，目上の人との関係を作れない。バイトの上司にも，そして里親にも？　この先が案じられる。

5）Ａ３の事例――高ＩＱが適応をもたらす？

　Ａ３は16歳男子。小４から８年間養育して，現在高３。

　被虐待児（ネグレクト）だと児相から説明されたが，頭がいい子で，生活習慣も比較的自立している。高校は大学附属に合格，特進クラスにいる。成績はとてもいい。数学，国語が得意，苦手は理科と英語。勉強も学校も好きなほうで，宿題は自分からやり，友人関係もわりといい。

　ネグレクトの内容は食事問題で，虐待の性質がやや変わっている。継父との相性が悪く，本人だけ別の部屋で食事させられたり，「食べなくていい」と言われるなど。本人も後になって，「当時から胃腸の働きが悪くて食べられなくて，また自分が頑固だったので，意地を張っていたこと，斜視のため目つきが悪かったと思う」と回顧している。

〈委託の経緯と現状〉　長姉Ａが中学になったとき「下の子をあずかっていいよ」と言ってくれて２番目Ａ２を引き受けたが，３番目Ａ３も２番目の里子（Ａ２）が中学のとき「下の子をあずかっていいよ」と言ったので，引き受けた[注10]。兄と弟が仲良くしているので助かっている。

　①健康状態　当初はむら食。ストレス性の胃腸炎で，ストレスがあると下痢と便秘を繰り返す。よくおなかを壊す。偏食で小食，便秘がち。里家で８年を経ても，当初と同様な身体的トラブルがある。斜視は小６のときに手術した。

　②性格　素直でない，頑固，少しわがまま，小心，人に心を閉ざす。小４で里家に来たが，対人関係の対応はわりとできていた。頭がいいのか，理屈

屋さん。
③生活習慣　自立しており，テレビも自分で決めた番組を見ている。
④親子関係　わりと気があっている（里）親子。結構話をする。話が面白いと思うことがある。里母に向けて屁理屈を言って，楽しんでいるかのようである。しかし，気分的に難しい子で，できるだけ叱らないようにしている。年齢的に，上から目線だと反発する。

　Ａ３の場合，食事を中心に継父から虐待（本人の言）を受けたにも関わらず，生活習慣，学習習慣も自立していて，多少，性格傾向に問題はあるものの，生育歴からのハンディキャップを比較的感じさせない子のようである。高校で大学付属高校の特進クラスにいることから，高いＩＱの持ち主であり，それが里親に引き取られた以後のよき適応をもたらしていると考えられる。

　ちなみに「知能」とは，新しい環境（課題状況）に積極的に適応する能力を指すとされる。また高い知能の持ち主は，学習能力に富むだけでなく，性格的にも好奇心が強く，自信があり，常識が発達していて，周囲から人気もあり，進出的とも言われる。

事例Ｃ
施設は家族のような「心のよりどころ」になり切れないと里親になった元施設指導員の里母──予期せぬ激しい兄弟葛藤に悩む

砂木弘子（仮名）の養育記録から

１）解説
　元施設指導員だった里母は，Ａ（兄）を一定期間養育した後に，弟が乳児院にいることがわかった。弟がほしいと言っていた兄だったが，弟を引き取った後で，思いもかけず，２人の間に里母をめぐって確執が生まれ，血がつながった者たちの間でこそ起こる愛憎の葛藤の激しさを経験する。兄弟に限らず，複数の里子を養育する際の難しさを示す事例である。

2）家族構成と里親になった動機

里母，里父は共に50代。実子は20代後半が2人で，すでに自立。現在は里子の兄弟（AとA2）との4人家族。

夫婦とも児童養護施設の指導員の経験がある。施設では，子どもとの信頼関係ができても，今ひとつ家族のような「心の寄りどころ」にはなり切れないことを実感していた。母の顔さえ知らない子どもたちに，施設の職員が寄り添っているつもりでも，「先生たちには帰る家があるでしょ」と言われたりした。非行をして注意しても，こちらの思いが子どもにはなかなか伝わらない。夫婦とも指導員から転職し，2人の実子に手がかからなくなったとき，元の職場の同僚からの依頼で受け入れた。

3）概要

A（16歳男子）を5歳から10年間養育し，途中から，弟である小学生のA2（8歳男子，2歳から現在まで6年間養育）もあずかった。2人とも生後すぐ実母から乳児院にあずけられた子だった。しかし，しばらく時間を置いて里家に来た弟と兄は，お互いの対立が激しく，里母は何度も養育返上を思ったという。愛していればこそ，憎しみも激しさを増す。兄弟の心の微妙さは，計り知れない人の心の闇を思わせる。

4）A（兄）の事例──弟が来るまでは問題がなかった

5歳まで施設で育ち，5歳から10年間養育して，現在高1。

委託されたとき「難しい子だから」と施設から言われ，里親に施設職員の経験を買われての依頼だった。施設では，Aは負けん気が強く生意気なところがあったので，施設の子どもたちの中で，しばしば暴力を振るわれていたという。

初めは自分の姓を名乗っていたが，小1のときに友だちの中で自分の姓が違うことから，里親姓になりたいと言い出し，里親姓にした。里母が実母でないことは仲間も知っていた。ありがたいことに，保育園からのサッカーの6人グループの仲間関係はずっと続いている。児相から，「育てるのが難しい子です」と言われた子だったが，弟が来るまでは養育に不安もなく，むしろ日々が面白かった。

〈弟がいた！〉　Aが小3のとき，家族の海外旅行のためパスポートをとろうとして，7歳年下に弟（A2）が乳児院にいることを初めて知った。Aは日頃「弟がほしい」と言っていたので，戸惑いもなく，すぐ弟を引き取る手配をした。

それまではAに「実母は心の病気で入院している。大きくなったら会える」と言ってあった。Aは弟のことを聞かされて，「お母さんの病気がなおったの？」と聞き，「なおって結婚したけれど，子ども（弟）を育てられない。また病気になるから」と答えると「おじいちゃんやお父さんは育てられないの？」と質問するなど，突然のことに動揺していた。里親は「きょうだいは一緒にいたほうがいい。でも，どうするかはあなた次第」と言うと，Aは納得して弟（A2）を引き取ることになった。はじめは里親との愛着関係がなかなか築けなかった兄だったが，「弟がほしい」と言い出したことで，引き取った後の兄弟関係には，里親として不安もなかった。

〈兄弟間の愛憎の葛藤〉　弟（A2）を施設から引き取ったら，予期に反して兄（A）は弟を可愛がらない。やきもちがひどく，脅したり，けなしたり，言葉を荒げて威嚇する。注意すると，ますますひどく弟に当たる。見かねて「これではA2が幸せにならない。あなたも幸せにならないから，乳児院に返したい」というと，「弟を返すなら，自分が出て行く」と弟と離れるのを嫌がる[注11]。弟を可愛がろうと思うのだが，それができない。可愛がる表現をしようとするが，ついやきもちになり，弟に強く当たってしまう。弟への接し方を変えられないまま兄は思春期に入り，弟や里母にあたることでストレスを解消しているかのようである。

5）A2（弟）について
〈養育に専念した里母〉　仕事をもっていた里母だったが，1カ月休職して，A2（弟）と信頼関係を作ろうとした。A2は初めの3カ月，眠りにつけない，泣いたら泣きやまない，異常に思えるような甲高い声で泣く，などがあった。言葉のキャッチボールがうまくできない。就学時健診で，「気になる子」といわれ，発達診断を薦められる。結果は「アンバランスはあるが発達障害の枠には入らない」であった。

〈性格や学習〉 明るくひょうきん。家では，踊ったり，笑いを取るのが好き。だが素直でない子。要求を出しっぱなしで，あとに引かない。わがまま，人みしり，小心，言葉が荒い，感情の起伏が激しい，人に警戒心を持つなど，問題も多い。自分ができなかったり，傷ついたりすると，人のせいにして怒り出すこともある。対人関係では，家族以外のおとなに対しては関心が薄く，会話が成り立たないこともある。こだわりが多い。成績は中の下で，苦手は算数。マンガを読むのが大好きで，キャラクターを描くのが上手。勉強は苦手だが，小さい頃に読み聞かせをしてやったためか，本を読むのは好き。学校へはふつうに行っている。授業参観では，わからなくても「はい，はい」と手を上げる子で，今でもそう。宿題をするのには，抵抗がある様子。学校の友だち関係は，とてもいい。友だちと一緒なら苦手なことにも取り組む。忘れ物をしたり，提出物を持たせてやっても提出しないなど，生活習慣が身についていない。

〈親子関係〉 時々気持ちが通じないと思うことがある。里母は「自分の要求を受け入れてくれない人」と嫌っている感じもあるが，里父は「なんでも自分の要求を受け入れてくれる人・味方」で，大好き。里親の困っているのは，時間を気にしながら行動することができないこと。マンガを読みだすと，登校時間も忘れてしまってパニックを起こしたりする。反省が苦手で，同じことを何度も繰り返し，その都度里母に当たったりする。ギャングエイジにさしかかり，反抗心も芽生えて，暴言も多くなる。自分の「キレる」気持ちがうまく伝えられず，わかってもらえないとまたキレて，より激しく表現する。里母はそれを受け止めてやりたいと思うが，兄もまたキレたりなど，2人から暴言が浴びせられると辛くなり，養育返上したいと思うことも多くなる。

　気持ちを入れて，人に返すことができない。言うことをきかないときに，いくら言ってもこちらの気持ちを理解してくれない。里母のために何かしてあげようという気持ちがない。里母が「頭が痛い」と言っても「それなら自分が代わってあげよう」とする気持ちがない。口では「可哀そう」と言っても，思いやりがない。要求しっぱなし。

〈兄弟関係〉 小2頃までは，兄のいらだちが理解できず，むきになって反発していた。今は兄への恐怖心が芽生えて，緊張関係にある。兄の顔色を伺いながら行動する。従属関係のようにもみえるが，兄をすごく嫌いというわけでは

なく,「優しいときもあるよ」と兄をかばうこともある。

6）弟の養育返上を思うことも
　弟を引き取ることが兄の幸せになると思い，弟を引き取るのに，ためらいはなかった。当時Ａ２は２歳だったので，その幼さゆえに，家族がＡ２を「可愛いい，可愛いい」と接し，兄にしてみれば自分だけ疎外されたような気持ちになったのかもしれない。「血のつながった兄弟」だから，兄はやがて弟を受け入れると安易に考えていたが，兄の嫉妬は次第に強くなり，悪いことに兄の思春期の不安定さとも重なってしまった。そのことで兄と何度も話し合ったが，うまく伝わらない。同じ両親の子というだけで，一緒に暮らした経験がない兄弟は，ふつうの兄弟とは言えないのかもしれない。
　里母は，弟に対する兄の言動を見ていると，こちらの思いが伝わらないことが自分の養育の失敗とも思えてきて，自信を喪失してしまう。頭では兄の心情も理解しているつもりだが，目の前でひどい言葉を聞くと，怒りを超えて悲しみが溢れてくるようになる。
　またＡ２には，次第に学校で発達や学習面での課題が多くなり，それを解決しようと里母が必死になってしまった。兄はその点での問題は比較的なかったので，客観的に子育てができたが，Ａ２には母親という立場が強くなり，自分が産んだ子どもと錯覚してしまったのかもしれない。里子をきちんと育てなければという使命感と，親としてのメンツにこだわり，Ａ２が「やりたくない，いやだ」と主張すればするほど，「なぜ？」と自分とＡ２をともに追い詰めるようになった。やがては子育ての自信喪失，「引き取らなければよかった」と後悔する日々もでてきた。
　何度も弟の養育返上をと思ったが，兄に相談すると反対するので，思いとどまっている。

事例D
生後3週間で委託された子との「心の通い合い」は特別
――早期委託を望む里親たちの声に応えるエビデンスの一例

北見あかり（仮名）の養育記録から

1）解説

　里母はこれまで4人の里子を養育してきた。上の3人を委託されたのは，2歳，3歳，4歳だったが，末っ子のA4は，若い母親の事情から生後3週間で委託され，現在は中学3年生である。それぞれに問題を抱えた里子たちだが，末っ子のA4だけは，生後3週間で里母の許に来たので，A4に対する里母の情緒的「きずな」形成（affectional bonding）は自然に行われたと思われる。

　考えてみると，一般の母親は自分の胎内に10カ月胎児を抱えて，きずな形成をスタートさせる。出生後に子どもと過ごす日々の中で，そのきずなはさらに深まっていく。そうしたきずなに支えられて，「子どもの価値にかかわりなく」子どもを受け入れることができる。「愛」という感情はここに生まれるのであろう。

　里親の場合は，そうした歴史がなくて養育が始まる。子どもを養育しながら，同時に子どもとの「きずな」を形成し，子どもの側からの「愛着」をも生み出していくという3つの課題を里母は与えられる。困難な過程である。

　この事例は，生後3週間で委託された赤ん坊に，里母は通じ合うものを感じ，赤ん坊も里母に身を寄せていく。こうして成立した子どもへの「信頼感」が，最後の部分で見事に表現されている。「成績は下から数えたほうが早いが，信頼できる子。社会に出ても心配はないと思う」とは，「きずな形成」ができた子への「全き信頼」を示す言葉であろう。「ほっとする何かが親子の間にあるように思う」というこの里母の言葉は，重みをもってわれわれの中に入ってくる。

　里親たちの中には「子どもが保護されたら，できるだけ施設を経験させずに早期の里親委託を」という主張があるが，そのエビデンスがこの事例に具現されているかのようである。

2）家族構成

 5人家族。里母50代，里父60代で，里母は専業主婦，夫は会社員。実子はなく，4人の里子を長期に養育した。養子縁組した長男（22歳，大学3年生）は，遠方の大学に行っている。末っ子のA4（中3女子）とも養子縁組済み。

 長男A1は不登校で大検を受け，短大を経て四大に入学した。能力は高いが，性格の激しい子。4番目のA4は乳児（生後3週間）のときから委託され，自然な愛着形成ができた。20歳になれば，残る2人（A2，A3）も養子縁組ができるので，本人たちが望むなら養子縁組をしようと里母は思っている。これまで長期委託を4人，短期委託を5人引き受けた経験がある。

3）A4について—生後3週間であずかった子

〈経緯〉 A4は女子で，生後3週間であずかった。8歳で養子縁組をした。小3で「真実告知」。「えーっ」という感じだったが，2人の姉たちと姓が違うので，何となくわかっていたらしく，「そうだったんだ」とすんなり受け入れたようである。成績はよくないが，友だちの多い，面白い子である。里母は，上の3人とは（内心では）どこかつながりの感覚が薄い感じがするが，4番目（A4）は育てていて，何か「返ってくるもの」がある感じがする。

〈愛と信頼〉 この子（A4）は，成績は下から数えたほうが早いが，信頼できる子。社会に出しても心配ないと思う。父親はいなくて，実母は未成年だったので面倒がみられなかった（実母とは，委託されたときに会っただけで，それ以後連絡もない）。この子は本当に小さいとき（生後3週間）から育てたので，上の3人には申し訳ないけれど，自分の「子どもに対する気持ち」が違う感じがする。本人も里母に寄り添ってくれる。「ほっとする何か」が親子の間にあるように思う。

4）その他の里子たち
—Aについて

〈経緯〉 Aは親が育てられなくて乳児院にあずけられ，2歳のときに里親に委託された。虐待をされた子かどうかは不明。5歳で養子縁組をしたが，思春期になって，「養子になることを自分に相談しなかったのか」と言われた。早すぎ

た養子縁組だったかもしれない。小さいときはアトピーがひどかった。我が強く，店でほしいものがあると，ひっくり返ってわめくこともあった子だった。

〈性格と学校適応〉 とても素直でない，感情の起伏が激しい，人に心を閉ざす，劣等感が強い，他人に警戒心が強い。わりとわがまま，甘えたがる，性格が暗い，小心，すぐ暴力を振るう，反省心がない，時々パニックを起こす。考え方や気持ちのありようが極端で，「まあいいか」の中間の部分が少なく，不利なことを言われたり考えを否定されると，そのときの気分で極端に怒り出したり，暴力を振るったりなどするので気をつかった。成績は中，数学と理科が得意，苦手は英語。勉強はあまり好きではない。学校はやや嫌い。友だち関係はあまりよくない。

〈不登校傾向のあった子〉 小学校もそうだったが，中学も不登校傾向で，それでもどうにか継続して登校したが，高1の1学期終わりに，ついに退学。夢中になるタイプで，5年間夜中までゲームにのめり込んでいた。その間，4年半通信制の高校に在籍したが，ここも中退。その頃は不登校の子を集めているサークルに入っていた。給食もあり，居心地よく遊ばせてもらっていた。

19歳になって，里父が「このままでは高卒にならないので，就職は中卒でしなければならない。辛いぞ」と言って聞かせた。本人も薄々感じていたのだろう。大検を受験すると言い出し，12月末に志願して，2月に合格。もともと頭のいい子だった。しかし，「同じ年頃の子と一緒にいると辛い。自分は親に捨てられてひとりぼっち。自分が笑われているような感じがするから」と言っていて，四年制大学ではもたないだろうと自分で決めて，短大（経営学科）を受験し，合格。短大を卒業後，四年制大学の3年に編入した。夏休みには帰省するが，1人になって，離れて暮らして成長したのか，妹たちは「兄は変わったね」と言っている。卒業したら，就職して，家を出て，経済的にも自立しなさいと言ってある。

〈実親との面会〉 15歳頃に「実母に会いたい」と言い出したことがあり，里父と2人で会いに行ったが，会えなかった。その頃は「親への恨みを晴らしたい」と言っていた。

——A2について

18歳の里子は軽い知的障害児で,5歳になる直前に3歳の妹と一緒に委託された。小学校は普通クラスだったが,中学は支援学級。高校は寄宿舎のある高等養護学校へ。担任がよく面倒を見てくれて,現在は農協のバックヤードで,野菜などの仕分けをして働いている。一緒に働いているオバサンたちがよくしてくれる。

――A3について

A2（姉）とは血のつながった姉妹だが姓が違う。専門学校で製菓コースに入っていて,パティシエになりたいと言って頑張っている。自分の小遣いや身の回りの物はアルバイトで賄っている。

事例E
「アウェイ」（里家）になじもうとしなかった6歳児
―― 里母が体調を崩して4カ月で養育返上

沢宮美子（仮名）の養育記録から

1）解説

施設と児相から強く望まれて,A（6歳）を受託した。本人は里家に委託されることを拒否していたが,施設側は「この子には家庭養育が必要」として委託先を探し,次々と里家との見合いをして失敗していたという。それを里親が可哀そうに思って受け入れた子であった。後で知ったが,Aは施設でもかかわることが大変な子だったという。里親には,まったくなつかなかった。「とても理解のできない行動」の数々だったと里母は語っているが,実子にも反発され,里母がストレスから体調を崩して養育返上となった事例である。

杉山登志郎（2007）は,「逆説的愛着障害」の例として,愛情提供者を抑圧者と取り違え,『愛そうとする人』を拒否する一方で,『見ず知らずの人にまとわりつく』という行動こそ,不全型の愛着障害に特徴的に認められることをあげているが,この事例は,家庭養育に適する子どもかどうかの判断（アセスメント）が,十分でなかったことによるのではなかろうか。

5章「まとめと，いくつかの提言」でも指摘するが，こうした子どもをどこで成長させるかには，施設養育，家庭養育などの委託先について，十分な見極めが必要なことを示唆する事例であろう。

2）家族構成

実子と3人家族の家にAをあずかった。すでに自立した実子が3人。里父里母はともに50代である。

〈経緯〉 Aは，実母と継父のもとで虐待されていた子で，2歳で保護され，次々と里親希望者と見合いしたが，うまくいかなかった子だったと児相から聞き，よけいに可哀そうだと思った。

話があったとき，Aは施設から幼稚園に通っていた。6月から交流を開始し，幼稚園をかわらせないほうがいいとして，里家に来たのは翌年3月（入学前）だった。「家族から見放されている子で，委託先はお宅しかいない」と施設長から言われ，施設側の強い希望を感じて引き受けた。施設で保育士によって「愛着トレーニング」注12 を受けたので，「里子にしても大丈夫」と言われた。

しかし，Aのいた児童養護施設は少人数でいい施設だったので，ここにいたほうがいいのではと何度も施設側に言った。本人も「里家にはいかない」と言っていたようだが，「本人には家庭が必要」とのことで，保育士なども含め，施設側が里親の許にいくように本人を説得したようだ。里家にも地域にも学校にもなじみがなかったし，学校にいかせること自体が難しそうだった。後日Aに「あなたは交流のときと（性格や態度が）違うじゃない」と言ったら「あたり前」と言った。修羅場だった。

〈初めの3カ月ひたすら大変だった〉 反抗的，暴言，暴力，里父になつかない。里母が，40度の熱で寝込んでも，起こして引っ張りまわそうとした。学校へ行きたがらず，行ったら帰らない。交流中に感じたことは，頭の切れる子で，里家に来てから「施設の先生は，そうは言わなかった」としばしば言った。家庭と施設のダブルスタンダードで，本人はそれを利用しておとなを思い通りに動かそうとしたかのようだった。

性格的には，とてもわがままで，落ち着きがない。素直でない。言葉が荒い。感情の起伏が激しい。人に心を閉ざし，警戒心が強い。よく約束を破り，反省

心がない。内的には小心，無気力，劣等感が強い。パニックを起こす。すぐに暴力にでる。「実母も実父（実は継父）も大嫌い」と言い，近所のおとなには人懐こく接するが，家族にはとても反抗的だった。基本的には，この子は，自分たちにはまったく理解できないという感じだった。

〈家族に波風が立ち始める〉　息子（実子）は心の優しい子だが，里母に対するAの態度をみていて「子どもを虐待する親の気持ちがわかった」と言い出した。「里子といい関係が築けない。うまくかかわれない」と児相に相談にいったら，「試し行動の場合もある。可愛いいと思うこともあるでしょう」と，こちらの気持ちを理解してもらえなった。困り果てて，施設に相談にいくと，初めて，施設でもかかわることが大変だった子だったと具体的に聞かされた。泣き叫ぶ，暴れる，物を壊すなど，家での状態とまったく同じだった。委託時には，施設に来た頃はまったく笑わなかったくらいのことしか関係者から聞かされていなかった。

里母がストレスで体調を崩して養育を返上。現在は別の里子を1人養育している。

〔注〕
注1　この語は日本ではサッカーのJリーグの試合でよく耳にするが，アウェイとは敵地（応援する観客の多くは地元びいきで，ホームとは違ったある種の冷たさや敵対関係がある場といえる）であり，選手はホームでの試合と違う心理的世界の中で試合をしなければならない。国際試合の時などは，観客のマナーが試合の成績に影響することもある。
　　たとえば「学校不適応（不登校）の子どもは，学校がいつまでたってもアウェイのままで，ホームになっていない」と表現することもできそうである。

注2　子どもを里親や里家に慣らすために，施設に子どもを迎えに行き，里親と外出したり，里親宅に連れて行くなどの準備期間。

注3　たとえば母子の間でも，母親の特質によって，子どもの間に心理的交流の強さに差が生じ，アタッチメントの発生に差が生まれるとラター（1979）は述べる。施設で養育された場合でも，特定の保育士と子どもの間にアタッチメントが形成され易い何かの要因があったとも考えられるが，むろん推測である。

注4　1985年に厚生省（現厚労省）から提唱された「健康づくりのための食生活指針」で，1日30品目の食事をとることで，栄養素をバランスよくとることができるという指導である。しかし30という数字にとらわれて，神経質になり過ぎ，食べ過ぎてしまう例も出てきて，現在は「食品数にとらわれず，主食・副菜・主菜を基本に，多様な食品を組み合わせることが重要」と改訂されている。

注5　アンは生まれてすぐに両親を病気で失い，子守同然にこき使われたあと孤児院に送られ，愛に飢えた寂しい子ども時代を過ごした女の子。髪は赤毛でそばかすだらけ，目は大きくやせっぽち。子どもがいないマシューとマリラは世間づきあいが苦手で，兄妹で寂しく生きてきたが，アンを育てることによって，初めて子どもを愛する喜び，子どもから慕われる幸せを知って，温かな人物へと変わっていく。アンは勉強熱心で，ライバルに負けまいと優秀な成績でクイーン学院を卒業して教員の資格をとり，さらにカナダ本土にある4年制大学へ進むための奨学金を獲得するが，マシューの急死により，それを諦めてグリーン・ゲイブルズで，マリラと2人で暮らすことを選ぶ。

注6　心理学用語では「退行」（regression）と名づけられている行動。欲求が阻止されると，欲求が満たされていた以前の発達段階に無意識に後退すること。通常でも，子どもの下に赤ん坊（弟妹）が生まれたときなどに退行が生ずることもある。

4章　里母の語った5つの人生物語　195

注7　相談室に子どもを通わせる（しばしば遊戯療法を受ける）際に，その効果は，遊戯療法による効果もさることながら，親と子どもが一緒に相談室に通うことで，往復に親子の密度の濃い時間が発生することにもよると思われる。この場合の帰路のファミレスでの食事は，いっそう里親里子の心の通い合いを深めたのではなかろうか。

注8　児相用語で，別に生みの母親がいることを里子に明かすこと。子どもが自分の生い立ちを受け入れ，現在の自分を肯定するための手助けになると児相は説明する。児相の里親担当は，その時期は早いほどいいと指導しているようである。思春期になると，ふつうの親子の場合でも，子ども側から親にさまざまなリアクションが起こされる。その時期以前に告知したほうがいいと，里親担当者は考えるようである。

注9　通常の「試し行動」とは，委託当初にしばしば見られる行動で，「里親はどの位信頼できる人か，自分をどこまで受け入れてくれる人なのか」を試すかのように，周囲を困惑させるような行動をする。Aはかなりエネルギーのある子のようで，レディース（暴走族で，女性のみが構成メンバーの集団）に入る。自己確認のための暴走行動と言えるかもしれない。

注10　実子がいる場合もそうだが，複数の里子をあずかる場合は他のきょうだいとの関係に配慮することが必要である。旧約聖書のアベルとカインのきょうだい間葛藤の例にもあるように，きょうだい間の嫉妬や競争等の問題は微妙である。まして愛着形成に問題を残している子の場合は，どのくらいの年齢差を置いたほうがいいか，里親は苦労している。

注11　旧約聖書にも，カインとアベルのきょうだいの心の葛藤（嫉妬）の話が出てくる。親の愛をめぐって，愛憎半ばする心理は，カインコンプレクスという精神分析学の用語にもなっている。

注12　愛着トレーニングとは，愛着障害や愛着形成に失敗した子どもに対

して，「修復的愛着療法，愛着関係修復プログラム」など，名前は種々だが，いくつかの相談室や心理クリニックで試みられている心理療法やプログラム。

【参考・引用文献】
1 小森康永（1999）『ナラティヴ・セラピーを読む』ヘルスワーク協会
2 杉山登志郎（2007）「ライフサイクルと発達障害」『臨床心理学』7巻3号
3 マイケル・ラター著，北見芳雄等訳（1979）『母親剥奪理論の功罪―マターナル・デプリゲーションの再検討』誠信書房
4 モンゴメリ, L.M.著，村岡花子訳（2008）新装版『赤毛のアン―赤毛のアンシリーズ〈1〉』新潮文庫
5 杉山登志郎・海野千畝子（2008）「発達障害とアタッチメント」庄司順一・奥山眞紀子・久保田まり編著『アタッチメント―子ども虐待・トラウマ・対象喪失・社会的養護をめぐって』明石書店

18歳を起点に里親の将来を考える

青葉 紘宇

　筆者はこれまで，児童相談所に勤務するかたわら，10数名の里子を養育してきた。里子たちは18歳以後も半数以上が折々に筆者の自宅にやって来る。彼らの一種のホームの役割を果たしている部分もあるのかもしれない。そうした里親としての経験から，18歳以後の里子問題から里親の一端を考えたい。

1　里子18歳の意味

　ここでいう18歳とは，高校を卒業して措置解除になる子どものことで，行政の統計上は満年齢解除の表現で括られている。17歳など高校卒業前までに措置解除になる子どもは，親や親族による引き取りが多く，里親としては将来にわたって交流を続ける可能性は多くない。高校を卒業するまで里親と生活をともにする子どもは，頼る親の縁に薄い場合が多く，これまで養育に携わった里親と将来にわたって長い交流が期待される。

　満年齢解除になる里子は，全国的には毎年180人程度で推移している。また，8年以上同じ子どもを養育し続けられる里親は1割以下であり，小学校中頃またはそれ以前に措置されていることになる。幼児期から子育てをしている関係の里親子はさらに少なく，数パーセントに過ぎない。高校卒業まで生活を共にする場合でも，最近は中学生や高校生になって措置される子どもの率が高くなりつつある。中高生は養護施設での引き受けが難しいこと，一時保護所では通学ができないこと，子ども個々の状況の差が大きく集団による生活を受け入れられなくなっていることなどが里親委託への理由としてあげられている。

　筆者の経験では，高校3年生の夏休みを越える頃から自立心の面でおとなら

しいものの言い方が目立つようになり，ぐんとおとなびた振る舞いになる。この頃から，1人で生きて行かなければならないという自覚が芽生えるのだろうか，自分が生きてきた道筋や実親の実像を肌感覚で見定められるようになったためだろうか，自分の境遇を正面から見据えられるようになる。実親へ見切りをつけることができる子どもも少なからず出てくる。表面的には，自分の置かれた状況を整理できるようになったとも見受けられる。ともに生活をしていると子どもの気持ちの面から，「吹っ切れた」思いに到るのがみえるときがある。18歳とはそういう年齢でもある。こんなとき，養育の1つの到達点に来たなという思いがよぎる。

　今の世の中で18歳の自立は危ういと言われており，18から22歳まで措置延長を求める声もある。社会的養護の分野では，好むと好まざるとを問わず自立場面に直面し，1人で生きていく道を歩まなければならないのが18歳である。卒業後も里親宅に留まる例も聞くが，2，3年後には，遅かれ早かれ自立しなければならない境遇であることには変わりない。これからの人生のどこかで，自分のハンディのある境遇を突きつけられることになる。その時期が18歳なのか22歳なのかの違いがあるもののその時をどう乗り越えるかが問われることになる。そのため自分の境遇を正面から受け止められなくて悩んでいる子どもの何人かは，社会参加のチャンスを逃してしまうことすらある。気持ちの整理がいかに大切であるかが，実感させられるときでもある。18歳時に元気に立ち向かうことができる子育てを目指すことが，里親の子育ての1つの目標となることを心得ておきたいものである。

2　里親の実情

　古くから夫婦に課せられた最大の課題は，家を継ぐ子どもを産むことであった。社会の知恵として，子どもを産めない場合は養子をもらって家を守ることをし，血のつながらない関係は世間的にも公認され，幸せな「家」を築いていた。

　戦後になりイエ制度は否定されたものの，その流れを引き継ぎながら血のつ

ながらない子どもを養子として迎える場面が多くみられた。それは家のためではなく自分の子どもとして育てることが夫婦の気持ちの拠りどころとなっていったからである。結果として幸せな「家族」を形成してきた。戦後一貫して，日本人が人生途中で死亡する率は少なくなり，多くの子どもたちには実親が存在しているようになった。そのため養子に出せる子どもの数は減少し，養子の発想で対応する道は狭まってきた。

　一方，少子化にかかわらず保護の必要な子どもは減ることはなく，社会的養護という考え方が里親制度の中に重きをなすようになった。平成21年の制度改正で養育里親が規定されることになったのは，この間の経緯を物語っている。現在の里親制度では，実親の下に引き取られる例が多くなり，里親の中には18歳時の里子の様子をみることのできない例も少なくない時代となりつつある。里親は子育ての一部分を担うという位置づけに変化しつつあり，まして10年20年先の里子の姿に出会えるチャンスを持つ里親は極めて少ない。里親の多くは養育の結果を自分で見定めることなく，今行っている子育てが将来どう活きてくるのか確信が持てないまま，手探りで子育てに当たることになる。

　さらに最近の傾向を見ると，愛着の形成や発達に問題を残す子どもが増え，従来の家族の努力だけを前提とした里親制度では，里親の負担が大きくなりすぎる時代になってきた。そして，破たんする里親も散見されるようになってきた。その答えを求めて専門家・里親経験者に問うても，疑問への答えに出会うことは稀である。答えてくれる人に出会っても，時代背景がずれてしまっているなど，生活実感が伴わない場合も多い。筆者の経験から，愛着形成に端を発した子育ての難しさについて展望を語れる人に出会うことは少なく，ましてや10年20年の経験を踏まえて語れる人に出会うことは，ほとんどなくなった。

　学校に卒業があるように，里親制度では18歳が1つの区切りである。この時期を捉えて，里親子はこれまでの生活を振り返り，将来の展望を予測することになるが，将来を見通す尺度を持ち合わせることがない実情は，心もとない限りである。里親による子育ての立場からみると，養育の成果を客観的に検証する術のないまま終了してしまうことは，自ら周囲を見渡して手探りの子育ての状況が続くことになる。結果として里親の試みは，絶えず個人プレーから抜けられないという印象を招いてしまう。里親からの相談に対する支援機関も同じ

で，10年20年の視野で子育てを語れる環境になく，新しい事態に対しても目先の対応に終始するのみである。

　里親も支援者も未知の分野を歩む印象があり，里親の養育が個人的子育てという位置づけに陥りやすい事実は直視しなければならないだろう。日本の社会ではこのような感覚が未だに根強く，視点を少しずらして日常的な表現を借りれば，里親への丸投げ状態が続いているのが今の姿である。

　このような背景の下で，自分の子どもとして子育てに当たりたいという里親は少なくならざるを得なくなり，他人の子どもを育てるという感覚を受け入れざるを得ない環境になっている。これからどのような子育て観を里親が作っていくのか，しばらくの間試行錯誤が続くことになるのだろう。

3　18歳の当面のこと

　18歳時の振り返りをイメージする場合，一般的には年齢相応の知識や生活力が備わっているかどうかが問われるが，里子の場合はそれに加えて重い課題が残っている。自分の置かれた境遇への覚悟の程が求められることである。この覚悟は自分の置かれた状況と直面する勇気を持つことができるかどうかが鍵となるだけに，これまでの養育の質が問われることになる。18歳の頃は妙に同情されたり事実と向き合うことを避けるような雰囲気になる時期であるが，周囲の安易な同情や本人の回避は覚悟を決める時期を先に伸ばすだけのようでもある。

　自分の真の姿と直面できるようになるには，それなりの信頼関係や内面の成長を前提とした，ある種の勇気が必要になる。この勇気は知能指数が高いとか低いとかの問題ではなく，もっと直観的な世界のようでもある。さらに，子どもの側にだけこの勇気が求められるのではなく，育てる側の里親にも同様に強さが求められる。養育期間の長短には関係なく，里親子の信頼関係が基礎になることは間違いなく，その前提には，安定した里親子の生活が築かれていなければならない。さらにその前段として幼少期から形成される人間信頼の基本が成立されていなければならないことは，広く知られていることである。

加えて，今の日本にあって子どもに対して生きることの厳しさを伝授できるおとなはどれほどいるだろうか。特にさまざまなハンディを背負った子どもへの理解は簡単にできるものではない。里親も例外ではないので，そのことを子育ての１つの大きな課題と据えることが強く求められる。
　里親に「里子にはせめて人並みの生活をさせたい」という願いがあり，その感情は大切にしたいものである。しかし，その願いが強過ぎると人並みの環境に置かれていない里子は，自信を無くし自己の評価を低くしてしまう結果を生む。人と比較する感情は視点を変えてみると差別意識が潜んでいる場合がある。社会に一歩踏み出せば，後ろ盾のない船出の危うさが待ち受けており，里子は１人で立ちすくむことになる。１人で社会の荒波に乗り出すに際して，差別の感情から脱皮する勇気がないと，適わない現実に対しては逃避するしかなくなる。これから先の長い人生を考えると不幸なことである。これらの感情は一見子どもの責任のようにみられるが，実のところ里親の差別意識が根にあることが多く，子どもに自立を求める前に，里親には冷静に自己を見つめることのできる知恵が求められる。18歳を１つの節目に里親子は，里子の置かれた境遇を直視していく勇気と，現実対応のできる知恵を共に持てるように心掛けたいものである。

4　家庭養護の伸展に向けて

　厚労省は社会的養護の子どもの生活の場を，施設生活，グループホーム，里親家庭それぞれ３割を目指すことにした。里親の３割が到達可能なのか，この目標達成の鍵はどこにあるのか。今回の調査では多くの里親回答者は難しいと実感を述べている。なぜ里親は日本の社会で拡大しないのだろうか。
　日本の家族をめぐる意識が他人の子どもを受け入れることを阻んでいると一般的に言われているが，これまでの歩みをみるとそうではないことに気づく。「血がつながっている，いない」の感情を乗り越えて，親子の生活を成立させ，幸せな家族を形成している事実が数多く存在することがそのことを証明している。血のつながらない子育ては，家族を考える上では貴重な実践例となってお

り，他人による子育てが十分に可能なことを証明している。家庭と銘打たない形でも街の中の篤志家の手によって，他人の子どもを育てるさまざまな試みが脈々と息づいている。子育ては，血のつながっている親子だけの特権ではなく，もっと広い関係の中で子どもが育てられていることに目を向けてほしい。

　里親の「自分のために自分の子育てをしたい」という願いだけでは，里親制度は限界が見えてきている。今回の調査でその一端が見えてきたように，子どもにとって家庭養護の有効性が証明されている中で子育てを個人ですべてを負うには無理があるケースも増えている。この事実をどう乗り越えるのか，今後の展望をどのように描くかが里親の課題となる。

　里親にすべてを任せ負わせる制度ではなく，家庭を舞台として社会的支援を受けながらの子育て，個人の子育てからチームを組んでの子育て，個人の営みから仕事としての要素を加味した子育てに環境を変化させることが鍵となりそうである。最近ではファミリーホームの実践が証明しているように，子育てに仕事的要素を加味させることで，いくつかの課題は克服できそうである。子どもの愛着形成も新たな環境のもと一組の夫婦によってスムーズに進むことを期待したい。

　ふと周りを見渡すと，欧米の歩んでいる道とどこか似ている気配になっていく。子育ての社会化には世界共通の感情が横たわっているのかも知れない。

【参考】

　戦後の里親数の推移をみると，児童福祉法に里親が位置づけられ，15年かけてピーク時の登録里親数2万人弱に達している(図1)。その後15年かけて7000人台に減少し，昭和50年代から現在まで登録里親7000人台の横ばい状態が続いている。最近までは養子縁組を前提とした里親が主流であったが，養子を前提にしない養育里親が増え始めている。

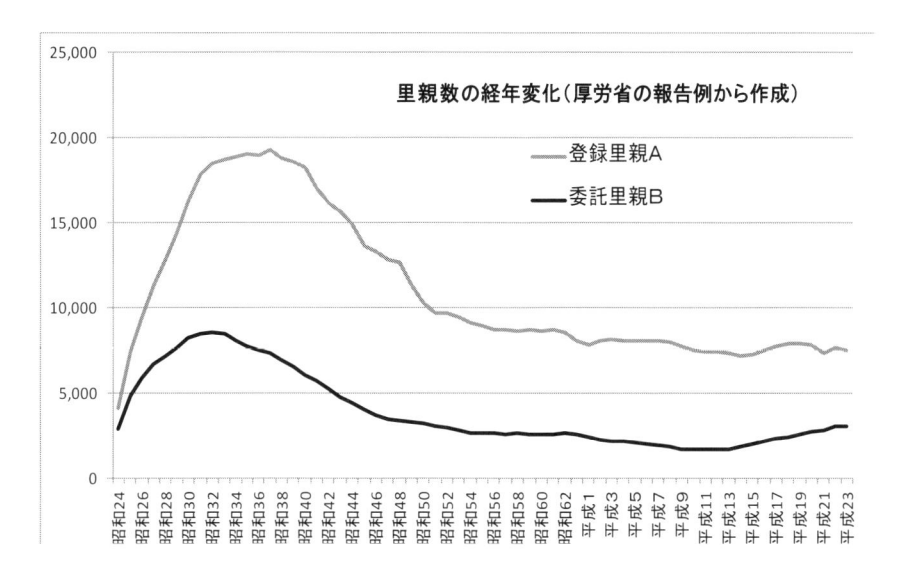

図1　里親数の経年変化

5章
まとめと，いくつかの提言

深谷昌志・深谷和子

まとめ

1）熱い心で里子を養育する里親たち

　子育てはわが子の場合でも苦労の連続である。しかし実親には，母親の胎内いる10カ月を含め，子どもとの長い「関係の歴史」がある。ところが里親は，突然「他所から来た子ども」を預かり，24時間体制で養育する。その苦労は，実親の何倍，何十倍と思われる。

　しかも里子の多くは，実親の下で，または親から引き離される出来事も含めて，大小の不幸な体験をしており，しばしば「発達障がい」や，その他の障がいをもち，「きずな（愛着）形成の障害」（人との心のつがなりにくさ）のある子たちも少なくない。

　養育里親についての今回の全国調査の結果が示すのは，里親の多くが，数々の里子養育の困難に直面しながらも，「親」としての役割を懸命に果たそうとしている姿であった。その行為は，養育を超えて，しばしば「療育」と呼ぶにふさわしい日常ではなかろうか。

　しかしそうした困難な状況の下にあっても，多くの里親は，里子養育の日々の体験が自分にとってプラスになったし，今後も（機会があれば）里子の世話をしていきたいと答えている（第3章参照）。里親手当などの経済的な面での里親へのサポートも，（十分とは言えないまでも）「それなりに十分」とも答えられている。

　そうした健気とも言える里親たちの声を聞くにつけ，現在の里親制度は，里親の善意に甘え過ぎていて，その身体的心理的な負担（養育困難）を軽減する施策がとられていない印象を受ける。

2）里親・里子間の「きずなの形成」こそ

　アンケート調査と面接調査の双方から浮かび上がったのは，里子の養育に際して里親たちが遭遇する困難の主たる要因は，里子側の「愛着障害」（アタッチメント障害）または愛着形成の不全から発生した，里子との「気持ちの通じ合わ

なさ」(きずな形成の不具合)の存在からのように見受けられる。

　子育ての大変さは実子の場合も同じだが，気持ちの通じ合わない子ども(自分に愛着を示してくれない子ども)の養育は，いたずらに徒労感を生み，養育への意欲低下をもたらすと思われる。

　不幸にして社会的養護が必要な状況に置かれた子どもには，愛着形成の障害を発生させるリスクをできるだけ抑制する方策をとることが，里親里子双方のウェルビーイングのために，何よりも必要ではなかろうか。

　そのためには，児相に保護された子どもには，多数の養育者とかかわる成長環境（施設養護，マルティプル・マザリングの下での成長）を避け，できるかぎり里親家庭に養育を委託すること（家庭養護）を原則とすべきであることを，改めて確認したい。

3）生活の中での、自分と世界、そしてその「関係性」のとらえ直し

　これまで何度か指摘してきた里母による「療育」とは、医療の臨床や心理臨床で専門家が行うトラウマ回復のための諸技法を用いての養育ではなく、「生活臨床」、すなわち、里子が生活する中での、自分や世界、またその「関係性」のとらえなおし（回復）のための作業である。青木紀久代は（乳児の場合なら）、「お腹がすいたらミルクがもらえ、おしっこをしたらおむつを取り替えてもらい、お風呂にいれてもらって清潔にしてもらい、怖い思いをしたらなぐさめてもらい、楽しいことがあったら一緒に喜んでくれ----(中略)、子どもの育ちに必要なのは、治療等の特別な時間ではなく、何気ない時間の積み重ね、つまり毎日の生活である」と述べる（増沢高・青木紀久代編著（2012）『社会的養護における生活臨床と心理臨床』p 104　福村出版）。

　ふつうの家庭での食事や団欒の風景はあまりに日常的で、われわれは「日常」の意味を考えることはない。しかしそうした日常生活の積み重ねは、実は人の心に重要な役割を果たしている。そうした日常の中で、里子は生きている自分を、自分の感覚を通して実感し、そこから（スイスの精神分析家スターン, D. N. の言う）主体としての「自己感（sense of self）を新たに立ち上げることができる。

　「歯を磨く、食事をする、テレビを見る、眠りにつく」、こうした何気ない平

凡な時の過ごし方を提供するのは、もっぱら里親である。治療者の手による治療行為、援助行為では決してできない、「生き直し」や回復を里子の上にもたらす。

しかし、ふつうの日常を欠いた里子たちに、日常性を取り戻させ、再体験させていく作業は、里親に多くの努力を求める。里親はそうしたこまごまとした行為に心を配ろうとするが、しばしば里子と心が通い合わず、里子から拒否される。里親に挫折感や無力感が広がる。そうした重要な役割を果たす里親を対象とした、支援体制の確立が求められる。

4) しばしば「発達障がい児」を養育している里親たち

里親への面接調査から浮かび上がってきたのは、養育返上をした里親、または養育返上寸前ともいえる困難な状況にいる里親には、虐待を受けたトラウマからの行動障害とあわせて、いわゆる発達障害と名づけられるグループの子どもを委託され、悪戦苦闘している人々の姿であった。

発達障害とは、杉山登志郎によれば、1群：精神の発達の遅滞　2群：広汎性発達障害、3群：注意欠陥多動性障害（ADHD）、学習障害（LD）であるが、杉山はこれに第4群として、「虐待を受けた子ども」を挙げている。むろんこれは、通常の発達障害の分類には含まれていない。ここで注目したいのは、これを第4群として分類することが妥当かどうかではなく、児相から委託される時に、しばしばアセスメントが不十分で、その子どもが、通常の家庭養育（里親家庭への委託）にふさわしい子どもかどうかの判断が適切でない事例がしばしば見出されることである。

発達障害と名づけられた子どもは、実親とも里親とも、愛着形成が通常よりしばしば遅れるグループがあり、とりわけ広汎性発達障害（社会性、コミュニケーション、想像力の不具合なグループ）には、愛着形成の遅れが顕著であるとされる。里親の養育行動の主たる維持要因は、里子との間の「きずなの形成」と考えらえることから、的確なアセスメントなしに、むやみに家庭養育を推進しようとせず、「養育のとりわけ難しい子ども」は専門家の手にゆだねることが、里親里子の双方のウェルビーイングのためにも必要と考えられる。

いくつかの提言

1）里子の条件に応じた養育的対応の3タイプ
　——養育が「ひどく難しい子」「やや難しい子」「平均的な難しさの子」

　もともと里親とは，里子の養育を自ら望んで引き受けようとして，一定の研修を受けた人々である。しかし，その動機が善であり，どんなに子どもが好きで，どんなに強い養育意欲を持っていても，またある程度の研修を受けてきていても，里親はしょせん子ども対応の専門家ではない。社会は，里親たちの熱意に甘え，しばしば対応の限度を超えた無理を強いているのではなかろうか。子ども対応の専門家ではない人々（里親）に，対応の「ひどく難しい子ども」を託し，里親に多大な負荷をかけるのは，里親にはむろん，里子にとっても望ましい成長環境とは言えないであろう。

　児相が子どもを措置する時には，対象の子どもに十分なアセスメントをした上で，子どもの養育環境を決める（措置する）ことが必要と考えられる。

　具体的には，①対応が「ひどく難しい子ども」（たとえば障がいの重い子ども），②対応が「やや難しい子ども」，③保護されるまで「ほぼふつうに成長していた子ども」（平均的な難しさの子）に分け，①は，特別な条件を整えた施設での「専門家」による治療や養育，②は専門里親による「療育的養育」，③は一般の里親による養育，のように，子どもを類型化して委託先を措置すべきであろう。そうしたアセスメントと養育環境の適切な選択によって，里子養育の環境は整えられ，里親にとって不本意な委託返上のケースも減少すると考えられる。

　なお，②でふれた「専門里親」の資格については疑問も感じる。専門里親とは，①3年以上の里親経験，②子どもの福祉，保健・医療，教育，矯正等に関連する資格をもち，認定研修（「社会福祉論，児童福祉論」等の通信教育8教科，「児童虐待論，思春期問題援助論」等のスクーリング4教科，養育実習7日間）を受けて認可された者とされている。しかし，こうしたキャリアや研修内容で，果たして「専門里親」の資格を付与していいかどうか。子どもの心の問題にかかわる「療育者」と見なすためには，専門里親育成プログラムについての一層の吟味が必要ではなかろうか。

2）里親の役割の3類型──「実親志向型」と「シェルター志向型」,「養育職志向型」

里親調査の過程で，里親には大きくは3種類のタイプがあることが見えてきた。

①実親志向型（Ⅰ型）

3章のアンケート調査に見る里親の中には，里子を（学費等の援助をして）四年制大学まで進学させようとする人々，養子縁組をしない場合でも，将来も家族同様の関係を維持していきたいと考えている人々が少なくなかった。里子と（実親子同様に）生涯つながる人生を望む里親である。これは，実親に代わって，その子にとっての一生の親役割を果たそうとするタイプで「実親志向型」と言える。日本文化の中で，しばしば見出される「日本型」里親のタイプでもある。

もっとも，「実親志向型」が成立するためには，子どもの実親との関係が清算されていることが前提となる。それと同時に里子が，環境的ダメージの比較的少ないタイプであることも必要と思われる。日本では，養子を望む里親希望者も多いが，少子化時代の中では，子どもを手放す親の数は少なく，ウェイティングリストは常に一杯のようである。

②シェルター志向型（Ⅱ型）

そうした一方で，実親の保護を受けられない子どもに対し，短中期的あるいは長期的に，いわば「シェルター（避難所）」としての役割を果たそうとするタイプの里親もいる。「シェルター志向型」には，実親の養育環境が整う日までの短期間の養育の場合もあれば，子どもが自立する日までの比較的長期の養育の場合もある。

最近，大都市を中心に，親の保護を受けられない子どもが増加している。若年の未婚の母，あるいは自分自身の不幸な生い立ちの中で子どもに対するボンディング（bonding）障害をもった母親，重篤な精神疾患に罹患している母親の姿もある。また，周囲と孤立している家族で親の失職や病苦，あるいは，離婚を契機としたきずなの崩壊，またはシングルマザーに老いた両親の介護が加わる場合など，短中期的に子どものシェルターを必要とする人びとも多くなっている。それだけに，今後「シェルター志向型」の里親についての社会的な要請が増すと考えられる。

この「シェルター志向型」は，血縁関係に固執しない，ある意味で「欧米型」の里親と言えるかもしれない。そして，子育てが一段落した，実子に恵まれなかった，あるいは親の介護を終えた，そして第一の職業を終えた人々が，次のステージとして，愛を注ぐ対象を求めて里子養育を選択する。それによって，実親からの庇護を受けられなかった子どもに，実親以上の温かい家庭環境が用意されることになれば，これからの児童福祉に明るい見通しを抱くことができるであろう。

③養育職志向型（Ⅲ型）

「シェルター志向型」の里親が社会貢献を活動の動機としていることは確かだが，長期にわたって，多様な子どもを預かる活動をしていくには，子どもへの接し方や子どもの心の理解などについて，一定レベルの専門的な知識や技術の持主であることが求められる。

考えてみると，小中学の教員や保育所の保育士など，子どもに接する仕事に携わる者は一定の資格取得を前提として成り立っている。欧米で見かけるアフタースクールの指導者も高度の専門的な資格の持ち主である。そして，養育里親は，多くの問題を抱えた子どもを24時間体制で養育していく人たちである。そうだとすれば，里親のボランティア的な善意に頼るのでなく，里親においてもある種の専門的能力を高め，養育者としての自覚や自信を持たせることが，今後の課題ではなかろうか。将来の方向性としては，子どもの養育者についての一定の資格を設定し，資格取得者を認証する形が定着する形が望ましいと考えられる。

もちろん，里親のすべてが養育職型を目指す必要はないが，アメリカなどでは，地域の里親を束ね，地域の里親もその存在を頼りとする「ハブ・ホーム」（hub home）が普及しつつあると聞く。それと同じように地域のコーディネーター的な役割を資格取得者に託したいと思う。そうなれば，実親はむろん，地域の人たちも，安心して里親に子どもを委託することができるのではなかろうか。

3）乳幼児期（早期）の養育は原則として里親委託に

「委託時期を早くしてほしい」とは里親の間から一様に聞かれる声である。今

回のわれわれの調査結果からも，里子の年齢が幼いほど，きずなの形成（気持ちの通い合い）がスムースに行われることが見出されている。アタッチメント（愛着）を扱った心理学の文献でも，子ども，とりわけ乳幼児期の子どもには，少人数の密度の濃い人間関係の中で成長することが，愛着形成の上で極めて重要であると指摘されている。

以上の諸点から，乳幼児期の子どもの養育は，可能な限り里親委託（家庭養護）が望ましいのは言うまでもない。しかし日本の場合，諸事情から，乳幼児期の子どもにも施設養護（乳児院での養育）が優先されている状況は，「子どもにとっての最善の利益」の観点からすれば，きわめて遺憾といわざるをえない。

4）里親と児童養護施設（乳児院を含む）との役割分担を明確に

厚労省統計によると，昭和24年度から平成21年まで，登録里親数は常に委託里親数を大きく上回っている。たとえば平成19年から23年までの5年間の全国統計を見ても，その充足率（登録里親と委託里親の比）は，0.33，0.35，0.38，0.39，0.39に過ぎず，過去50年間，ほぼ横這い状態である。もっともこれには地域差もあって，充足率の高いブロックでは，平成24年3月の時点で，ファミリーホームを含めた里親委託率が0.7前後に達しているところもあると聞く。

善意の動機をもつ里親が研修を受けても，多くの人々が里子を委託されない背景はそれほど単純でない。まず，①里親希望者の中に養子縁組を希望しているが，養子の条件を充たす子どもが少なく，その結果，里親に慢性的なウェイティング状態が続いている状況がある。また，②里親の認可は県の所轄事項だが，実際の里親への措置は各児童相談所が対応するので，両者の連携がうまくいっていないとの声も聞く。その他にも，③実親が（里親とわが子のきずな形成を忌避することから）里親への委託を避けて，しばしば施設養育を希望する，④施設側が，定員の範囲内で，できるだけ多くの子どもを受け入れようとする姿勢がある等が考えられる。その結果，多くの里親が里子の委託を希望して研修を受けても，里子を委託されず，里親登録を返上していく。

現在の施設は，何よりも収容定員を満たすことを要請されているかのように思われる。また児相は，ことさら対応の難しい子どもの養育を「この子には家庭的養護が必要」として，里親に委託するのでは，との里親の声も聞かれる。

すでに指摘したように，何らかの理由で親から引き離された子どもの養育は，受けたダメージに応じて，重度の問題を持つ子どもは専門的な施設で養育（療育）し，軽度の子どもは里親の許で養育するとの原則が確立されるべきではなかろうか。

またその際の「施設」とは，現行の大型施設を指すのではなく，小舎制を基本として，専門家による治療的ケア（専門的療育）を受けながら，子どもが安定できるような家庭的な場とする努力が必要である。

5）児相の充実と，「里親担当」を行政職と専門職とに分化させる

里子の養育には，とりわけ専門家による支援，里親に対するきめ細かい相談相手となる窓口が必要である。現在は，しばしば里親会がその役割を果たしているが，里親会とは別に，児相に，より専門性を備え，しかも継続的に養育相談と治療的支援を用意できる「里親担当」を置く必要がある。

児相に配置されている現行の「里親担当」は，スタッフの（里子養育に関しての助言機能の点で）専門性が低いだけでなく，定期的な人事異動の対象でもある。そのため，町のクリニックの主治医のように，里子の成長を里親とともに見守っていく役割を果たすことができないので，専門性，継続性の観点から，里親の間からしばしば不満の声が聞かれる。

そうした不満の解消には，①定期的な異動を前提とする行政職としての「里親担当」と，②里親や里子の状況に寄り添っていく「専門職」の２つに分離することが必要であろう。また後者の専門職としての「里親担当」には，大学院の修士号所有者や臨床心理士，臨床発達心理士などの資格の所有者を配置することや，教員同様に，大学や大学院での研修機会（短期・長期研修）の機会を用意することも含めて，この職種の実践力，臨床力を高めることが望まれる。

6）措置期間の延長を

平成22年に，厚労省から「生活が不安定で，継続的な養育を必要とする」里子に，20歳までの措置延長を再確認する通達が出された。しかし，平成24年の四年制大学進学率は51％と過半数を超えている。その他に専門学校などに進学する者も多い。また，22歳で大学を卒業しても，初任給は平均20万（平

成24年で19万9600円）程度で，若者がすぐに経済的に独立するのは難しいといわれる。そうした状況を視野に入れると，現代の社会では，18歳は子どもが自立できる年齢でない。そして，実際に，養子縁組をしていない養育里親の中に，25歳，さらに，30歳，それ以上まで，里子であった子の面倒を見ている里親が少なくない。里親としての情から，期間が切れたからといって，元の里子の苦境を放置できないという。こうした状況を配慮すると，20歳まででは中途半端な措置であり，18歳から22歳までの時期を，若者が「自立に向かう準備のための過程」とみなし，委託年齢を大学卒業時の22歳までに延長することが，社会的養護の理念に適っているのではなかろうか。

7）親代理としての里親の権利擁護と親権の一時的制限を

里親と児相間で，「里子にとっての最善の利益」をめぐって意見の対立をみることがある。

そうした際に，児相は里子の保護と権利擁護を果たす機関であり，「里子にとっての最善の利益」をもたらす環境を措置する権限を持っている。しかし里親は，意見の対立が生じた際に，里親をバックアップして，親（代理）としての権利の擁護をしてくれる機関を持っていない。その結果，里親は，しばしば不本意な措置解除に服さなければならない。しかも児相による当該ケースについての判断によって，里子のウェルビーイングが必ずしも保証されるとは限らない。

周知のように，アメリカではクリントン大統領時代の1997年に「養子縁組と安全な家族法」（Adoption and Safe Families Act, ASFA）が成立し，15ヵ月以上里親制度の下で暮らした子どもの場合，実親の親権を剥奪する制度がスタートした。実親からの保護を受けられない子どもの①セーフティと②ウェルビーイング，③パーマネンシーを目指した改革で，中でも，里子の「パーマネンシー」（恒常的に安住のできる場）を提起しているあたりに，理想を求めるアメリカらしさを感じる。

アメリカの場合，離婚や再婚の中で，関係が複雑に絡み合った「混合家族（blended family）」が一般的な上に，同棲のカップルや同性愛の家族なども加わって，家族の多様性が著しい。それと同時に，高校を卒業する時点で子ども

が親から自立する家族の形が定着し，富裕層の家庭の子どもでも，大学の費用は教育ローンを組んで自力で賄うのが一般的で，実子でも親の養育義務は18歳という通念が定着している。

こうした日米間の家族のあり方の違いを視野に入れると，日本的な感覚でアメリカの「親権」や「里親」を捉えるのは，誤解を生みがちになる。しかし，里子のパーマネンシー，安定した居場所を作るというアメリカでの視点は，日本でも持つべきであろう。

日本の事例に戻るなら，日本の里親は，実親ではないが，一定期間親代理として里子の養育を果たしてきた存在である。法律家たちの間に，「里親は，親子に近い状況にあるのに，法的には単なる委託先（施設と同様）という位置づけにあり，措置側の児相が相当意識しないと，種々人権上の問題が起きてくる」と指摘する声もある。それだけに，里親の親的な役割を全うし，里子のウェルビーイングをもたらすためには，一定の条件のもとに，実親の親権を一定期間停止し，里親は一種の「親権」を持つ存在と見なす。そうした里親の権利を擁護する制度の構築が必要であろう。

もちろん，親権が最大限に尊重されなければならないことは，言うまでもない。加えて，親権は法体系に関連するので，多面的な観点からの検討を加えることが，社会的に必要な手続きである。しかしわが国では，残念ながら実親の身勝手さが，子どものウェルビーイングを阻害している事例も少なくない。「親権」は権利であると同時に義務でもある。そして，どのような事情があるとしても，子どもの養育の義務を放棄して，権利だけを主張（または保存）しようとするのは，権利と義務のバランスを欠いている。また，子どもは親の所属物ではなく，社会的存在であるという事実も改めて確認しなければならない。

親という，人生最大の後ろ盾に恵まれなかった子どもたちには，われわれは社会を挙げて，最大の愛と厚遇をもって臨むべきではなかろうか。

資料2　全国里親調査集計表

設問		選択肢	全体	里子のキャリア					虐待	
				乳児院	施設・長期	施設・短期	家庭	その他	あり	なし
			100.0	35.9	19.5	9.0	23.4	12.2	37.4	62.6
（Ⅰ）はじめに里親さん（あなた）のことについて、お聞かせください										
1)この用紙のご記入者は		1.里母	76.6	79.4	74.9	65.3	77.2	79.9	77.4	76.1
		2.里父	23.1	20.4	25.1	34.7	22.4	19.4	22.6	23.4
		3.その他	0.3	0.2	0.0	0.0	0.4	0.7	0.0	0.6
2)	①里母さん	ご年齢	1.30代以下	5.3	7.8	1.9	3.1	4.3	6.8	6.4	4.7
			2.40代	28.4	39.4	26.5	20.6	15.9	29.5	22.0	32.3
			3.50代	41.5	41.2	51.2	40.2	38.0	35.6	40.4	42.1
			4.60代かそれ以上	24.6	11.3	20.4	36.1	41.5	28.0	31.2	20.7
			5.里母はいない	0.2	0.0	0.0	0.0	0.4	0.0	0.0	0.3
		お仕事	1.専業主婦	53.2	58.6	47.6	53.3	51.6	49.5	47.5	56.6
			2.自営業	13.5	9.1	16.5	9.3	13.5	23.8	14.7	12.7
			3.お勤め	22.6	22.7	26.8	25.3	20.3	18.8	24.8	21.2
			4.その他	10.6	9.4	9.1	12.0	14.6	7.9	12.9	9.2
			5.里母はいない	0.1	0.3	0.0	0.0	0.0	0.0	0.0	0.2
	②里父さん	ご年齢	1.30代以下	4.3	6.3	1.5	3.0	2.6	7.4	4.1	4.5
			2.40代	19.7	28.9	15.2	13.0	11.3	20.7	16.0	22.0
			3.50代	38.7	41.9	49.2	39.0	30.4	32.2	36.1	40.3
			4.60代かそれ以上	34.8	20.1	33.5	42.0	52.2	38.0	41.2	30.0
			5.里父はいない	2.4	2.8	0.5	3.0	3.5	1.7	2.5	2.3
		お仕事	1.お勤め	54.1	66.1	60.8	43.0	39.8	45.9	48.4	57.6
			2.自営業	25.4	21.1	25.0	27.8	27.5	31.6	28.6	23.5
			3.その他	17.7	10.0	14.2	26.6	27.5	19.4	20.1	16.1
			4.里父はいない	2.8	2.8	0.0	2.5	5.3	3.1	2.9	2.8
3)現在同じ建物にお住まいの「ご家族」についてうかがいます	①ご家族の人数		1人	0.1	0.0	0.0	1.0	0.0	0.0	0.2	0.0
			2人	2.8	1.7	3.1	3.8	2.2	2.1	1.8	3.4
			3人	31.8	36.5	35.1	26.9	24.4	30.5	29.1	33.4
			4人	26.0	26.0	28.9	22.1	25.1	28.4	26.5	25.7
			5人	15.0	18.0	10.7	12.5	13.7	16.3	13.9	15.6
			6人	11.5	9.4	11.6	16.3	13.3	13.5	12.8	10.8
			7人	12.9	8.4	10.7	17.3	21.4	9.2	15.7	11.2
	②里子さんの人数	長期委託の里子さん	1人	70.3	76.6	75.9	57.3	61.0	69.8	68.8	71.2
			2人	19.2	15.4	16.7	28.1	21.5	23.3	19.0	19.3
			3人	5.1	4.7	2.5	4.5	8.3	5.2	5.1	5.2
			4人	5.4	3.3	4.9	10.1	9.2	1.7	7.1	4.4
		短期委託の里子さん	1人	76.7	62.5	75.0	100.0	70.7	82.4	75.6	77.8
			2人	14.4	25.0	8.3	0.0	19.5	11.8	20.0	8.9
			3人	3.3	0.0	8.3	0.0	4.9	0.0	0.0	6.7
			4人	5.6	12.5	8.3	0.0	4.9	5.9	4.4	6.7
		合計	1人	66.6	75.5	72.2	55.4	56.3	62.6	62.7	69.2
			2人	20.2	15.2	17.6	27.2	22.2	27.6	21.1	19.6
			3人	6.3	5.2	3.9	7.6	8.7	7.3	6.8	5.9
			4人	6.9	4.1	6.3	9.8	12.7	2.4	9.4	5.3
	③同居の実子さん		0人	44.3	49.7	49.7	41.6	35.3	44.1	40.3	46.9
			1人	32.8	29.9	32.6	32.5	37.2	32.4	35.2	31.3
			2人	15.1	12.7	12.6	18.2	19.1	12.7	16.2	14.4
			3人	7.8	7.8	5.1	7.8	8.4	10.8	8.2	7.5
	④同居のおじいちゃん、おばあちゃんなど		0人	67.6	66.8	67.9	60.6	65.8	77.8	68.9	66.8
			1人	20.1	19.9	20.5	27.3	21.4	14.4	20.4	19.9
			2人	9.1	11.0	9.6	9.1	8.0	5.6	8.7	9.4
			3人	3.2	2.4	1.9	3.0	4.8	2.2	2.0	3.9
4)お住まいの都道府県名			1.北海道	9.4	6.3	1.3	9.6	12.1	26.2	9.2	9.5
			2.東北	7.6	8.9	9.3	7.7	4.4	6.4	6.5	8.2
			3.関東	25.9	33.0	23.5	21.2	22.4	17.0	24.6	26.7
			4.東京	9.5	11.3	10.2	11.5	7.4	4.3	9.2	9.7
			5.北陸	3.4	1.7	3.1	7.7	4.4	3.5	4.5	2.7
			6.中部・東海	11.0	9.2	10.2	10.6	14.3	12.8	12.3	10.2
			7.近畿	12.2	12.0	15.5	13.5	12.5	8.5	12.3	12.2
			8.中国	6.5	6.3	8.4	1.0	7.7	6.4	8.5	5.4
			9.四国	2.8	2.2	5.3	2.9	2.6	0.7	2.5	3.0
			10.九州・沖縄	11.7	9.2	13.3	14.4	12.1	14.2	10.5	12.5
5)初めて里子さんを預かった時の、里母さんのご年齢			1.29歳以下	2.0	2.2	1.5	4.5	2.0	0.8	1.9	2.1
			2.30代前半（30〜34歳）	7.0	5.5	8.2	3.4	7.1	10.3	7.3	6.8
			3.30代後半（35〜39歳）	16.7	18.6	10.3	14.8	18.7	18.1	17.7	16.1
			4.40代前半（40〜44歳）	23.8	33.3	25.3	17.0	13.1	20.6	21.2	25.4
			5.40代後半（45〜49歳）	23.8	25.7	23.2	20.5	26.2	20.6	23.5	24.0
			6.50代前半（50〜54歳）	13.9	8.7	18.6	22.7	15.5	11.9	16.9	12.0
			7.50代後半以上（55歳以上）	12.8	6.0	12.9	17.0	17.5	17.5	11.6	13.5
6)初めて里子さんを預かった時のお住まい			1.戸建て	82.6	75.8	84.0	87.4	88.2	87.2	85.6	80.8
			2.4階以上の集合住宅	11.3	17.1	12.0	2.9	7.0	6.4	7.9	13.4
			3.3階以下の集合住宅	4.4	5.8	4.0	6.8	2.2	3.5	4.5	4.3
			4.それ以外	1.7	1.2	0.0	2.9	2.6	2.8	2.0	1.5
7)初めて里子さんを預かった時、あなたの周囲（ご親戚、お友だち*など）に、里親をしている方がおられましたか。*後から里親会でできたお友だちは含めずに、それ以外のお友だちのことをお答えください			1.いた	15.9	13.5	14.6	19.4	21.3	13.5	18.8	14.2
			2.一人いた	11.5	13.2	10.2	8.7	10.3	9.2	10.3	12.2
			3.いなかった	72.6	73.3	75.2	71.8	68.4	77.3	70.9	73.6
8)初めて里子さんを預かった時、なぜ里親を志望されましたか（当てはまる番号には、何個でも、○をお付けください）			1.実子がなくて（できれば養子がほしくて）	39.6	53.1	47.8	28.8	23.5	29.6	31.5	44.4
			2.実子にきょうだいがあったほうがいいと思って	6.9	7.9	8.0	7.8	5.9	7.7	6.9	6.8
			3.（一定期間だけ）親が育てられない子の役に立ちたくて	34.1	26.1	31.4	38.5	43.4	37.3	40.5	30.3
			4.実子の子育てが一段落したので、勉の仕事以］意味がある仕事だと思って	19.1	13.2	13.7	29.8	27.2	23.2	23.5	16.5
			5.以前養護施設などに勤めていて、里子養育の意義を感じていて	7.5	8.4	8.0	9.6	5.3	4.2	8.9	6.6
			6.周囲にすすめられて	9.0	7.7	8.0	10.6	12.5	7.0	11.9	7.4
			7.その他	24.2	20.7	21.7	20.2	30.1	30.3	25.1	23.7
9)ご自分のお子さんをお育てになった（または今お育て中の）ご経験			1.経験なし	44.3	54.9	53.2	42.2	25.3	37.0	36.4	49.0
			2.1人	13.3	15.1	13.1	8.8	13.4	12.3	15.5	12.0
			3.2人	16.0	11.2	14.0	15.7	23.8	18.1	15.9	16.0
			4.3人	14.6	10.2	10.4	17.6	19.7	23.2	18.9	12.0
			5.4人以上	11.8	8.5	9.5	15.7	17.8	9.4	13.2	10.9
10)あなたは現在、専門里親ですか			1.はい	21.3	16.8	23.6	24.0	27.0	18.6	27.5	17.6
			2.いいえ	78.7	83.2	76.4	76.0	73.0	81.4	72.5	82.4

資料2 全国里親調査集計表 217

設問			選択肢	全体	里子のキャリア				虐待	
					乳児院	施設・長期	施設・短期	家庭	その他	あり	なし
				100.0	35.9	19.5	9.0	23.4	12.2	37.4	62.6
11)ファミリーホームを経営しておいでですか、または将来経営するお気持ちがありますか			1.経営している→現在の里子さん(　)人	5.0	3.7	4.7	8.2	6.9	3.0	7.1	3.8
			2.経営していないが、将来、ぜひそうしたい	7.0	6.2	7.5	9.3	7.3	7.4	7.8	6.6
			3.経営していないが、将来、できればそうしたい	15.8	13.1	16.8	19.6	16.9	15.6	17.9	14.5
			4.前に経営していたが、今は経営していない	0.4	0.5	0.0	0.0	0.8	0.0	0.2	0.4
			5.経営は、あまり考えていない	28.3	27.5	29.9	30.9	27.7	28.9	29.9	27.3
			6.経営は、全く考えていない	43.6	49.0	41.1	32.0	40.4	45.2	37.2	47.4
(II)次に、現在養育されているお子さん(仮にAちゃんとします)についてお聞かせください。なお現在、複数の里子さんをお育ての場合は、一番「里子期間」の長い方をAちゃんとしてください。											
1)Aちゃんは現在	①年齢		1.0歳～5歳	26.8	43.3	11.1	10.7	16.7	35.7	21.3	30.1
			2.6歳～10歳	29.7	33.4	37.3	30.1	22.2	20.0	30.6	29.2
			3.11歳～15歳	25.4	16.6	30.7	31.1	32.6	24.3	27.2	24.3
			4.16歳～20歳	17.2	6.3	19.6	26.2	27.4	19.3	20.0	15.4
			5.21歳以上	0.9	0.5	1.3	1.9	1.1	0.7	0.9	1.0
	②性別		1.男	52.4	54.1	57.8	52.4	48.7	45.7	52.6	52.3
			2.女	47.6	45.9	42.2	47.6	51.3	54.3	47.4	47.7
	③学校段階		1.乳幼児	9.5	15.7	0.9	1.9	5.3	19.3	6.0	11.6
			2.幼稚園	17.2	27.2	12.3	8.7	10.2	17.0	16.0	18.0
			3.小学生	35.5	38.4	45.7	36.9	26.9	24.4	35.4	35.6
			4.中学生	15.1	9.2	17.8	16.5	22.3	14.1	17.4	13.7
			5.高校生	17.9	5.7	19.6	29.1	28.0	22.2	19.2	17.1
			6.大学や専門学校生など	2.1	1.5	1.8	1.9	3.8	1.5	2.5	1.9
			7.その他	2.7	2.2	1.8	4.9	3.4	1.5	3.5	2.1
	④委託期間	年齢 *乳児の場合は0歳としてください	1.0歳	10.3	9.0	0.9	4.0	11.4	31.6	6.2	12.8
			2.1歳～2歳	31.4	67.5	6.8	12.0	11.0	16.9	24.7	35.6
			3.3歳～4歳	22.3	21.3	35.7	14.0	19.4	14.7	23.1	21.8
			4.5歳～6歳	12.2	1.7	27.1	24.0	13.7	8.1	15.3	10.3
			5.7歳以上	23.9	0.5	29.4	46.0	44.5	28.7	30.8	19.5
		期間	1.0年	12.4	11.2	7.3	8.1	15.6	20.9	13.0	12.0
			2.1年～2年	26.0	26.5	25.5	27.3	25.7	25.9	25.5	26.4
			3.3年～4年	18.6	17.5	18.6	23.2	17.7	21.6	20.2	17.6
			4.5年～6年	11.6	12.2	13.6	12.1	10.8	7.9	10.9	12.0
			5.7年以上	31.4	32.6	35.0	29.3	30.1	23.7	30.5	32.0
2)Aちゃんは、どこからお宅に来られたのですか(〇を1つおつけください)			1.乳児院から	35.9	100.0	0.0	0.0	0.0	0.0	23.8	43.3
			2.(乳児院から)児童養護施設に移って児童養護施設から	19.5	0.0	100.0	0.0	0.0	0.0	20.0	19.2
			3.(乳児院を経験せずに)児童養護施設から	9.0	0.0	0.0	100.0	0.0	0.0	12.2	7.0
			4.実親の家庭から(一時保護所等を経由した場合も含めます)	23.4	0.0	0.0	0.0	100.0	0.0	34.5	16.7
			5.他の里親や親せきの家から	4.8	0.0	0.0	0.0	0.0	39.4	3.4	5.7
			6.その他(上記に当てはまらず、種々の場所で生活されていたり、まったくわからない場合も含めてください	7.4	0.0	0.0	0.0	0.0	60.6	6.1	8.2
3)Aちゃんが乳児院や施設、里親に預けられることになった理由について、あてはまるものいくつでも〇をつけください。			1.親から虐待(育児放棄を含む)を受けて	37.4	25.2	38.9	51.9	55.9	29.6	100.0	0.0
			2.片親(両親)の親が亡くなったり、病気になって	13.4	9.4	10.2	15.4	19.1	21.1	6.0	17.8
			3.その他	45.1	57.7	44.2	36.5	30.9	50.7	9.6	66.3
			4.わからない	8.0	10.6	13.7	6.7	1.8	6.3	0.4	12.6
4)初めてAちゃんが家に来た当時、からだの発育についてどう感じられましたか。以下(1.とてもそう 2.わりとそう 3.少しそう 4.あまりそうでない 5.違う)の1～5のどれかに〇をおつけください。なお<6.乳児>とは、乳児のため当てはまらない意味です(厳密ではなくても何となく、そんな感じがした)くらいで結構です	①身長がちいさい		1.とても	9.2	6.3	9.5	9.1	11.2	12.9	12.4	7.2
			2.わりと	13.2	12.7	16.8	13.1	11.6	11.4	14.5	12.4
			3.少し	14.0	10.5	15.5	20.2	16.7	12.9	17.8	11.6
			4.あまり	21.4	19.8	26.8	17.2	23.6	15.9	21.3	21.4
			5.違う	34.4	41.2	30.9	38.4	31.0	22.7	30.6	36.8
			6.乳児	7.9	9.5	0.5	2.0	5.8	24.2	3.5	10.6
	②やせている		1.とても	8.2	5.8	7.3	8.1	13.0	6.8	11.7	6.0
			2.わりと	12.2	8.3	15.6	17.2	18.8	11.4	15.4	10.2
			3.少し	13.5	8.3	19.3	12.1	16.5	14.4	14.6	11.6
			4.あまり	20.9	20.0	24.3	21.2	21.5	17.4	21.0	20.8
			5.違う	38.0	48.9	33.0	39.4	29.1	28.8	32.4	41.4
			6.乳児	7.4	8.8	0.5	2.0	6.1	21.2	3.0	10.0
	③偏食が多い		1.とても	14.4	8.8	15.1	19.2	20.6	14.3	22.7	9.2
			2.わりと	12.4	11.5	14.6	13.1	13.7	8.3	14.1	11.4
			3.少し	15.2	13.4	21.0	14.1	14.1	13.5	13.4	16.2
			4.あまり	17.8	17.6	20.1	17.2	17.6	15.8	16.4	18.7
			5.違う	29.7	37.1	28.8	31.3	24.0	16.8	27.5	31.0
			6.乳児	10.5	11.7	0.5	5.1	9.9	23.3	5.8	13.4
	④食べ過ぎる		1.とても	15.4	14.9	16.1	16.2	16.9	13.0	20.2	12.5
			2.わりと	12.7	11.5	15.6	15.2	13.8	8.4	15.5	11.0
			3.少し	10.1	10.5	11.0	3.0	12.3	7.6	10.1	10.0
			4.あまり	22.7	19.0	30.7	23.2	26.4	14.1	21.8	23.2
			5.違う	28.9	32.7	26.1	34.3	26.4	22.1	26.8	30.2
			6.乳児	10.2	11.5	0.5	4.0	9.2	29.8	5.6	13.0
	⑤知的発達の遅れ		1.とても	6.5	5.4	10.0	9.1	6.8	5.3	10.0	4.3
			2.わりと	8.9	8.6	8.2	8.0	10.7	9.0	12.8	6.6
			3.少し	16.9	13.5	19.2	17.0	21.9	12.8	17.9	16.3
			4.あまり	17.4	12.8	26.0	19.0	18.9	12.8	20.0	15.7
			5.違う	39.9	46.9	36.1	49.0	33.2	31.6	34.0	43.5
			6.乳児	10.5	12.8	0.5	3.0	9.1	28.6	5.3	13.6
	⑥言葉の遅れ		1.とても	10.9	11.9	14.0	16.0	10.3	7.5	14.8	8.6
			2.わりと	10.2	10.7	9.0	8.0	12.2	8.3	14.5	7.6
			3.少し	13.9	11.7	14.0	19.0	16.8	11.3	15.0	13.3
			4.あまり	16.8	12.4	25.3	18.0	17.7	14.3	18.9	15.5
			5.違う	36.6	39.2	37.1	45.0	32.8	29.3	30.5	40.4
			6.乳児	11.5	14.1	0.5	4.0	10.7	29.3	6.2	14.7

設問		選択肢	全体	里子のキャリア				虐待	
				乳児院	施設・長期	施設・短期	家庭	その他	あり	なし
			100.0	35.9	19.5	9.0	23.4	12.2	37.4	62.6
5)では今現在の発育はどうですか	①身長がちいさい	1. とても	3.3	3.2	4.1	3.0	2.0	5.3	4.2	2.7
		2. わりと	9.3	9.7	9.5	9.1	7.5	11.4	10.8	8.3
		3. 少し	13.9	12.7	15.4	13.1	15.0	14.4	15.7	12.8
		4. あまり	16.1	16.1	19.5	15.2	16.1	11.4	18.3	14.8
		5. 違う	55.9	57.2	51.6	59.6	59.4	49.2	50.0	59.6
		6. 乳児	1.4	1.2	0.0	0.0	0.0	8.3	0.9	1.7
	②やせている	1. とても	1.8	1.2	2.7	2.0	1.6	2.3	3.3	0.9
		2. わりと	7.8	7.3	9.5	4.0	6.7	10.7	10.3	6.2
		3. 少し	13.3	12.9	13.2	16.2	14.3	10.7	14.1	12.9
		4. あまり	22.2	22.6	26.4	21.2	21.0	16.0	23.0	21.7
		5. 違う	53.5	54.7	48.2	56.6	56.3	51.9	48.4	56.6
		6. 乳児	1.4	1.2	0.0	0.0	0.0	8.4	0.9	1.7
	③偏食が多い	1. とても	4.6	4.1	5.9	3.0	5.1	4.6	6.1	3.8
		2. わりと	11.6	11.5	12.3	14.1	11.0	9.9	14.0	10.1
		3. 少し	18.3	17.1	20.9	20.2	16.9	18.3	20.6	16.9
		4. あまり	20.0	19.3	21.8	17.2	21.6	18.3	18.9	20.7
		5. 違う	43.7	46.6	39.1	45.5	45.1	38.9	39.3	46.4
		6. 乳児	1.8	1.5	0.0	0.0	0.4	9.9	1.2	2.2
	④食べ過ぎる	1. とても	3.1	2.9	5.5	2.0	2.0	3.1	4.7	2.2
		2. わりと	9.6	11.0	9.5	12.1	9.1	4.6	10.6	9.0
		3. 少し	13.4	13.4	12.7	7.1	14.7	16.8	13.1	13.5
		4. あまり	27.2	26.4	28.6	28.3	31.0	18.3	29.8	25.7
		5. 違う	44.9	44.7	43.6	50.5	42.9	47.3	40.6	47.5
		6. 乳児	1.8	1.5	0.0	0.0	0.4	9.9	1.2	2.2
	⑤知的発達の遅れ	1. とても	3.1	3.4	4.6	2.0	2.0	2.3	4.7	2.2
		2. わりと	7.4	6.6	11.5	7.0	6.7	4.5	9.6	6.1
		3. 少し	12.2	10.7	10.1	12.0	16.1	13.6	14.6	10.8
		4. あまり	17.8	16.3	23.4	14.0	19.7	11.4	19.0	17.0
		5. 違う	57.3	60.7	50.5	65.0	55.1	57.6	50.5	61.5
		6. 乳児	2.1	2.2	0.0	0.0	0.4	10.6	1.6	2.4
	⑥言葉の遅れ	1. とても	2.0	2.7	2.7	0.0	1.6	0.8	3.3	1.1
		2. わりと	6.1	6.1	9.5	5.0	4.0	5.3	6.1	6.0
		3. 少し	11.8	10.5	11.7	11.0	14.6	11.4	13.6	10.8
		4. あまり	15.9	14.1	19.4	16.0	17.4	11.4	19.9	13.4
		5. 違う	62.1	64.5	56.8	68.0	62.1	59.8	55.5	66.1
		6. 乳児	2.2	2.2	0.0	0.0	0.4	11.4	1.6	2.6
6)Aちゃんは現在、あなたが里親さんだと知っていますか(1～3のどれかに○)		1. 家に来た当時(歳か月)から知っていた	54.7	20.0	78.6	81.2	76.8	56.9	65.4	47.9
		2. 途中から(真実告知などで)知った→ほぼ( )歳くらいの時に	22.2	37.8	13.4	9.9	14.2	15.3	18.1	24.8
		3. まだ知らない→10)へお進みください	23.1	42.2	8.0	8.9	9.0	27.7	16.5	27.2
	1. 家に来た当時(歳か月)から知っていた【年齢】	1. 00～05歳	48.5	96.2	50.9	33.8	34.0	45.2	45.8	50.8
		2. 06～10歳	33.4	3.8	42.9	45.5	35.5	26.0	36.0	31.3
		3. 11歳以上	18.0	0.0	6.3	20.8	30.5	28.8	18.2	17.9
	2. 途中から(真実告知などで)知った→ほぼ( )歳くらいの時に【年齢】	1. 00～05歳	55.9	64.1	33.3	30.0	51.4	55.0	60.0	54.0
		2. 06～10歳	36.2	30.7	51.5	50.0	37.8	40.0	33.8	37.4
		3. 11歳以上	7.9	5.2	15.2	20.0	10.8	5.0	6.3	8.6
7)Aちゃんは、実親(また親族の方)と交流していますか(1～3のどれかに○)		1.(家に来てから)1度も会っていない	63.7	83.6	82.8	66.7	31.9	47.6	58.5	67.4
		2. 何度か会った	18.1	8.0	11.0	17.2	30.7	29.5	21.8	15.5
		3. ある程度、定期的に会っている	18.2	8.4	6.2	16.1	37.5	22.9	19.7	17.1
8)(Aちゃんが、現在、実親や親族と会っている場合にお答えください) Aちゃんは会うを喜んでいますか		1. とても喜んでいる	35.8	16.3	32.3	37.5	42.8	32.7	35.2	36.4
		2. 少し喜んでいる	39.4	55.8	32.3	37.5	36.2	38.8	36.6	41.8
		3. 喜んでいない	24.8	27.9	35.5	25.0	21.1	28.6	28.3	21.8
9)Aちゃんは、いつかは実親と生活したいと思っているでしょうか		1. とてもそう思っている	9.2	2.7	3.3	11.4	19.4	8.9	11.0	7.9
		2. わりとそう思っている	8.6	3.6	4.4	13.9	13.8	12.2	10.2	7.4
		3. あまりそう思っていない	46.6	46.2	42.6	49.4	48.7	46.7	54.1	41.1
		4. わからない	35.6	47.6	49.7	25.3	18.1	32.2	24.7	43.6
10) Aちゃんは現在、診療や心のケア等で、病院や相談室に定期的に(または度々)通っていますか		1. はい	25.3	25.4	28.7	23.0	20.5	30.9	32.0	21.2
		2. いいえ	74.7	74.6	71.3	77.0	79.5	69.1	68.0	78.8
	(1・はい)と答えた方へ)通っている場所に全て○をおつけください 対象者数：290名	1. 医療機関	16.0	17.5	18.6	15.4	11.8	19.7	18.6	14.5
		2. 各種相談室	2.3	2.2	4.4	1.9	1.5	1.4	3.6	1.6
		3. 児相	8.7	7.7	10.2	7.7	9.2	11.3	13.9	5.6
		4. 各種センター	1.4	1.4	0.9	3.8	1.1	1.4	2.5	0.8
		5. 発達支援機関	5.0	6.3	5.8	2.9	2.9	7.0	5.4	4.8
		6. その他	1.3	0.2	2.2	1.0	2.6	0.7	2.5	0.5
11)Aちゃんが来てから、はじめの数か月くらい、どんな性格でしたか。もしAちゃんに「赤ちゃんがえり」があったら、それが終わった頃のAちゃんについてお答えください。委託がもし赤ちゃんの時だったら、飛ばして次ページの(Ⅲ)に飛んでください	①わがまま	1. とても	17.7	14.4	22.0	22.1	17.3	17.0	23.2	14.1
		2. わりと	17.5	15.6	19.2	23.2	17.8	13.6	21.7	14.8
		3. 少し	18.4	17.7	20.1	16.8	16.9	19.3	16.4	19.6
		4. あまり	23.6	26.6	21.5	20.0	21.3	27.3	18.3	27.1
		5. 違う	22.8	25.7	17.3	17.9	26.7	22.7	20.4	24.5
	②落ちつきがない	1. とても	19.4	15.3	29.2	18.1	17.9	15.7	24.7	15.9
		2. わりと	17.7	19.3	15.7	17.0	18.3	14.6	18.7	17.1
		3. 少し	20.5	17.8	24.1	23.4	20.1	18.0	21.0	20.2
		4. あまり	19.6	21.2	16.2	21.5	17.5	28.1	15.1	22.6
		5. 違う	22.7	26.4	14.8	20.2	26.2	23.6	20.5	24.2
	③甘えたがる(べたべた)	1. とても	22.8	21.3	27.2	25.5	21.7	15.7	31.0	17.4
		2. わりと	20.5	24.3	19.4	20.4	16.5	19.1	20.1	20.9
		3. 少し	19.2	17.9	22.1	12.8	18.3	25.8	13.8	22.7
		4. あまり	20.6	20.4	19.8	22.3	22.2	20.2	18.8	21.9
		5. 違う	16.8	16.1	11.5	19.1	21.3	19.1	16.4	17.1
	④すぐ泣く(めそめそ)	1. とても	14.0	14.1	14.2	12.8	13.2	13.5	17.5	11.8
		2. わりと	15.1	17.5	13.7	13.8	13.2	16.9	14.1	15.7
		3. 少し	13.7	16.0	11.9	8.5	15.9	6.7	13.1	14.1
		4. あまり	28.8	28.7	33.8	33.0	26.9	27.8	25.4	31.0
		5. 違う	28.4	23.6	26.5	31.9	30.8	35.1	29.8	27.4
	⑤人の顔色を見る	1. とても	19.5	13.7	20.5	19.1	24.2	27.8	26.2	15.1
		2. わりと	21.9	20.1	20.9	29.8	23.8	17.8	21.3	22.3
		3. 少し	21.6	21.6	25.1	23.4	22.1	17.8	23.6	20.5
		4. あまり	20.4	24.3	21.9	17.0	15.2	17.8	17.7	22.3
		5. 違う	16.6	20.4	14.9	10.6	14.7	18.9	11.2	20.2
	⑥人に心を閉ざす	1. とても	11.7	8.8	12.6	12.8	13.9	13.3	15.6	9.1
		2. わりと	12.0	8.8	14.0	9.6	17.8	11.1	15.3	9.8
		3. 少し	21.3	17.6	25.7	22.7	22.2	25.6	23.9	19.6
		4. あまり	27.4	27.7	29.0	28.7	25.2	24.4	22.9	30.4
		5. 違う	27.6	37.1	24.3	21.3	20.9	25.6	22.3	31.1

資料2 全国里親調査集計表

設問		選択肢	全体	里子のキャリア					虐待	
				乳児院	施設・長期	施設・短期	家庭	その他	あり	なし
			100.0	35.9	19.5	9.0	23.4	12.2	37.4	62.6
	(7)1人より集団でいるのが好き	1. とても	12.0	8.5	19.4	10.0	11.8	7.9	15.3	9.7
		2. わりと	21.4	21.6	25.0	24.4	15.3	23.6	20.5	22.0
		3. 少し	13.7	13.7	11.1	16.7	14.0	14.6	14.8	13.0
		4. あまり	26.6	30.2	22.7	30.0	28.4	18.0	24.9	27.7
		5. 違う	26.3	25.9	21.8	18.9	30.6	36.0	24.4	27.6
	(8)素直でない(強情)	1. とても	24.5	20.7	29.8	33.0	22.9	21.6	30.9	20.3
		2. わりと	19.9	20.7	22.5	19.1	20.8	11.4	19.1	20.4
		3. 少し	19.3	16.4	20.2	19.1	18.6	27.3	18.3	19.9
		4. あまり	15.8	19.5	12.8	9.6	16.5	12.5	13.7	17.2
		5. 違う	20.5	22.8	14.7	19.1	21.2	27.3	18.0	22.2
	(9)感情の起伏が激しい	1. とても	21.2	19.6	26.0	26.0	19.5	16.9	28.2	16.2
		2. わりと	17.5	16.9	17.4	18.8	17.3	16.9	18.5	16.9
		3. 少し	17.5	18.7	19.6	11.5	12.6	27.0	15.6	18.8
		4. あまり	24.1	22.7	24.2	25.0	28.1	15.7	20.8	26.3
		5. 違う	19.7	22.1	12.3	18.8	22.5	23.6	16.4	21.8
	(10)すぐに暴力を振るう	1. とても	6.7	6.0	6.4	10.6	6.5	6.7	8.5	5.5
		2. わりと	9.0	9.1	10.1	8.5	8.3	10.0	11.9	7.2
		3. 少し	11.5	12.7	14.7	11.7	10.0	4.4	13.7	10.1
		4. あまり	23.8	19.9	30.7	22.3	24.3	18.9	25.3	22.9
		5. 違う	48.9	52.3	38.1	46.8	50.9	60.0	40.6	54.4
	(11)パニックを起こす	1. とても	11.7	12.4	12.9	11.8	8.8	13.5	15.3	9.3
		2. わりと	10.1	10.6	10.6	7.5	10.1	11.2	12.2	8.8
		3. 少し	16.3	14.8	17.1	14.0	12.1	12.4	17.1	15.8
		4. あまり	27.0	23.3	31.3	30.1	26.8	25.8	30.6	24.6
		5. 違う	34.9	38.8	28.1	36.6	33.3	37.1	24.7	41.6
	(12)言葉が乱暴	1. とても	7.6	2.2	10.6	9.6	10.1	10.3	12.6	4.3
		2. わりと	8.2	5.0	10.6	16.0	7.5	8.0	8.9	7.6
		3. 少し	13.8	9.3	19.0	16.0	13.6	16.1	15.5	12.7
		4. あまり	26.9	27.6	27.3	20.2	29.4	19.5	27.0	26.7
		5. 違う	43.6	55.9	32.4	38.3	39.5	46.0	36.0	48.6
	(13)よく嘘をつく	1. とても	12.1	4.3	16.6	19.1	14.0	18.2	17.7	8.3
		2. わりと	11.7	7.4	13.8	11.7	13.1	12.5	12.5	10.2
		3. 少し	18.3	13.6	20.3	25.5	19.7	19.3	17.1	19.1
		4. あまり	23.2	21.4	23.5	19.1	27.9	19.3	24.9	22.0
		5. 違う	35.3	53.3	25.8	24.5	25.3	30.7	27.8	40.3
	(14)よく約束を破る	1. とても	10.1	4.0	13.5	16.0	13.7	10.1	16.6	5.8
		2. わりと	9.9	6.8	11.6	13.8	10.1	12.4	11.4	8.9
		3. 少し	16.1	11.8	20.9	20.2	15.0	19.1	15.1	16.8
		4. あまり	27.0	26.7	26.5	24.5	28.2	24.7	28.3	26.0
		5. 違う	36.9	50.6	27.4	25.5	33.0	33.7	28.6	42.5
	(15)反省心がない	1. とても	14.9	7.1	17.8	22.6	19.7	18.0	23.3	9.3
		2. わりと	16.6	11.5	21.0	17.2	19.3	15.7	16.8	16.5
		3. 少し	17.2	15.8	21.0	16.1	13.6	22.5	16.8	17.5
		4. あまり	21.8	23.8	17.3	25.8	24.6	12.2	22.0	21.8
		5. 違う	29.4	41.8	22.9	18.3	22.8	29.2	21.2	34.9
	(16)物やお金をとる(持ち出す)	1. とても	5.1	1.5	8.7	7.5	6.6	3.4	7.3	3.6
		2. わりと	5.9	3.1	6.9	5.4	7.9	9.0	8.9	4.0
		3. 少し	8.0	6.8	11.0	7.5	7.5	7.9	7.4	8.4
		4. あまり	16.4	15.5	15.6	17.2	15.0	22.5	16.4	16.3
		5. 違う	64.6	73.1	57.8	62.4	63.0	57.3	59.0	68.3
12)Aちゃんが小学生かそれ以上の方に、現在の様子についてお聞かせください。 *なお、現在Aちゃんが乳児・幼児・社会人の場合は、次ページの(Ⅲ)へ飛んでください	①成績は	1. とてもよい	8.7	7.7	6.2	8.4	11.9	12.5	7.4	9.7
		2. 中の上	17.3	17.8	13.0	14.5	20.7	19.4	15.5	18.6
		3. 中(6)	28.0	27.4	32.8	31.3	24.9	22.2	25.9	29.4
		4. 中の下	18.4	17.8	18.6	19.3	18.1	20.8	19.2	17.9
		5. 下のほう	27.5	29.9	29.4	26.5	24.4	25.0	32.0	24.4
	④勉強は好きですか	1. とても嫌い	19.0	19.1	21.2	23.3	15.3	16.4	22.6	16.4
		2. やや嫌い	27.3	23.5	29.9	31.4	30.7	19.2	28.7	26.3
		3. ふつう	36.4	35.8	37.5	29.1	35.6	42.5	35.0	37.3
		4. やや好き	12.5	12.7	8.7	11.6	15.3	16.4	10.2	14.2
		5. とても好き	4.9	8.8	2.7	4.7	3.0	5.5	3.5	5.8
	⑤学校へ行くのは	1. とても嫌い	2.2	2.0	2.2	2.3	1.5	4.1	3.5	1.3
		2. やや嫌い	5.9	6.4	5.5	4.6	7.9	2.7	6.4	5.6
		3. ふつう	26.1	22.1	26.2	27.6	28.7	27.4	30.4	23.0
		4. やや好き	18.3	21.6	19.7	16.1	15.8	17.8	16.6	19.5
		5. とても好き	47.5	48.0	46.4	49.4	46.0	47.9	43.1	50.6
	⑥学校のお友だち関係	1. とてもいい	22.1	25.2	17.5	24.1	25.0	23.3	17.7	25.3
		2. わりと	29.6	27.2	31.7	33.3	28.9	27.4	28.9	30.0
		3. ふつう	36.2	39.1	36.1	31.0	35.8	38.4	35.7	36.6
		4. あまりよくない	12.1	8.4	14.8	11.5	14.4	11.0	17.7	8.1
(Ⅲ)もう少しAちゃんについてお聞きします										
1)子どもを何人か育ててたお母さんは、実子の中でも何となく気が合わない(気持ちが通じにくい)子がいると言っています。あなたはAちゃんとの(現在の(里)親子関係)についてどんな感じをお持ちですか。		1. どうしても、Aちゃんとは気持ちが通じ合わない	3.5	1.8	3.7	7.3	4.2	4.5	4.2	3.1
		2. 時々、Aちゃんと気持ちが通じないと思うことがある	28.9	23.6	31.6	36.5	32.6	27.3	33.3	26.1
		3. わりと、Aちゃんと気持ちが通じている	37.7	32.3	43.7	35.4	40.9	38.6	35.3	39.1
		4. とても、Aちゃんと気持ちが通じている	30.0	42.4	20.9	20.8	22.3	29.5	27.2	31.7
2)これまで里子さんの扱いに手を焼いた時、誰の助言や励ましが役に立ちましたか。以下に(1とても役に立った 2.わりと役立った 3.あまり役立たなかった 4.殆ど役立たなかった)	①配偶者	1. とても役立った	43.0	42.8	35.7	43.0	45.9	47.2	45.1	41.6
		2. わりと	38.6	36.6	45.9	46.2	35.8	34.4	38.0	39.0
		3. あまり	9.3	10.4	9.2	2.2	10.6	8.8	8.5	9.7
		4. ほとんど	4.3	6.0	3.4	3.2	2.0	5.6	3.7	4.6
		5. 相談せず	4.9	4.2	5.8	5.4	5.7	4.0	4.6	5.1
	②自分の親	1. とても役立った	12.9	14.7	11.2	12.0	11.5	12.7	12.1	13.4
		2. わりと	19.9	22.8	21.3	13.3	16.8	15.9	16.9	21.7
		3. あまり	12.9	14.5	16.8	9.6	8.7	11.0	12.9	12.9
		4. ほとんど	5.9	6.4	6.1	3.6	6.3	3.4	6.2	5.7
		5. 相談せず	48.4	41.6	44.7	61.4	56.7	53.4	51.9	46.2
	③配偶者の親	1. とても役立った	5.5	6.9	2.6	7.7	4.8	5.2	5.0	5.8
		2. わりと	13.1	16.2	14.0	9.0	12.6	5.2	12.5	13.4
		3. あまり	10.1	11.0	13.5	3.8	7.1	10.4	9.5	10.4
		4. ほとんど	7.8	8.5	7.8	2.6	6.8	9.7	8.6	7.3
		5. 相談せず	63.5	57.4	62.2	76.9	68.1	68.7	64.3	63.0

設問	選択肢	全体	里子のキャリア 乳児院	施設・長期	施設・短期	家庭	その他	虐待 あり	なし
		100.0	35.9	19.5	9.0	23.4	12.2	37.4	62.6
④成人した実子	1. とても役立った	22.6	16.0	20.3	20.6	31.7	23.9	30.4	17.1
	2. わりと	28.1	21.4	25.8	38.1	32.8	27.3	29.0	27.5
	3. あまり	4.9	3.9	3.9	3.2	4.9	10.2	4.7	5.0
	4. ほとんど	3.6	3.4	3.9	3.2	4.9	1.1	4.7	2.8
	5. 相談せず	40.9	55.3	44.5	34.9	25.7	37.5	31.2	47.6
⑤親類などの身内	1. とても役立った	5.7	6.8	5.4	5.8	5.2	3.3	5.3	6.0
	2. わりと	19.1	20.5	17.3	12.8	18.5	22.1	17.8	20.0
	3. あまり	8.4	6.8	11.4	8.1	8.6	8.2	8.3	8.6
	4. ほとんど	6.6	6.8	5.9	8.1	6.0	6.6	7.0	6.3
	5. 相談せず	60.1	58.9	59.9	65.1	61.8	59.8	61.8	59.0
⑥近所や地域の人	1. とても役立った	8.6	9.3	10.6	11.0	5.6	5.7	7.7	9.1
	2. わりと	21.7	22.2	16.4	24.2	25.3	20.5	23.2	20.7
	3. あまり	10.2	8.8	12.1	6.6	11.2	11.5	11.7	9.3
	4. ほとんど	7.7	8.5	7.7	9.9	6.0	6.6	6.5	8.5
	5. 相談せず	51.8	51.2	53.1	48.4	51.9	55.7	50.9	52.3
⑦あなたの友人	1. とても役立った	20.8	21.7	24.2	16.5	15.8	24.2	21.7	20.3
	2. わりと	31.9	32.6	31.4	28.6	33.8	30.6	33.6	30.8
	3. あまり	10.2	10.4	8.7	6.6	12.9	8.9	9.7	10.5
	4. ほとんど	7.3	6.1	6.3	17.6	5.8	8.9	6.6	7.8
	5. 相談せず	29.7	29.3	29.5	30.8	31.7	27.4	28.5	30.5
⑧里親の仲間	1. とても役立った	40.5	42.5	41.5	35.1	40.2	37.8	45.2	37.6
	2. わりと	31.0	30.9	33.6	36.1	29.3	27.6	28.8	32.4
	3. あまり	6.5	5.1	8.3	5.2	6.4	8.7	6.7	6.4
	4. ほとんど	4.3	4.6	3.7	5.2	4.0	3.9	3.3	4.9
	5. 相談せず	17.7	17.0	12.9	18.6	20.1	22.0	16.0	18.7
⑨児童相談所の担当	1. とても役立った	23.3	22.6	24.4	19.4	25.4	20.9	25.5	21.9
	2. わりと	35.4	34.3	35.5	34.7	38.5	34.1	33.2	36.9
	3. あまり	18.0	18.0	20.7	21.4	16.7	14.7	16.4	19.1
	4. ほとんど	10.9	10.8	9.7	10.2	10.7	14.0	13.3	9.3
	5. 相談せず	12.3	14.3	9.7	14.3	8.7	16.3	11.7	12.7
3)里子としてお育てのAちゃんについて、養育の返上(措置変更・解除)をしたいと思ったことが、おありでしたか。4つの中から1つを選んで○をお付けください	1. 養育を返上しようと、何度も考えたこともある	8.3	4.6	11.1	12.6	8.2	12.1	12.0	6.1
	2. 養育を返上したい気持ちになったこともある	25.5	23.6	29.8	32.0	25.7	19.9	26.9	24.6
	3. 養育を返上したい気持ちは、ほとんどなかった	16.5	13.5	19.1	13.6	20.5	17.0	16.5	16.5
	4. 全くなかった	49.7	58.3	40.0	41.7	45.5	51.1	44.7	52.8
4)①②と答えられた方で、結局、養育を返上されなかった理由はなぜですか 対象者数:393名	①自分の信念を通したかった 1. とてもそう	29.3	26.8	27.8	30.6	33.3	25.6	29.9	28.8
	2. わりとそう	33.5	27.8	35.4	44.4	34.6	33.3	34.0	33.2
	3. 少しそう	19.6	26.8	17.7	8.3	14.1	28.2	16.3	22.3
	4. 違う	17.5	18.6	19.0	16.7	17.9	12.8	19.7	15.8
	②里子の重責を考えて 1. とてもそう	60.9	56.1	55.7	64.1	67.8	67.4	60.1	61.6
	2. わりとそう	26.8	29.9	29.5	23.1	26.4	16.3	28.8	25.1
	3. 少しそう	8.2	8.4	10.2	10.3	4.6	9.3	8.0	8.4
	4. 違う	4.1	5.6	4.5	2.6	1.1	7.0	3.1	4.9
	③周囲の強いサポートや励ましで 1. とてもそう	17.4	16.8	13.2	25.0	21.3	10.8	21.3	14.4
	2. わりとそう	22.4	22.1	22.5	16.7	18.7	32.4	21.3	23.3
	3. 少しそう	24.9	27.4	26.2	25.0	18.7	27.1		
	4. 違う	35.2	33.7	35.5	33.3	41.3	29.7	33.3	36.7
5)Aちゃんに、将来どこまで学校に行ってほしいですか。(○は1つだけに) *Aちゃんが現在(就職して)社会人の場合は、次の6)に飛んでお答えください(なお専門学校以上の学費は、実子の場合と同じにアルバイトと里親負担で)	1. 中学校卒業まで	1.0	1.0	1.0	1.0	1.2	0.0	1.7	0.6
	2. 高校卒業まで	26.5	18.0	27.3	35.7	37.1	24.4	32.0	23.2
	3. 専門学校や短大まで	24.4	24.2	26.3	24.5	22.3	25.2	23.2	25.2
	4. 四年制大学まで	36.1	41.1	35.4	33.7	30.9	34.1	33.2	37.9
	5. その他	12.0	15.7	10.0	5.1	8.6	16.3	10.0	13.2
6)Aちゃんが成人した後で、どの位の交流をしていきたいですか(○は1つだけに)	1. 成人したら、自立してもらいたい(手を離したい)	10.1	6.7	6.0	12.1	13.9	17.8	11.4	9.2
	2. たまに家に来て、食事するくらいの関係を保ちたい	30.8	18.9	29.8	42.4	45.5	31.8	35.7	27.7
	3. できれば近所にいてもらい、家族の1員として交流していきたい	20.8	23.3	21.9	20.2	16.5	20.9	19.3	21.8
	4. できれば家にいてもらい、家族同様に暮らしたい	38.3	51.1	42.3	25.3	24.1	29.5	33.6	41.2
7)Aちゃんを、できれば(Aちゃんが望めば)養子にしたいで	1. できれば養子にしたい	36.3	54.0	37.3	26.7	15.6	26.9	26.3	42.5
	2. 養子にしたいとは思っていない	34.8	18.3	29.1	46.5	59.7	36.6	44.0	29.1
	3. 今は分からない	28.9	27.6	33.6	26.7	24.7	35.8	29.7	28.4
(IV)次に、里親会や里親さんについてのお考えをお聞かせください 1)あなたは里親会の活動(里親サロンなど)にどのくらい熱心に参加しておいでですか	1. 世話中心になって活動している	20.5	21.6	19.2	29.1	17.2	19.9	22.4	19.4
	2. わりとよく参加している	30.9	30.6	33.5	27.2	31.5	31.2	33.1	29.6
	3. 時々参加している	22.0	22.6	23.7	16.5	22.5	19.1	20.1	23.1
	4. あまり参加してない	12.4	10.4	13.4	8.7	14.2	14.2	10.5	13.5
	5. 全く参加していない	14.2	14.8	10.3	18.4	14.6	15.6	13.9	14.4
2)上で「④⑤(あまり・ほとんど参加していない)」とお答えの方は、なぜでしょうか 対象者数:312名	①里子であることを知られたくない 1. とてもそう	2.3	4.3	2.3	0.0	0.0	3.0	2.2	2.3
	2. わりとそう	3.4	5.3	4.5	0.0	1.5	0.0	2.2	4.0
	3. 少しそう	2.3	5.3	0.0	0.0	1.5	0.0	1.1	2.9
	4. 違う	92.0	85.1	93.2	100.0	96.9	97.0	94.4	90.8
	②仕事を持っているので忙しくて 1. とてもそう	38.9	38.1	47.1	45.8	37.7	28.6	43.9	36.2
	2. わりとそう	17.3	20.6	17.6	4.2	17.4	14.3	13.3	19.5
	3. 少しそう	13.1	10.3	7.8	16.7	18.8	17.1	10.2	14.6
	4. 違う	30.7	30.9	27.5	33.3	26.1	40.0	32.7	29.7
	③人間関係がわずらわしくて 1. とてもそう	9.1	9.7	9.1	4.8	7.5	12.1	15.4	5.4
	2. わりとそう	12.8	18.3	18.2	23.8	4.5	0.0	9.9	14.4
	3. 少しそう	23.8	25.8	27.3	9.5	25.4	24.2	21.0	25.3
	4. 違う	54.3	46.2	45.5	61.9	62.7	63.6	53.8	54.6
	④出席しても意味がない気持ちして 1. とてもそう	15.3	17.2	18.2	13.6	11.9	16.0	16.0	15.0
	2. わりとそう	19.0	17.7	18.2	22.7	19.4	24.3	21.3	17.8
	3. 少しそう	19.3	25.7	22.7	9.1	16.4	10.8	16.0	21.2
	4. 違う	46.4	39.6	40.9	54.5	52.2	54.1	46.8	46.1
3)里子を育てていく中で、里親会はあなたの役に立っていますか	1. とても役立っている	35.5	35.9	38.7	36.6	33.1	32.4	38.0	34.0
	2. わりと役立っている	25.0	24.8	26.6	22.8	24.0	28.1	24.4	25.4
	3. あまる	23.3	21.9	19.4	26.7	26.2	20.1	23.3	23.3
	4. あまり役立っていない	12.7	11.9	12.2	11.9	13.7	15.8	11.3	13.6
	5. 全く役立っていない	3.5	4.4	3.2	2.0	3.0	3.6	3.0	3.8

資料2　全国里親調査集計表　221

設　問	選　択　肢	全体	里子のキャリア 乳児院	施設・長期	施設・短期	家庭	その他	虐待 あり	なし
		100.0	35.9	19.5	9.0	23.4	12.2	37.4	62.6
4)里子を預かる場合には、できればどんなお子さんを預かりたいですか	(1)里子の年齢（〇は1つ）1.乳児	31.5	45.6	24.0	23.7	16.9	35.2	28.9	33.0
	2.幼児	29.6	31.4	35.0	19.6	28.9	25.0	25.5	32.0
	3.小学低学年	14.9	7.9	18.0	18.6	21.3	12.5	16.3	14.0
	4.小学高学年	3.1	1.6	4.1	9.3	3.2	0.8	2.7	3.4
	5.中高生	3.7	0.8	3.2	5.2	8.0	3.9	4.2	2.2
	6.年齢は気にしない	17.2	12.7	15.7	23.7	21.7	22.7	20.4	15.4
	(2)性別 1.男子	10.6	8.3	13.5	13.3	11.7	6.0	12.3	9.6
	2.女子	23.4	24.9	25.7	25.5	20.7	19.5	22.6	23.8
	3.性別は気にしない	66.0	66.8	60.8	61.2	67.6	74.4	65.1	66.6
	(3)体や心の発育状況 1.とても気にする	16.7	20.0	19.3	12.4	10.0	16.5	14.2	18.2
	2.かなり気にする	28.7	27.8	27.8	33.0	28.9	27.1	29.0	28.5
	3.あまり気にしない	45.0	44.3	48.4	38.1	48.8	40.6	46.9	43.8
	4.全く気にしない	9.7	8.0	4.5	16.5	12.1	15.8	9.9	9.6
	(4)実親やその家庭 1.とても気にする	11.1	13.6	12.8	8.2	9.4	6.8	11.0	11.2
	2.かなり気にする	20.9	23.5	19.6	15.3	20.4	18.8	18.3	22.4
	3.あまり気にしない	53.0	51.0	53.9	54.1	55.3	53.0	55.2	51.6
	4.全く気にしない	15.0	11.9	13.7	22.4	14.5	22.0	15.5	14.8
5)現在の里子さんがある年齢になられたら、また新しい里子さんを預かりたいですか	1.ぜひ預かりたい	35.9	34.3	36.0	39.6	35.5	32.9	38.3	34.5
	2.場合によっては	45.7	47.4	44.1	46.5	42.7	49.3	45.6	45.8
	3.あまり預かりたくない	6.8	7.8	6.8	5.0	6.5	5.0	6.0	7.3
	4.全く預かりたくない	11.5	10.5	13.1	8.9	12.3	12.9	10.1	12.4
6)これ迄の里親のご経験の中で、あなたはどんな実感をお持ちですか	1)人間関係が広がった 1.とてもそう	48.0	51.3	49.8	42.3	44.2	44.2	51.7	45.7
	2.わりとそう	38.4	37.5	37.3	41.3	41.9	37.7	36.7	39.4
	3.あまり	11.1	8.0	11.6	13.5	12.4	11.6	9.6	12.0
	4.全く感じない	2.6	2.7	1.3	2.9	1.5	6.5	2.1	2.9
	2)がまん強さが増した 1.とてもそう	26.7	25.9	29.8	28.4	28.8	21.2	31.0	24.1
	2.わりとそう	46.7	48.4	45.3	44.5	45.7	47.4	44.2	48.2
	3.あまり	21.7	20.1	20.4	20.6	23.5	21.9	22.1	21.5
	4.全く感じない	4.9	5.6	4.4	6.4	2.5	9.5	2.7	6.2
	3)家族の絆が強まった 1.とてもそう	36.1	41.4	33.9	35.0	31.6	33.3	36.7	35.8
	2.わりとそう	44.3	43.6	44.6	41.4	48.3	40.6	43.1	45.1
	3.あまり	16.5	12.3	19.2	19.4	17.5	20.3	17.9	15.6
	4.全く感じない	3.1	2.7	2.2	3.9	2.6	5.8	2.3	3.6
	4)充実した毎日を過せた 1.とてもそう	43.5	52.8	37.8	36.9	37.8	39.6	42.5	44.1
	2.わりとそう	45.3	40.0	48.0	50.5	51.7	43.2	46.4	44.7
	3.あまり	9.6	5.5	12.9	8.7	10.1	15.1	9.5	9.7
	4.全く感じない	1.5	1.7	1.3	3.9	0.4	2.2	1.6	1.5
	5)人間的に成長できた 1.とてもそう	41.6	41.9	39.8	44.2	43.4	40.6	44.7	39.8
	2.わりとそう	44.9	46.0	44.2	44.2	44.2	44.2	44.0	45.4
	3.あまり	12.3	10.7	15.0	11.5	12.0	11.6	10.7	13.3
	4.全く感じない	1.2	1.5	0.9	0.0	0.4	3.6	0.7	1.5
	6)社会に役立つことができた 1.とてもそう	27.6	25.7	27.6	30.1	31.8	24.8	29.7	26.4
	2.わりとそう	44.4	45.3	43.1	44.7	43.2	46.0	42.5	45.6
	3.あまり	21.5	22.1	24.0	17.5	20.2	20.1	21.7	21.4
	4.全く感じない	6.4	6.8	5.3	7.8	4.9	8.8	6.2	6.5
	7)家族に負担をかけた 1.とてもそう	20.1	14.3	21.2	26.2	25.0	23.7	21.2	19.4
	2.わりとそう	37.6	36.9	36.9	39.8	36.9	37.8	40.2	36.0
	3.あまり	30.1	33.7	29.3	20.4	27.4	29.8	28.8	30.9
	4.全く感じない	12.2	15.3	12.6	13.6	7.8	10.4	9.8	13.6
	8)困難の連続だった 1.とてもそう	14.7	13.5	17.0	15.5	13.9	14.6	18.5	12.4
	2.わりとそう	31.6	28.7	30.8	35.0	33.5	30.8	35.2	29.4
	3.あまり	39.8	39.6	42.9	36.9	42.5	29.9	34.6	42.9
	4.全く感じない	13.9	18.1	9.4	12.6	10.2	18.2	11.7	15.3
	9)無駄な時間を多く使った 1.とてもそう	1.2	2.2	1.2	1.0	0.0	2.9	0.9	1.5
	2.わりとそう	4.4	3.1	6.3	4.9	4.1	5.1	3.9	4.8
	3.あまり	27.7	23.6	29.9	35.0	29.9	24.6	30.5	26.1
	4.全く感じない	66.6	72.3	61.6	59.2	66.0	67.4	64.7	67.7
7)里親をなさってきたことを、全体として、あなたはどうお感じですか	1.とてもよかった	70.9	74.4	73.0	64.4	69.8	66.7	71.2	70.7
	2.わりとよかった	20.2	19.6	18.0	20.8	22.3	19.6	21.0	19.7
	3.半々	7.9	5.1	8.1	12.9	7.5	12.3	6.8	8.5
	4.あまりよくなかった	0.9	1.0	0.9	1.0	0.4	1.4	1.0	1.0
	5.全くよくなかった	0.1	0.0	0.0	0.0	0.0	0.0	0.0	0.1
8)現在の養育里親への委託費（里親手当と食費）の額は適切だとお考えですか	1.かなり十分	25.2	25.9	26.1	17.0	23.8	25.4	25.5	25.0
	2.やや十分	20.6	21.8	21.2	23.0	18.5	16.7	20.2	20.8
	3.まあまあ	33.0	32.3	30.2	27.0	35.8	35.5	31.4	34.0
	4.やや不足	15.9	15.2	14.9	18.0	17.0	18.8	16.8	15.4
	5.かなり不足	5.3	4.9	7.7	5.0	4.9	3.6	6.1	4.7
9)一般論として、専門里親への手当の額は適切だとお考えですか	1.かなり十分	19.8	18.2	20.6	26.2	19.3	22.9	19.8	19.8
	2.やや十分	19.0	20.0	20.6	15.5	21.4	18.1	20.8	17.9
	3.まあまあ	36.3	34.3	33.0	35.7	38.2	41.3	33.4	37.7
	4.やや不足	18.6	22.9	17.5	19.0	15.5	13.6	18.3	18.8
	5.かなり不足	6.3	6.6	8.2	3.6	5.5	5.9	6.3	6.3
10)「里親」の大変さは、世間でどの程度理解されていると思われますか	1.とても理解されている	2.3	2.2	1.8	2.0	3.0	1.4	2.7	2.1
	2.わりと理解されている	6.1	5.1	3.6	7.0	7.2	9.9	5.5	6.5
	3.まあまあ理解されている	19.3	15.9	17.1	20.0	25.9	20.3	20.5	18.6
	4.あまり理解されていない	57.6	59.2	61.7	61.0	54.9	48.9	56.0	58.5
	5.全く理解されていない	14.7	17.6	15.8	10.0	9.0	19.1	15.3	14.3
11)厚労省は養育家庭への子どもの委託率を、できれば現在の12%から、3割位にまで（とりあえずは平成26年度迄に16%に）引き上げたいと言っています。5年位先に、あなたは養育家庭への日本の委託率は、どれくらいになっていると予想されますか（〇は1つに）	1.10%以下に減るだろう	4.1	4.4	3.6	4.1	2.2	7.4	3.2	4.6
	2.現状（12%）のままだろう	50.7	54.5	56.4	49.5	44.6	42.2	48.5	52.1
	3.16%位には、なるだろう	35.4	33.5	34.0	34.0	40.8	35.6	39.1	33.1
	4.20%位には、なるだろう	8.3	6.8	4.1	10.3	10.9	13.3	7.6	8.8
	5.30%以上には、なるだろう	1.5	0.7	1.8	2.1	1.5	1.5	1.6	1.4
(Ⅴ)最後にAちゃんのこれまでと、現在について、少しうかがいます 1)いわゆる赤ちゃんがえり（試し行動）の時期がありましたか	1.あまり気がつかなかった	38.8	40.7	26.8	40.0	47.2	48.2	33.6	42.2
	2.多少あったが、すぐ終わった	25.2	24.6	25.8	26.3	27.1	20.5	23.5	26.3
	3.ある期間、確かにあった	23.7	23.3	29.6	21.1	21.3	20.5	26.1	22.1
	4.とても、大変だった	12.3	11.5	17.8	12.6	9.6	10.2	16.8	9.4
→3)4)と答えた方は、どの位から始まって、何か月間位で終わったか、どんな状態だったか、お聞かせください。（空いているスペースを使って）対象者数:381名	開始（月数）1.000	22.5	18.8	21.0	28.0	21.1	27.3	25.2	19.9
	2.001	37.7	37.5	42.0	28.0	32.2	40.9	35.3	39.0
	3.002・003	19.3	18.8	18.5	16.0	20.3	22.7	19.4	19.2
	4.004〜006	13.7	16.7	12.3	16.0	11.9	9.1	14.4	13.0
	5.007〜012	3.5	3.1	3.7	8.0	3.4	0.0	2.9	4.1
	6.013以上	3.9	5.2	2.5	4.0	5.1	0.0	2.9	4.8
	終了（月数）1.001・002	14.4	18.2	13.4	14.3	13.5	5.0	12.4	16.1
	2.003	14.0	18.2	9.0	14.3	7.7	25.0	13.1	15.3
	3.004〜006	22.4	19.3	23.9	28.6	19.2	35.0	23.0	21.9
	4.007〜012	23.5	26.1	23.9	14.3	32.7	15.0	24.8	21.9
	5.013以上	23.2	17.0	26.9	28.6	20.0	20.0	24.8	21.9

設問	選択肢		全体	里子のキャリア				虐待	
				乳児院	施設・長期	施設・短期	家庭	その他	あり	なし
			100.0	35.9	19.5	9.0	23.4	12.2	37.4	62.6
2) Aちゃんが家に来てから、日々行動が変化する（成長する）のを実感された時期は、いつぐらいでしたか。	開始（年数：カテゴリ）	1. 0年	10.0	13.8	7.7	3.0	9.6	8.2	10.0	10.0
		2. 1年	54.6	55.2	52.4	51.5	57.1	52.1	56.0	53.8
		3. 2年	13.9	15.8	14.9	12.1	10.2	15.1	14.2	13.6
		4. 3年～5年	15.4	10.4	16.7	28.8	15.3	21.9	14.6	15.9
		5. 6年以上	6.1	4.7	8.3	4.5	7.9	2.7	5.2	6.7
	終了（年数：カテゴリ）	1. 1年	24.4	20.5	22.1	26.5	29.6	31.6	23.0	25.3
		2. 2年	26.9	29.2	25.7	24.5	26.4	24.6	28.9	25.6
		3. 3年	21.2	24.7	23.6	12.2	17.6	17.5	23.4	19.7
		4. 4年	5.9	7.3	2.9	8.2	5.6	5.3	5.1	6.4
		5. 5年以上	21.7	18.3	25.7	28.6	20.8	21.1	19.6	23.1
3) 現在のAちゃんの性格についてどう感じておられますか	①わがまま（自分勝手）	1. とても	9.4	8.6	11.3	7.1	10.1	4.9	9.8	9.2
		2. わりと	24.6	24.2	25.3	32.3	20.9	24.4	24.6	24.6
		3. 少し	26.1	28.4	28.1	24.2	22.5	23.6	26.9	25.6
		4. あまり	24.4	22.5	25.8	23.2	28.7	22.0	25.8	23.5
		5. 違う	15.5	16.3	9.5	13.1	17.8	21.1	12.9	17.2
	②落ちつきがない	1. とても	6.7	6.9	7.5	3.0	5.0	10.4	6.7	6.7
		2. わりと	17.9	21.8	20.5	11.1	15.1	11.2	18.1	17.7
		3. 少し	24.4	24.3	26.5	36.4	20.5	20.0	26.3	23.2
		4. あまり	25.8	24.0	26.0	25.3	29.7	26.4	27.4	24.8
		5. 違う	25.3	24.0	19.6	24.2	29.7	32.0	21.4	27.7
	③甘えたがる（べたべた）	1. とても	12.5	10.9	11.3	6.1	10.0	8.8	14.2	11.4
		2. わりと	24.7	28.7	27.0	22.4	18.9	23.2	27.0	23.3
		3. 少し	26.9	31.9	24.3	27.6	21.6	25.6	20.3	31.1
		4. あまり	20.4	13.0	23.0	18.4	28.2	25.6	23.5	18.5
		5. 違う	15.4	9.6	14.4	25.5	21.2	16.8	14.9	15.8
	④すぐ泣く（めそめそ）	1. とても	5.6	7.1	5.9	4.0	4.3	4.8	6.5	5.1
		2. わりと	12.0	15.9	11.3	14.0	7.4	8.8	12.3	11.9
		3. 少し	17.6	20.1	13.1	13.0	18.6	20.0	14.5	18.2
		4. あまり	30.8	29.9	36.5	30.0	29.8	26.4	31.9	30.1
		5. 違う	34.0	27.0	33.3	39.0	39.9	40.0	32.8	34.7
	⑤人の顔色を見る	1. とても	6.8	4.7	8.1	10.0	7.7	7.2	10.2	4.6
		2. わりと	16.6	15.8	18.9	22.0	15.4	11.2	18.2	15.5
		3. 少し	27.3	28.4	28.4	26.0	25.8	32.8	25.9	28.3
		4. あまり	28.2	24.5	24.3	25.0	31.5	24.0	29.6	27.4
		5. 違う	21.1	22.2	20.3	17.0	19.6	24.8	16.2	24.2
	⑥人に心を閉ざす	1. とても	2.9	2.2	3.6	4.0	3.1	3.2	3.2	2.7
		2. わりと	6.6	3.7	8.5	8.0	10.0	4.0	8.6	5.4
		3. 少し	15.9	12.6	20.2	20.0	15.8	15.3	17.8	14.8
		4. あまり	32.5	29.5	31.4	40.0	36.7	32.3	36.3	30.1
		5. 違う	42.0	52.6	36.3	28.0	34.4	45.2	34.0	47.0
	⑦1人より集団でいるのが好き	1. とても	13.8	12.4	14.4	17.2	14.1	12.9	14.7	13.3
		2. わりと	27.6	30.9	25.4	25.3	22.7	27.4	28.6	27.0
		3. 少し	15.3	16.3	14.0	11.1	16.5	16.9	13.3	16.6
		4. あまり	25.6	22.6	28.4	24.2	28.2	25.0	27.9	24.1
		5. 違う	17.7	17.8	14.9	22.2	18.4	17.7	15.6	19.0
	⑧素直でない（強情）	1. とても	13.4	14.3	13.5	12.1	12.4	13.6	12.8	13.8
		2. わりと	18.2	17.4	22.5	22.2	13.0	12.8	18.6	18.0
		3. 少し	26.1	25.8	29.7	32.3	24.4	20.0	26.7	25.8
		4. あまり	19.9	17.9	18.0	15.2	26.0	20.8	21.6	18.8
		5. 違う	22.4	24.6	16.2	18.2	21.3	32.8	20.4	23.6
	⑨感情の起伏が激しい	1. とても	10.9	9.6	13.1	13.0	10.4	10.4	13.7	9.1
		2. わりと	15.7	16.3	16.3	10.0	14.7	12.0	16.9	14.9
		3. 少し	22.1	21.1	27.0	27.0	22.8	18.4	24.5	20.6
		4. あまり	29.3	29.7	26.2	29.0	30.1	32.0	27.5	30.4
		5. 違う	22.0	23.5	17.2	21.0	22.0	27.2	17.4	24.9
	⑩すぐに暴力を振るう	1. とても	2.6	2.9	3.6	1.0	3.8	0.8	2.6	2.6
		2. わりと	6.0	7.1	6.3	5.0	3.8	7.2	6.3	5.8
		3. 少し	12.6	13.8	16.3	16.0	8.8	7.2	14.7	11.3
		4. あまり	24.4	21.1	29.4	25.0	25.0	21.6	24.4	24.4
		5. 違う	54.5	54.1	46.2	53.0	58.5	63.2	52.1	55.9
	⑪パニックを起こす	1. とても	3.8	3.7	4.1	4.0	3.5	3.3	4.9	3.1
		2. わりと	6.4	6.9	6.8	6.1	5.4	6.5	7.7	5.7
		3. 少し	15.3	14.6	19.5	11.1	16.5	11.4	17.6	13.8
		4. あまり	29.6	28.1	33.5	33.3	27.3	30.9	30.2	29.2
		5. 違う	45.0	46.6	36.2	45.5	47.3	48.0	39.7	48.3
	⑫言葉が乱暴	1. とても	4.5	3.5	5.9	2.0	3.5	7.3	3.7	4.9
		2. わりと	10.1	8.2	14.0	17.0	7.4	8.9	10.5	9.9
		3. 少し	20.4	18.8	23.1	20.0	19.1	16.3	23.4	18.6
		4. あまり	24.6	24.3	28.1	23.0	29.2	19.5	24.5	24.6
		5. 違う	40.4	44.8	28.5	40.0	40.9	48.0	37.9	41.9
	⑬よく嘘をつく	1. とても	6.0	4.2	7.3	11.0	6.2	5.7	7.2	5.2
		2. わりと	10.5	8.4	14.1	14.0	9.7	9.8	13.1	8.9
		3. 少し	19.6	18.6	20.0	19.0	20.2	21.1	18.9	20.0
		4. あまり	24.3	23.3	28.2	23.0	24.8	19.5	22.6	25.4
		5. 違う	39.6	45.3	30.5	33.0	39.1	43.9	38.2	40.5
	⑭よく約束を破る	1. とても	6.0	3.2	8.8	8.0	6.2	8.1	7.5	5.1
		2. わりと	10.2	10.0	10.5	12.0	10.1	8.9	12.4	8.8
		3. 少し	19.2	17.7	26.8	24.0	15.5	13.8	20.0	18.7
		4. あまり	24.7	24.2	25.0	23.0	29.1	19.5	23.5	25.5
		5. 違う	39.8	44.9	29.1	33.0	39.1	49.6	36.6	41.9
	⑮反省心がない	1. とても	8.1	4.8	11.4	11.1	8.2	11.5	10.1	6.9
		2. わりと	15.1	14.0	16.4	15.2	17.5	10.7	17.1	13.8
		3. 少し	23.4	21.0	29.5	30.3	19.5	20.5	24.4	22.8
		4. あまり	22.7	23.8	18.6	17.2	26.5	23.0	19.4	24.7
		5. 違う	30.8	36.3	24.1	26.3	28.4	34.4	29.0	31.9
	⑯物やお金をとる（持ち出す）	1. とても	1.8	0.5	3.2	4.0	2.7	0.0	2.3	1.5
		2. わりと	4.8	3.0	5.5	5.1	5.4	8.1	5.8	4.1
		3. 少し	9.1	9.7	9.1	6.1	8.5	9.8	10.5	8.2
		4. あまり	16.4	14.7	19.2	17.2	15.1	19.5	15.7	16.9
		5. 違う	67.9	72.1	63.0	67.7	68.2	62.6	65.7	69.4

資料3　事前アンケート用紙

事前アンケート用紙

　　　　　　　　　　　　　　　　　様

　この度は里子さんをお育ての毎日について、お話いただくことをご了承いただきまして、まことにありがとうございます。

　お目にかかる前に、基本的なことについてはアンケートの形でお聞きしておいて、当日はそれをもとに、もう少し詳しくお話しを伺えれば、多少時間も短くて済むと思われます。)
　私たちの関心は、里親をしておられる方々の毎日が、いかにご苦労の多いものか、またその中で、とりわけ虐待を受けたお子さんがおられたら、その大変さや、18歳(20歳)になって自立されて、現在のご様子(お仕事その他)も、お伺いできればと思っております。
　お手数ですが、この用紙にご記入の上、封筒に入れてご返送ください。できればご記入は、里母の方にお願いできればと思いますが、里父の方でも結構です。

　また、さらにおたずねしたいことが出てきた場合のために、お差支えなければ、ケータイのお電話を、最後にお書きいただけますか。以下で書きにくい部分があれば、飛ばしていただいても結構です。
　お聞きする内容は、純粋に里親・里子問題の理解の資料とするためで、他に洩らすようなことはありませんので、ご安心下さいますように。
　またスペースが小さいときは、欄外や裏にお書きいただいて結構です。丁寧に読ませていただきます。

　　　　　　　　　　　　　　　〇〇〇〇（〇〇大学）ケータイ番号〇〇〇〇
　　　　　　　　　　　　　　　〇〇〇〇（〇〇大学）ケータイ番号〇〇〇〇

（Ⅰ）初めに里親さん（あなた）のことについて、お聞かせください。

1）あなた（里母さん）のお名前（　　　　　　　　　　　　）
　　　　＊場合によっては、里父さんでも結構です。
　　　　ご記入者　　　　　　　　　（1.里母、2.里父）〇をお付けください

　　以下は、いちばんあてはまるところに〇をお付け下さい。
2）里母さんのご年齢　（20代、30代、40代、50代、60代かそれ以上）
　　　　お仕事　（専業主婦、自営業、お勤め、その他）

　　　　　里父さんのご年齢　（20代、30代、40代、50代、60代かそれ以上）
　　　　　　　お仕事　（お勤め、自営業、その他）
3）現在同一建物にお住まいのご家族
　　①おじいちゃん、おばあちゃん　（祖父母とご一緒なら○をお付け下さい）
　　②里子さん（　　歳、　　歳、　　歳）、計（　　）人
　　③実子さん（　　歳、　　歳、　　歳、　　歳）、計（　　）人
　　　　　　　　　　　　　　　　　　　　現在（　　　　）人家族
4）ご自分のお子さんをお育てになった（今、育てている）ご経験
　　　　　　　　　　　　　　　　　　　　（1.ある*　2.ない）
　　*実子さんの現在のご年齢は（自立され、外にお暮らしの方も含めて）
　　　→（　　）歳、（　　）歳、（　　）歳、（　　）歳　計（　　）人
　　（3カ月以上育てられた）里子さん（養子さんも含む）の現在のご年齢は
　　　*すでに自立された、または手離した方、委託解除も含めます
　　　　　　　　　　　　　　　　　　　　　　計（　　　）人
　　　　　　　　　　　　　他に短期委託　（　　　　　）人

（Ⅱ）現在委託されているお子さんについて（仮にAちゃんとします）お聞かせ
ください。
　　　*現在、複数の里子さんをお育ての場合は、一番「里子期間」の長い方をAちゃんと
　　　してください。　（報告書用注1）当初は小学生をAとした

1）Aちゃんは現在　①年齢（　　歳）　性別（1.男　2.女）
　　　　　　　　②年齢段階　（○をおつけください）
　　　（乳児・幼児・幼稚園生・小学生・中学生・高校生・大学や専門学校かそれ以上）
　　　　　　　　小学生以上の場合は、（　　）年生
　　　　　　　　③委託されたのは（　　）歳の時から現在迄で、約（　　）年間
　　　　　　　　④Aちゃんと養子縁組を
　　　　　　　　　（1.希望している　2.希望していない　3.まだ分からない）
2）なぜAちゃんを預かろうと思われたのですか。またご家族（ご親戚）の中で、ご反対
　（ためらわれたり、心配されたり）はありましたか。ご自由にお書き下さい。

3）Aちゃんが家に来られて、初めの3か月位まで、戸惑われたことがありましたか。ま
　たは予想したより、ずっと大変だった事は何でしたか。

4）では、現在「とても大変」な事は何ですか。ご自由にお書き下さい。

5）Aちゃんの現在の健康や発育について気になっていることがおありですか。（厳密に同年齢位の子どもとの比較でなくとも、「何となく、そんな感じがする」位で結構です。
　　　　　　（報告書用注2　当初は委託時の状況もたずねていた）
　　以下（1.とてもそう　2.わりとそう　3.少しそう　4.あまりそうでない　5.違う）のどれかに
　　　○をおつけください。
　　① よく風邪をひく　　　　　（1.とても　2.わりと　3.少し　4.あまり　5.違う）
　　② よくお腹をこわす　　　　（1.とても　2.わりと　3.少し　4.あまり　5.違う）
　　③ 身長がちいさい　　　　　（1.とても　2.わりと　3.少し　4.あまり　5.違う）
　　④ やせ過ぎている　　　　　（1.とても　2.わりと　3.少し　4.あまり　5.違う）
　　⑤ 太り過ぎている　　　　　（1.とても　2.わりと　3.少し　4.あまり　5.違う）
　　⑥ 偏食が多い　　　　　　　（1.とても　2.わりと　3.少し　4.あまり　5.違う）
　　⑦ 小食（食欲が無い）　　　（1.とても　2.わりと　3.少し　4.あまり　5.違う）
　　⑧ 食べ過ぎる　　　　　　　（1.とても　2.わりと　3.少し　4.あまり　5.違う）
　　⑨ 運動神経が鈍い　　　　　（1.とても　2.わりと　3.少し　4.あまり　5.違う）
　　⑩ 睡眠が浅い（すぐ目覚める）（1.とても　2.わりと　3.少し　4.あまり　5.違う）
　　⑪ 便秘がち　　　　　　　　（1.とても　2.わりと　3.少し　4.あまり　5.違う）
　　⑫ 夜尿がある　　　　　　　（1.とても　2.わりと　3.少し　4.あまり　5.違う）
＜その他、健康などについて気がかりなことがあれば、お書き下さい＞

6）Aちゃんの現在の性格について、気になっていることは何ですか。
　　同年齢位の子と厳密に比較してではなく「なんとなく気になっている」程度で結構です。
　　　① わがまま（自分勝手）　（1.とても　2.わりと　3.少し　4.あまり　5.違う）
　　　② おちつきがない　　　　（1.とても　2.わりと　3.少し　4.あまり　5.違う）
　　　③ 甘えたがる（べたべた）（1.とても　2.わりと　3.少し　4.あまり　5.違う
　　　④ すぐ泣く（めそめそ）　（1.とても　2.わりと　3.少し　4.あまり　5.違う）
　　　⑤ 素直でない（強情）　　（1.とても　2.わりと　3.少し　4.あまり　5.違う）
　　　⑥ 性格が暗い　　　　　　（1.とても　2.わりと　3.少し　4.あまり　5.違う）
　　　⑦ 人みしりが強い　　　　（1.とても　2.わりと　3.少し　4.あまり　5.違う）
　　　⑧ 小心（気が小さい）　　（1.とても　2.わりと　3.少し　4.あまり　5.違う
　　　⑨ 言葉が乱暴　　　　　　（1.とても　2.わりと　3.少し　4.あまり　5.違う）

⑩ 感情の起伏が激しい　　（1. とても　2. わりと　3. 少し　4. あまり　5. 違う）
⑪ 何となく無気力　　　　（1. とても　2. わりと　3. 少し　4. あまり　5. 違う）
⑫ 人に心を閉ざす　　　　（1. とても　2. わりと　3. 少し　4. あまり　5. 違う）
⑬ 劣等感が強い　　　　　（1. とても　2. わりと　3. 少し　4. あまり　5. 違う）
⑭ 他人に警戒心が強い　　（1. とても　2. わりと　3. 少し　4. あまり　5. 違う）
⑮ パニックを起こす　　　（1. 度々　2. 時々　3. たまに　4. あまり　5. 1度もない）
⑯ すぐ暴力をふるう　　　（1. とても　2. わりと　3. 少し　4. あまり　5. 違う）
⑰ よく嘘をつく　　　　　（1. とても　2. わりと　3. 少し　4. あまり　5. 違う）
⑱ よく約束を破る　　　　（1. とても　2. わりと　3. 少し　4. あまり　5. 違う）
⑲ 反省心がない　　　　　（1. とても　2. わりと　3. 少し　4. あまり　5. 違う）
⑳ 物やお金を盗む　　　　（1. 度々　2. 時々　3. たまに　4. あまり　5. 1度もない）
＜その他性格や態度等で気にかかることがおありでしたら、ご自由にお書き下さい＞

7) Aちゃんが小学生か、それ以上の場合にお答えください（幼児の場合などは9へ）。
①成績は　　（とてもよい、中の上、中、中の下、下）
②得意な科目　（　　　　　　　　　　　　　）
③苦手な科目　（　　　　　　　　　　　　　）
④勉強は好きですか（1.とても嫌い　2.やや嫌い　3.ふつう　4.やや好き　5.とても好き）
⑤学校へ行くのは　（1.とても嫌い　2.やや嫌い　3.ふつう　4.やや好き　5.とても.好き）
⑥宿題は、言われなくてもしていますか
　　　（1.なかなかしない　2.言われるとする　3.言わなくても大体する　4.自分からする）
⑦学校のお友だち関係は（1.とてもいい　2.わりといい　3.ふつう　4あまりよくない）
＜学校やクラス、成績のことで何かご心配がおありでしたら、ご自由にお書き下さい＞

8) あなたが、Aちゃんについて、今一番気にしていること、困っていること、
　　心配していることは何ですか。ご自由にお書き下さい
9) 子どもを何人か育てたお母さんは、その中でも、何となく気が合わない子と、気の合う
子が出てくるものだと言われます。あなたは、Aちゃんにどんな感じをお持ちですか。
　　　1. Aちゃんとは、何となく、気持ちが通じ合わない
　　　2. Aちゃんと、時々、気持ちが通じないと思うことがある
　　　3. Aちゃんと、わりと気が合っている
　　　4. Aちゃんと、とても気が合っている

このことについて、もし何かご感想のようなものがあれば、お書きください。

10) 最近の親は、しつけをする時に、子どもを叱らない傾向があると言われます。
あなたはＡちゃんをしつけるときに、叱るのを遠慮することがありますか。

1. 自分が思ったことには、そのつど遠慮せずに叱っている
2. 里子であることを考えて、あまりきつく叱らないようにしている
3. 叱りたいことがあっても、できるだけ叱らないようにしている
4. いつも叱るのを我慢している

11) Ａちゃんを育てている時の悩みについて、どなたかに相談されましたか。
（〇はいくつでも結構です）
1. 自分の親　2. 夫の親、3. 親戚　4. 隣近所の人　5. 自分の友だち　6. 里親会の仲間
7. 担任、　8. 児相の職員　　9.（教育）相談室　10. その他（　　　　　　　　　）
その中で、いちばん頼りにしている人はどなたですか。上の項目のうち、
1つか2つに◎をつけてください。

12) 委託されてから児相などに、Ａちゃんのことでカウンセリングを受けに通われたこと
がありますか。
　①親のカウンセリング
　　　（1. 長期間通った（ている）　2. 何度か受けた　3. 受けたことがない）
　②Ａちゃんのカウンセリング
　　　（1. 長期間通った（ている）　2. 何度か受けた　3. 受けたことがない）
13) 最後に伺います
　1. Ａちゃんが施設に預けられたのは
　①　片方、または両方の親が亡くなったり、病気になったり、また育てられなくて
　　　　　　　　　　　　　　　　　（1. はい　2. いいえ　3. わからない）
　②　親から虐待（育児放棄を含む）を受けて（1. はい　2. いいえ　3. わからない）
　③　その他(あれば、ご自由にお書きください)

2. この中で、②「虐待を受けて」と答えられた方に伺います。
　Ａちゃんの受けた虐待の影を感じられるのは、どんな時や場面ですか。お感じになったままをお答え下さい

3. 虐待を受けた子どもだと、児相から委託された時、どの程度詳しく知らされましたか。
　①かなり詳しく説明された　②少しだけ説明された　③殆ど知らされなかった

4. 現在、里子としてお育てのＡちゃんを、途中で委託（措置）解除にして、児相に戻すことを考えたことが、おありでしたか。3つのうちから一つに〇をお付け下さい。お答えになりにくかったら、飛ばして結構です。
　①　何度もあった
　②　1.2度あった
　③　1度もない
5. どんな時に委託解除を考えられたのですか。できれば詳しくお教えください。

＜長いこと、ありがとうございました＞

もしケータイ番号をお教えいただけるようなら、お願い致します。
　　　　　　　　　　　　　（　　　）（　　　）（　　　　　　）
　　　　　　　　　　　　　　　　　　　　　　　　（里母・里父）所有

資料4　事例原稿の報告書収録　〈諾否用紙〉

○○さま

　このたびは、事例お原稿の修正をありがとうございました。ご指摘の個所について、打ち直しました原稿を同封させていただきました。これでよろしいようでしたら、重ねてのお願いですが、文章での報告書収録のご承諾をいただきたく、下記にご承諾の○とサインをお願いできますか。またさらに修正が必要な個所がありましたら、どうぞお申し出ください。

···──キリトリセン──···

1) 記入者のお名前　　（　　　　　　　　　　　　　　　　　　　　　）

　　　　　　　　　　　　　　　　　　　　（里母・里父）1方に○を

2) 別紙の「事例記録」（無記名）を報告書へ収録させていただくことについて

　　　　　　　　①収録してもいい
　　　　　　　　②収録は（無記名でも）困る
　　　　　　　　　　　一方に○をお付けください。

お手数ですが、○月○日までに、この用紙を同封の受取人払いの封筒に入れて、ご投函下さいますようお願い申し上げます。

　なお夏前には、出来上がり次第事例集の収録された報告書をお送り申し上げます。

　　　　　　　　　　　ご協力まことにありがとうございました。
　　　　　　　　　　　お元気でお過ごし下さいますように。

　　　　　　　　　　　　　平成○年○月

　　　　　　　　　　　　　　　　　　　　　　　　○○○○・○○○○
　　　　　　　　　　　　　　　　　　　　　　　ケータイ番号　○○○○

編著

深谷 昌志（ふかや・まさし）

東京成徳大学名誉教授（教育社会学専攻）。奈良教育大学教授，放送大学教授，静岡大学教授，東京成徳大学教授を経て現職。主著に『子どもから大人になれない日本人──社会秩序の破壊と大人の消失』（リヨン社，2005），『昭和の子ども生活史』（黎明書房，2007），『日本の母親・再考』（ハーベスト社，2011）など。

深谷 和子（ふかや・かずこ）

東京学芸大学名誉教授（児童臨床心理学専攻）。筑波大学教育相談研究施設助手，東京学芸大学教授，東京成徳大学教授を経て現職。主著に『「いじめ世界」の子どもたち──教室の深淵』（金子書房，1996），『子どもを支える──子ども発達臨床の今とこれから』（北大路書房，2003），『遊戯療法──子どもの成長と発達の支援』（編著，金子書房，2005）など。

青葉 紘宇（あおば・こうう）

里親，社会福祉士。少年院教官，障害者施設，児童相談所を経て，NPO法人「東京養育家庭の会」理事長，NPO法人「こどもの地域生活サポーターこぴあ」理事長。武藤素明編著『施設・里親から巣立った子どもたちの自立──社会的養護の今』（福村出版，2012）に分担執筆。

共同執筆

山縣 文治（やまがた・ふみはる）

関西大学教授。大阪市立大学大学院を中退後，同大学助手，教授を経て2012年より現職。公益社団法人家庭養護促進協会副理事長。主著に『よくわかる社会的養護』（ミネルヴァ書房，2012）『住民主体の地域子育て支援──全国調査にみる「子育てネットワーク」』（明石書店，2013）など。

増沢 高（ますざわ・たかし）

子どもの虹情報研修センター研修部長，臨床心理士。千葉市療育センター，情緒障害児短期治療施設「横浜いずみ学園」セラピスト，同学園副園長を経て，子どもの虹情報研修センターに研修課長として勤務。主著に『虐待を受けた子どもの回復と育ちを支える援助』（福村出版，2009），共編著に『社会的養護における生活臨床と心理臨床──多職種協働による支援と心理職の役割』（福村出版，2012）など。

社会的養護における里親問題への実証的研究
――養育里親全国アンケート調査をもとに
2013年8月30日　初版第1刷発行

編著者　　深　谷　昌　志

　　　　　深　谷　和　子

　　　　　青　葉　紘　宇

発行者　　石　井　昭　男

発行所　　福村出版株式会社

〒113-0034　東京都文京区湯島2-14-11
電話　03-5812-9702　FAX　03-5812-9705
http://www.fukumura.co.jp
印刷　株式会社文化カラー印刷
製本　本間製本株式会社

© M. Fukaya, K. Fukaya, K. Aoba 2013
Printed in Japan
ISBN978-4-571-42052-8 C3036
落丁本・乱丁本はお取替え致します。
定価はカバーに表示してあります。

福村出版◆好評図書

武藤素明 編著
施設・里親から巣立った子どもたちの自立
●社会的養護の今
◎2,000円　ISBN978-4-571-42046-7　C3036

アンケート調査と当事者の経験談から日本における児童福祉及び社会的養護からの自立の在るべき姿を模索する。

増沢 高・青木紀久代 編著
社会的養護における生活臨床と心理臨床
●多職種協働による支援と心理職の役割
◎2,400円　ISBN978-4-571-42047-4　C3036

社会的養護で働く心理職の現状と課題を踏まえ，多職種協働の中で求められる役割，あるべき方向性を提示。

特定非営利活動法人 子どもの村福岡 編
国連子どもの代替養育に関するガイドライン
●SOS子どもの村と福岡の取り組み
◎2,000円　ISBN978-4-571-42041-2　C3036

親もとで暮らせない子どもたちの代替養育の枠組みを示した国連のガイドラインと，福岡の取り組みを紹介。

M.ラター 他 著／上鹿渡和宏 訳
イギリス・ルーマニア養子研究から社会的養護への示唆
●施設から養子縁組された子どもに関する質問
◎2,000円　ISBN978-4-571-42048-1　C3036

長期にわたる追跡調査の成果を，分かり易く，45のQ＆Aにまとめた，社会的養護の実践家のための手引書。

津崎哲雄 監修・著訳／R.ペイジ・G.A.クラーク 原著編
養護児童の声　社会的養護とエンパワメント
◎2,500円　ISBN978-4-571-42031-3　C3036

社会的養護を受ける子どもたちの生活の質を高める方策―エンパワメントとは何か，英国と日本の比較から学ぶ。

増沢 高 著
虐待を受けた子どもの回復と育ちを支える援助
◎1,800円　ISBN978-4-571-42025-2　C3036

虐待を受けた子どもたちの回復と育ちを願い，彼らへの理解と具体的援助の在り方を豊富な事例をもとに解説する。

土井高徳 著
神様からの贈り物　里親土井ホームの子どもたち
●希望と回復の物語
◎1,600円　ISBN978-4-571-42016-0　C3036

親からの虐待により心に深い傷を負った子どもたちが，里親の下で生きる力を取り戻していく希望と感動の書。

◎価格は本体価格です。